Frahm | Geschichte des alten Mesopotamien

AF634653

Reclam Sachbuch

Eckart Frahm

Geschichte des alten Mesopotamien

Reclam

Für Paul

RECLAMS UNIVERSAL-BIBLIOTHEK Nr. 19108
Alle Rechte vorbehalten
© 2013 Philipp Reclam jun. GmbH & Co. KG, Stuttgart
Gestaltung: Cornelia Feyll, Friedrich Forssman
Gesamtherstellung: Reclam, Ditzingen. Printed in Germany 2013
RECLAM, UNIVERSAL-BIBLIOTHEK und
RECLAMS UNIVERSAL-BIBLIOTHEK sind eingetragene Marken
der Philipp Reclam jun. GmbH & Co. KG, Stuttgart
ISBN 978-3-15-019108-8

Auch als E-Book erhältlich

www.reclam.de

Eckart Frahm, Jahrgang 1967, lehrt nach Studium und Forschungstätigkeit in Göttingen und Heidelberg Assyriologie an der Universität Yale in New Haven (USA). Seine Veröffentlichungen beschäftigen sich unter anderem mit der Geschichte des neuassyrischen Reiches und der babylonisch-assyrischen Kommentarliteratur.

Inhalt

Prolog

How many miles to Babylon? Annäherungen an eine versunkene Hochkultur

How many miles to Babylon?
Three-score and ten.
Can I get there by candle-light?
Yes, there and back again.
If your heels are nimble and light,
You will get there by candle-light.

(englisches Wiegenlied)

Wie weit ist es nach Babylon? In der Traumwelt des Wiegenliedes reist man in die legendäre altorientalische Metropole gleichsam wie im Fluge. Siebzig Meilen nur, eine Kerzenlänge Zeit, und man ist da. Dem wachen abendländischen Beobachter aber hat sich die an Euphrat und Tigris gelegene, von Babylon emblematisch verkörperte alte Hochkultur Mesopotamiens seit jeher zumeist ganz anders dargestellt: als ein seltsam entrücktes, räumlich wie zeitlich außerordentlich fernes Gebilde.

Als der griechische Geschichtsschreiber Herodot im fünften Jahrhundert v. Chr. seine *Historien* verfasste, konnte er über die zeitgenössischen Herrscher Mesopotamiens, die persischen Achämeniden, viel Zutreffendes berichten. Doch die mesopotamische Zivilisation blickte zu diesem Zeitpunkt bereits auf eine mehr als zweieinhalb Jahrtausende währende Geschichte zurück, und über diese lagen Herodot nur äußerst vage und vielfach unrichtige Informationen vor. Späteren Historikern der klassischen Antike ging es in dieser Hinsicht nicht besser. Überzeugt von der Überlegenheit ihrer eigenen Kultur, hielten sie das Studium fremder Sprachen für überflüssig, und so blieben ihnen die in Keilschrift abgefassten mesopotamischen

Originaltexte, die in Babylon bis in die nachchristliche Zeit hinein überliefert wurden, nahezu vollständig unzugänglich. Lediglich die auf Griechisch abgefassten *Babyloniaka* aus der Feder des Anfang des dritten Jahrhunderts v. Chr. aktiven babylonischen Gelehrten Berossos boten eine verlässlichere, auf der Einsicht in keilschriftliche Primärquellen beruhende Darstellung. Doch dieses uns nur in kurzen Auszügen bekannte Buch war offenbar wenig verbreitet. So geschah es, dass Griechen und Römer die mesopotamische Geschichte mit legendenhaften Herrschergestalten wie Ninos und Sardanapalos bevölkerten, dass sie den gleichfalls weitgehend legendären mesopotamischen Königinnen Semiramis und Nitokris ganz und gar phantastische militärische, ingenieurstechnische und erotische Taten andichteten und dass sie Mythen kultivierten wie die von der Zwangsprostitution aller Babylonierinnen und der Nichtexistenz eines babylonischen Ärztestandes.

Ein etwas akkurateres Bild bestimmter Perioden der mesopotamischen Geschichte wird in der Hebräischen Bibel gezeichnet. Die Auseinandersetzungen Israels und Judas mit den Assyrern und der Konflikt zwischen Juda und Babylonien, der im »Babylonischen Exil« der Judäer kulminierte, werden in den Königsbüchern der Bibel in ihren Grundelementen historisch durchaus korrekt dargestellt. Auch fanden, wie im Epilog dieses Bandes gezeigt, wichtige Motive der mesopotamischen Religion und Literatur in abgewandelter Form ihren Niederschlag in einigen der zentralen biblischen Erzählungen. Doch über die ersten zweieinhalb Jahrtausende mesopotamischer Geschichte weiß auch die Bibel nichts Zuverlässiges zu berichten, und selbst die Abschnitte über die Zeit nach 750 v. Chr. sind in einem solchen Maße von den religiösen Vorstellungen ihrer Verfasser durchdrungen und verzerrt, dass sie der geschichtlichen Wirklichkeit letztlich nur unvollkommen gerecht werden.

Der jüngste uns bekannte babylonische Keilschrifttext, ein

astronomischer Almanach, stammt aus dem Jahr 75 n. Chr. Man darf annehmen, dass bestimmte keilschriftliche Werke in Babylon vielleicht noch bis in das zweite oder frühe dritte Jahrhundert n. Chr. weitertradiert wurden, doch dann brach die babylonische Textüberlieferung ab, und die alte mesopotamische Kultur erlebte, im eigentlichen Wortsinn, ihren endgültigen Untergang – was von ihr übriggeblieben war, lag nun verschüttet unter tausenden von Ruinenhügeln, die sich über die Landschaften an Euphrat und Tigris verteilten. Die persischen Sassaniden und die Araber, die in den folgenden Jahrhunderten über diese Gebiete herrschten, betrieben ebenso wenig wie zuvor die Griechen, Parther und Römer systematische archäologische Studien, und so boten fortan die Bücher der Bibel und die Werke der klassischen Historiker die einzigen Fenster, durch die man Einblick in die Welt des alten Mesopotamien erhalten konnte.

Es war, wie angedeutet, ein trübes und verzerrtes Bild, das man auf diese Weise gewann. Die Bibel beschreibt Ninive als »die mörderische Stadt, die voll von Lügen und Räuberei ist« (Nah 3,1), während Babylon als »die Mutter der Hurerei und aller Greuel auf Erden« firmiert (Offb 17,5). Aufgrund solcher und ähnlicher Stellen wurden die großen mesopotamischen Metropolen im kulturellen Gedächtnis des christlichen Europa zu Chiffren einer heidnisch-brutalen Gegenwelt, die Jerusalem, dem Born christlichen Glaubens, sowie Athen und Rom, den Ursprungsorten abendländischen Denkens bzw. politischen Handelns, als negative Referenzpunkte gegenübergestellt wurden. In den griechisch-römischen Quellen konnte man hier und da auch über positive Züge der mesopotamischen Zivilisation lesen, was dazu führte, dass zum Beispiel Dante in seiner *Monarchia* den assyrischen König Ninos als den Begründer des ersten, freilich noch nicht wirklich ausgereiften Imperiums der Weltgeschichte anführt. Doch auch hier dominierten negative Stereotypen. So wurde etwa Sardanapalos, der vermeintlich letzte König Assyriens, in griechischen Texten als weibischer Hedonist dargestellt, mit der Folge, dass er im europäischen Mittelalter zum Erfinder des Federbetts avancierte. In mittelalterlichen arabischen Quellen finden sich nicht minder kritisch-phantastische Bezugnahmen: Das alte Babylon – das manche arabische Gelehrte nach wie vor korrekt zu lokalisieren wussten, da sein Name in dem Namen des auf den alten Ruinen gelegenen Dorfes Babil fortlebte – wurde von islamischen Gelehrten als Sündenpfuhl und Zentrum der Hexerei und des Weingenusses geschmäht.

Während des Mittelalters und der frühen Neuzeit gelang es nur wenigen europäischen Reisenden, darunter dem im zwölften Jahrhundert lebenden spanischen Juden Benjamin von Tudela und dem italienischen Gelehrten Pietro della Valle (1586–1652), mesopotamische Ruinenstätten wie Ninive und Babylon zu besuchen und über das Gesehene schriftlich Bericht abzustatten. Doch vom 18. Jahrhundert an, im Zuge des allmählichen Aufstiegs der europäischen Mächte zu weltbeherrschender Dominanz, wurden solche Besuche häufiger, und man begann, sich ernsthafter mit den alten Kulturen Westasiens zu beschäftigen. Zwischen 1761 und 1767 bereiste eine Gruppe von sechs Forschern im Auftrag des dänischen Königs Frederik V. weite Teile des Orients. Der einzige Überlebende dieses abenteuerlichen Unternehmens, der Kartograph Carsten Niebuhr, gelangte dabei unter anderem auch nach Persepolis, eine der aus Herodots *Historien* bekannten Hauptstädte des alten Perserreiches. Von dort brachte er nicht nur vorzügliche Skizzen der von ihm vorgefundenen Architekturreste heim, sondern auch Kopien einiger – durchweg kurzer – monumentaler Keilinschriften.

Die zweite Hälfte des 18. und das 19. Jahrhundert sind von dem Religionswissenschaftler Hans Kippenberg als das »Zeitalter der Entzifferungen« etikettiert worden – Entzifferungen nicht nur von Schriften, sondern von Jahrtausende alten Kulturen.[1] Der französische Abbé Jean-Jacques Barthélemy hatte dieses Zeitalter 1754 eingeleitet, als er die palmyrenische Schrift entschlüsselte, und Jean-François Champollion hatte ihm mit seiner Entzifferung der ägyptischen Hieroglyphenschrift im Jahre 1822 seinen Stempel aufgedrückt. Was die Keilschrift anbetrifft, so war bereits zwanzig Jahre früher ein erster, freilich noch nicht endgültiger Durchbruch erzielt worden. Im Juli des Jahres 1802 hatte sich Georg Friedrich Grotefend, ein angehender Gymnasiallehrer mit einem Hang zur Lösung schwieriger Rätsel, in Göttingen auf einem Spaziergang mit seinem Freund Rafaello Fiorillo auf eine gewagte Wette eingelassen: Es werde ihm gelingen, so behauptete er, den von Niebuhr in Persepolis aufgenommenen Keilinschriften ihr Geheimnis zu entlocken, obwohl weder ihre Schrift noch ihre Sprache oder ihr Inhalt bekannt waren. Ausgehend von den Arbeitshypothesen, dass es sich bei den Inschriften um Texte der in klassischen Quellen erwähnten persischen Könige Darius und Xerxes handele, dass sie in einer alten Form des Persischen abgefasst seien und dass sie strukturell den zu diesem Zeitpunkt bereits entzifferten mittelpersischen Inschriften verschiedener Sassanidenherrscher ähnelten, vermochte Grotefend mit brillantem Scharfsinn elf altpersische Keilschriftzeichen tatsächlich korrekt zu lesen und einige Königsnamen und -titel zu identifizieren. Allerding harrten dreißig altpersische Zeichen weiterhin ihrer Deutung, nach wie vor waren nur wenige altorientalische Texte bekannt, und die sumerisch-akkadische Keilschrift, die der altpersischen zwar äußerlich ähnelte, aber eine ganz andere, sehr viel komplexere Struktur aufwies, blieb vorerst gänzlich unerschlossen.

1 H. Kippenberg, *Die Entdeckung der Religionsgeschichte*, München 1997, S. 44–59.

Dies änderte sich erst Mitte des 19. Jahrhunderts, als britische und französische Diplomaten und Gelehrte unter oftmals abenteuerlichen Umständen in den mesopotamischen Provinzen des osmanischen Reiches und ihren persischen Nachbargebieten archäologische Untersuchungen in Angriff nahmen. In den Jahren 1836 und 1847 gelang es Henry Creswicke Rawlinson, einem Armeeoffizier und politischen Agenten der britischen Regierung, die von Darius I. hoch auf einem Felsen angebrachte umfangreiche altpersisch-elamisch-akkadische Trilingue von Bisitun zu kopieren. Etwa zur selben Zeit, beginnend im Jahre 1842, unternahmen der französische Konsul Paul-Émile Botta und der britische Abenteurer Henry Austen Layard Ausgrabungen in den Palästen von Ninive, Khorsabad und Nimrud, alten Hauptstädten des assyrischen Reiches. Sie legten dabei umfangreiche Königsinschriften auf Stein, kilometerlange Reihen von Wandreliefs sowie gewaltige Stier- und Löwenkolosse frei. Zahlreiche monumentale Fundstücke wurden unter logistisch überaus schwierigen Bedingungen nach Europa transportiert und, nicht zuletzt zur Feier der imperialen Größe Frankreichs und Englands, im Pariser Louvre und im British Museum zu London einem staunenden Publikum zur Schau gestellt. Layard fand in Ninive darüber hinaus zehntausende von Tontafeln, die zur Bibliothek des assyrischen Königs Assurbanipal gehörten und mit literarischen, religiösen und wissenschaftlichen Keilschrifttexten beschrieben waren; auch sie gelangten ins British Museum.

Mit der Bisitun-Trilingue, deren persische Fassung sich vergleichsweise einfach erschließen ließ, und den zahlreichen Inschriften aus den assyrischen Metropolen standen nun genügend Materialien zur Verfügung, um auch die Entzifferung der sumerisch-akkadischen Keilschrift in Angriff zu nehmen. Noch in den vierziger Jahren gelang es einer Reihe von Forschern, unter denen der irische Landpfarrer Edward Hincks hervorragte, die wesentlichen Charakteristika dieser komplizierten Wort- und Silbenschrift korrekt zu erfassen. Als Layard 1853 in seinem Buch *Nineveh and Babylon* die Ergebnisse seiner Forschungen der Öffentlichkeit unterbreitete, war er bereits in der Lage, erstaunlich akkurate, von Hincks angefertigte Übersetzungen der Inschriften des assyrischen Königs Sanherib (704–681 v. Chr.) vorzulegen. Einige Jahre später beauftragte die Royal Asiatic Society vier an der Erschließung der Keilschrift arbeitende Gelehrte, unabhängig voneinander eine neu aufgefundene umfangreiche Inschrift König Tiglatpilesers I. aus Assur zu übersetzen. Als man die schließlich vorgelegten Übersetzungen 1857 miteinander verglich und feststellte, dass sie in wesentlichen Zügen miteinander übereinstimmten, konnten die Organisatoren des Projekts mit Fug und Recht verkünden, dass die sumerisch-akkadische Keilschrift als in ihren Grundzügen entziffert gelten durfte.

Eine ganze Reihe der nun nach und nach entschlüsselten und übersetzten Texte schienen, wie man bald feststellte, Verbindungen mit der Bibel aufzuweisen. Die in Ninive entdeckten keilschriftlichen Schilderungen von Sanheribs Feldzug gegen Jerusalem zum Beispiel ähnelten in vielen Punkten der Beschreibung desselben Ereignisses in 2 Kön 18–19. Noch spektakulärer waren die Parallelen zwischen der im babylonischen Gilgamesch-Epos überlieferten Flutlegende und der biblischen Geschichte von Noahs Arche in Gen 6–9. Als der britische Gelehrte George Smith 1872 die Gilgamesch-Fluttafel im British Museum entdeckte, war er derart aufgeregt, dass er sich, ein durchaus unviktorianisches Verhalten, spontan zu entkleiden begann.

Das Auffinden von Berührungspunkten zwischen den neu erschlossenen keilschriftlichen Texten und den Büchern der Bibel, die in Europa auch noch im 19. Jahrhundert als in religiöser, historischer und moralischer Hinsicht grundlegend erachtet wurden, war von großer öffentlicher Anteilnahme begleitet – der Vortrag, mit dem Smith die mesopotamische Flutlegende einem breiteren Publikum vorstellte, wurde unter anderem von dem britischen Premier William Gladstone besucht. Aus der Sicht des christlichen Establishments der damaligen Zeit besaßen die neuen Erkenntnisse freilich einen durchaus zwiespältigen Charakter. Einerseits bestätigten die mesopotamischen Urkunden die historische Existenz biblischer Könige wie Jehu, Hiskia oder Manasse. Doch zugleich stellten die nicht seltenen Abweichungen zwischen keilschriftlicher und biblischer Historiographie – ähnlich wie die 1859 veröffentlichten Ideen Charles Darwins – den Status der Bibel als unangreifbare Quelle göttlich inspirierter Wahrheiten massiv in Frage. Keilschrifttexte wie die von Smith entzifferte Flutlegende ließen darüber hinaus jüdisch-christliche Grundtexte wie die Noah-Geschichte als potentielle Derivate weit älterer Überlieferungen erscheinen. Die Spannung zwischen diesen beiden Polen blieb unaufgelöst und führte für Jahrzehnte zu oftmals mit großer Schärfe geführten kontroversen Debatten. Noch Anfang des 20. Jahrhunderts löste der Bibel-Babel-Streit im wilhelminischen Deutschland fast so etwas wie eine Staatskrise aus. Kaiser Wilhelm II. – der großen Anteil an der Erforschung des alten Mesopotamien nahm – intervenierte persönlich, um allzu forsch geäußerter Kritik am biblischen Wahrheitsanspruch entgegenzutreten.

Die Kombination von wissenschaftlichem Erkenntnisdrang, öffentlichem Interesse und imperialen Ambitionen führte dazu, dass die europäischen Großmächte und später auch die USA seit den fünfziger Jahren des 19. Jahrhunderts aufwendige Ausgrabungsprojekte im Nahen Osten initiierten. Bald wurden nicht mehr nur die urbanen Zentren des alten Assyrien exploriert, sondern auch die sumerisch-babylonischen Ruinenstätten im Südirak, wo man auf die frühesten Spuren der mesopotamischen Zivilisation stieß. Zunächst ging es den Ausgräbern in erster Linie um den Erwerb von Tontafeln (die vor allem in Ninive, Babylon, Sippar, Umma und Lagasch in großer Zahl zum Vorschein kamen) sowie darum, altorientalische Monumentalkunst für die großen europäischen Universalmuseen zu beschaffen. Erst die von Architekten geleiteten deutschen Grabungen in Babylon (1899–1917) und Assur (1903–1914) berücksichtigten, von einem breiteren kulturhistorischen Interesse getragen, in stärkerem Maße den Kontext und die stratigraphische (d. h. die Altersfolge der Schichten betreffende) Verortung der Einzelfunde, womit sie der modernen Vorderasiatischen Archäologie den Weg bereiteten.

Um die philologische Erschließung der Jahr für Jahr zu tausenden zutage kommenden Keilschriftdokumente zu fördern, begannen in den letzten Jahrzehnten des 19. Jahrhunderts mehrere europäische und amerikanische Universitäten, Lehrstühle für Assyriologie (bzw. Altorientalistik oder Keilschriftkunde) einzurichten. Damit erlangte die Kunde vom Alten Orient den Status einer methodisch arbeitenden, der Klassischen Altertumskunde vergleichbaren Wissenschaft. Neben dem semitischen Akkadischen (bzw. Assyrisch-Babylonischen) wurden bald auch weitere Keilschriftsprachen erschlossen, darunter als älteste das isoliert dastehende Sumerische sowie – nach entsprechenden Textfunden im anatolischen Bogazköy/Hattuscha – das Hethitische, die frühest bezeugte indoeuropäische Sprache. Nach der Zäsur des Ersten Weltkriegs kam es zu einem gewissen Paradigmenwechsel in der Assyriologie – man begann nun, die Sprachen und Kulturen des Alten Orients nicht mehr so sehr mit Blick auf ihre Beziehung zur Bibel zu studieren, sondern Mesopotamien als Zivilisation eigenen Rechts wahrzunehmen, welche zusammen mit Ägypten die frühesten Städte und Staaten sowie die ältesten uns bekannten historischen, religiösen, literarischen und wissenschaftlichen Texte hervorgebracht hat.

Archäologen bei Ausgrabungsarbeiten in Assur im Jahr 2001

Bis heute sind mehr als eine halbe Million solcher Texte ausgegraben worden. Viele sind in modernen Editionen greifbar, während andere in öffentlichen Museen oder privaten Sammlungen aufbewahrte Keilschrifttafeln noch ihrer Bearbeitung harren. Die katastrophale politische und humanitäre Situation im Irak hat in den letzten drei Jahrzehnten geregelte Ausgrabungen im Kerngebiet des alten Mesopotamien erschwert, und auch die seither mit um so größerer Intensität betriebenen archäologischen Forschungen in Syrien sind aufgrund des dort seit 2011 herrschenden Bürgerkriegs gegenwärtig unterbrochen. An die Stelle wissenschaftlicher Expeditionen sind vielerorts Raubgrabungen getreten, die archäologische Kontexte zerstören, ohne sie zuvor zu dokumentieren, zugleich jedoch auch weiterhin große Mengen neuer Keilschrifttexte zutage fördern. Damit bleibt die Assyriologie eine kleine, aber über ein gewaltiges, rasant wachsendes Quellenkorpus verfügende Wissenschaft.

Die Öffentlichkeit weiß von dieser Quellenfülle freilich nur wenig, und obwohl spektakuläre Ausgrabungsfunde und dem Alten Orient gewidmete Ausstellungen nach wie vor auf beträchtliches Interesse stoßen, ist die allgemeine Kenntnis der Kulturen Mesopotamiens seit einigen Jahrzehnten eher rückläufig. In den zwanziger Jahren des 20. Jahrhunderts konnte der britische Historiker und Philosoph R. G. Collingwood noch behaupten: »And Assyriology is just as much a real element of the modern world as coal-mining.«[2] Seither jedoch ist es dem Fach ein wenig wie dem europäischen Kohlebergbau ergangen – seine Bedeutung hat abgenommen. Insbesondere im Geschichtsunterricht der weiterführenden Schulen ist Mesopotamien heute kaum noch präsent.

2 R. G. Collingwood, *The Idea of History. Revised edition with lectures 1926–1928*, hrsg. von J. van der Dussen, Oxford 1993, S. 468.

Von einem universalhistorischen Standpunkt aus ist diese Vernachlässigung schwerlich zu rechtfertigen – denn Mesopotamien repräsentiert, um ein Bonmot des Assyriologen William Hallo zu zitieren, zusammen mit dem alten Ägypten nichts weniger als »die erste Hälfte der Geschichte«. Über die mehr als drei Jahrtausende, in denen sich diese Geschichte entfaltete, will das vorliegende Büchlein im folgenden einen knappen Überblick vermitteln.

Erster Teil: Grundlagen

I. Raum und Zeit

Gegenstand dieses Buches ist die Geschichte des »alten Mesopotamien« – ein Begriff mit räumlichen und zeitlichen Implikationen, die der näheren Erläuterung bedürfen. Wo genau liegt Mesopotamien, und auf welchen Abschnitt seiner Geschichte bezieht sich das Adjektiv ›alt‹?

Mesopotamia ist ein griechisches Wort, das »(Land) zwischen den Strömen« bedeutet. Griechische Historiker und Geographen bezeichneten so das Gebiet zwischen den Oberläufen von Euphrat und Tigris, ein Territorium, das den heutigen Nordirak sowie Nordostsyrien umfasst und seit dem arabischen Mittelalter als *Dschesira* (wörtlich: »Insel«) bekannt ist. Der römische Gelehrte Plinius verwendete den Begriff in einer etwas erweiterten Bedeutung – für ihn gehörte auch die im Südirak bis zum Persischen Golf reichende Alluvialebene zu Mesopotamien. Wenn Wissenschaftler heute von Mesopotamien sprechen, so tun sie dies in der Regel in Übereinstimmung mit dem von Plinius etablierten umfassenderen Wortgebrauch, und in diesem Sinn wird der Begriff auch hier verwendet. Dabei wird zusätzlich zwischen Untermesopotamien und Obermesopotamien unterschieden. Untermesopotamien umfasst das fruchtbare Schwemmland südlich des heutigen Samarra, während Obermesopotamien sowohl die Gebiete am mittleren Lauf des Tigris – und seinen wichtigsten östlichen Zuflüssen, dem Oberen und Unteren Zab – einschließt als auch die zu einem guten Teil im heutigen Syrien gelegenen Territorien am mittleren Lauf des Euphrat und seinen nördlichen Nebenflüssen, dem Habur und dem Balich. Neben »Mesopotamien« hat sich im deutschen Sprachgebrauch auch der Begriff »Zweistromland« eingebürgert.

Die alten Sumerer, Akkader, Babylonier und Assyrer verwendeten für die von ihnen bewohnten Territorien je nach Zeit und Ort unterschiedliche Bezeichnungen. Der südliche Teil der untermesopotamischen Alluvialebene wurde auf Sumerisch *Kengir* und auf Akkadisch *Schumeru*, d.h. »Sumer« genannt, während man für den nördlichen Teil den (von *Waru'um* abgeleiteten) sumerischen Terminus *Uri* bzw. den akkadischen Begriff *(mat) Akkadî* (»Akkad«) gebrauchte, der auf den Namen der Hauptstadt des von Sargon gegründeten Reiches zurückgeht. Nordmesopotamien wurde oft als *Subir* bzw. *Subartu* bezeichnet. In der zweiten Hälfte des zweiten Jahrtausends v. Chr. etablierte sich für Untermesopotamien der kassitische Name *Karduniasch*, während mit dem Aufstieg des assyrischen Territorialstaats für das Gebiet am mittleren Tigris (und später auch für weiter im Westen gelegene Territorien) der Begriff *mat Aschur*, wörtlich »das Land (von) Assur«, in Gebrauch kam. In klassischen Quellen wird Untermesopotamien nach dem Namen der Stadt Babylon (eigentlich *Babili*) *Babylonia* genannt, während man in Anlehnung an *mat Aschur* für Obermesopotamien den (in dem Ländernamen »Syrien« fortlebenden) Begriff *Assyria* gebrauchte. Die davon abgeleiteten Namen »Babylonien« für Untermesopotamien und »Assyrien« für Obermesopotamien werden auch hier verwendet.

Ist es sinnvoll – und nicht eher irreführend –, eine geschichtliche Darstellung vorzulegen, die sich auf Mesopotamien konzentriert und seine Nachbarn nur ganz am Rande behandelt? Die Frage stellt sich vor allem deshalb, weil das alte Zweistromland zu allen Zeiten in einem engen Austausch mit anderen historischen Landschaften des Vorderen Orients stand. Was den syrischen Westen anbetrifft, so denke man nur an Städte wie Ebla, Qatna oder Aleppo, die politisch und kulturell eng mit Mesopotamien verbunden waren, oder an die zahlreichen syrischen und palästinischen Kleinstaaten, die von den assyrischen und babylonischen Imperien des ersten Jahrtausends v. Chr. annektiert wurden. Im Südwesten kam es im ersten Jahrtausend zu wiederholten Begegnungen mit den Bewohnern der arabischen Halbinsel. Im Südosten unterhielt Mesopotamien von Anfang an enge, wenn auch nie spannungsfreie Beziehungen mit den im heutigen Iran gelegenen Territorien von Elam und Anschan. Im zweiten Jahrtausend v. Chr. bediente man sich zeitweise selbst in den weit entfernten Hauptstädten Ägyptens und des in Zentralanatolien gelegenen Hethiterreichs der akkadischen Keilschrift. Und im Zuge von Handelskontakten bzw. als Beutestücke gelangten Objekte mit babylonisch-assyrischen Keilinschriften im zweiten und ersten Jahrtausend bis nach Griechenland und Malta im Westen und Afghanistan im Osten.

All dies zeugt davon, in welch hohem Maße Mesopotamien mit der internationalen Staatenwelt des Altertums vernetzt war. Wenn es dessen ungeachtet möglich erscheint, eine »Geschichte des alten Mesopotamien« zu schreiben, dann vor allem aus zwei Gründen. Erstens bildet Mesopotamien einen zwar keineswegs hermetisch abgeschlossenen, aber gleichwohl, wie weiter unten ausgeführt, klar definierten Naturraum. Und zweitens spielte das alte Zweistromland über Jahrtausende hinweg eine zentrale Rolle in Vorderasien, politisch ebenso wie kulturell. Mesopotamien beeinflusste seine Nachbarn weit mehr, als dies umgekehrt der Fall war. Bezeichnenderweise nahmen die von außen nach Mesopotamien eindringenden Stämme und Völker immer wieder binnen kurzem die einheimischen Gewohnheiten an, bedienten sich der akkadischen Sprache und verehrten mesopotamische Gottheiten. Sie taten dies oft selbst dann, wenn ihre Anführer die Herrschaft über das Zweistromland errungen hatten.

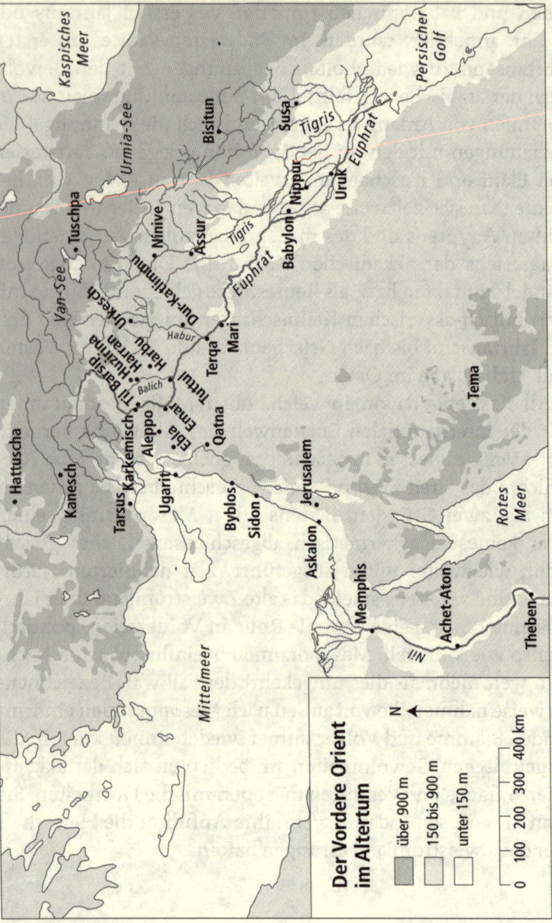

Karte des Alten Orients

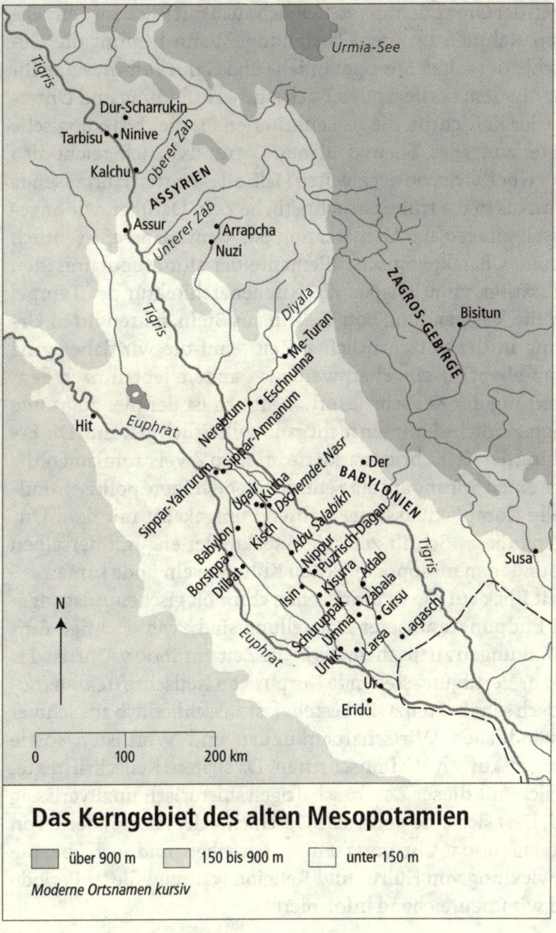

Das Kerngebiet des alten Mesopotamien

Karte des alten Mesopotamien

Fragen der Grenzziehung stellen sich auch mit Blick auf den zeitlichen Rahmen unserer Darstellung. Wann beginnt die Geschichte des »alten Mesopotamien« und wann kommt sie an ihr Ende? In dem vorliegenden Buch sind es Erfindung und Untergang der Keilschrift, die als Leitkriterien für die chronologische Eingrenzung des Themas dienen – grundsätzlich reicht also unser Überblick von der zweiten Hälfte des vierten Jahrtausends v. Chr. bis in die frühe nachchristliche Zeit. Darüber, wie angemessen eine solche Demarkation ist, kann man geflissentlich streiten. Charakteristische Elemente der altmesopotamischen Zivilisation, zum Beispiel die Nischenarchitektur der Tempel oder die Verwendung von Siegeln aus Stein, hatten ihren Ursprung in der vorschriftlichen Zeit – auf die wir daher ganz knapp ebenfalls eingehen werden –, andere lebten nach dem Untergang der Keilschrift fort. Dennoch ist der hier zugrunde gelegte zeitliche Rahmen nicht ganz willkürlich gewählt. Die Erfindung der Keilschrift markierte im alten Zweistromland ohne Frage einen Sprung auf eine entscheidend höhere politisch-kulturelle Komplexitätsstufe, während umgekehrt mit dem Untergang dieser Schrift zentrale Aspekte der eng mit derselben verbundenen mesopotamischen Kultur an ein Ende kamen.

Mit Blick auf die so umrissenen chronologischen Ausgangs- und Endpunkte unserer Darstellung sind zwei wichtige Einschränkungen zu machen. Bis in die Zeit um 2600 v. Chr. ist das uns zur Verfügung stehende Korpus von Keilschrifttexten thematisch sehr begrenzt. Es besteht fast ausschließlich aus schwer verständlichen Wirtschaftsurkunden und Wortlisten sowie wenigen kurzen Weihinschriften. Da spätere Keilschrifttexte, die sich mit dieser Zeit beschäftigen, historisch unzuverlässig sind, lässt sich eine politische Geschichte der Jahrhunderte von 3300 bis 2600 v. Chr. vorerst nicht schreiben, und auch über die Entwicklung von Kultur und Religion während dieser Periode sind wir unzureichend informiert.

Aus ganz anderen Gründen werden hier auch die letzten Jahrhunderte der Keilschriftkultur nur sehr knapp behandelt. Seit der Eroberung Babylons durch den Perserkönig Kyros im Jahre 539 v. Chr. wurden die politischen Geschicke Mesopotamiens von Herrschern entschieden, die nicht mehr in den alten Metropolen des Zweistromlandes residierten und mit dessen Kultur nur noch oberflächlich vertraut waren. Die Zahl der Menschen, die sich der Keilschrift bedienten, nahm in den folgenden Jahrhunderten immer weiter ab und beschränkte sich schließlich auf eine kleine Gruppe von Priestergelehrten, die mit den Tempeln von Uruk und Babylon assoziiert waren. Diese Entkoppelung von Politik und Kultur, im Zuge derer die traditionellen Zentren Mesopotamiens ihre dominierende Stellung einbüßten, um für viele Jahrhunderte, welthistorisch betrachtet, zur Provinz zu werden, lässt es geraten erscheinen, das Mesopotamien der Perser-, Seleukiden- und Partherzeit hier lediglich in skizzenhafter Form zu diskutieren, obwohl über die fraglichen Perioden besonders aus klassischen Texten umfangreiche Informationen vorliegen.

Schriftliche Dokumente spielen in jeder historischen Darstellung eine zentrale Rolle, doch bemüht sich dieser Überblick, auch der materiellen Kultur Mesopotamiens in gewissen Grenzen Rechnung zu tragen. Die Quellen, die unserem Abriss zugrunde liegen, werden im folgenden Abschnitt näher beschrieben.

II. Die Quellen

Fast alles, was wir über das alte Mesopotamien wissen, hat seinen Ursprung in den auf Arabisch *Tell* genannten Ruinenhügeln, die zu tausenden aus den Landschaften des Vorderen Orients emporragen. Der Sage nach sind diese Tells Grabmäler, in denen die assyrische Königin Semiramis ihre nach gemeinsam

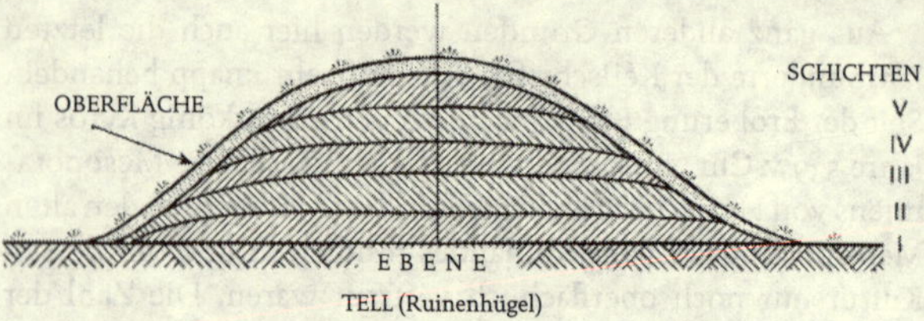

Schematische Darstellung eines Tells mit seinen verschiedenen Schichten

Ruinenhügel in Uruk mit Resten der antiken Stadtmauer im Hintergrund

verbrachter Nacht ermordeten Liebhaber bestatten ließ. Tatsächlich sind die Tells entstanden und immer weiter in die Höhe gewachsen durch den Verfall älterer Siedlungsschichten und den Bau neuerer urbaner Strukturen über denselben.

Auf den ersten Blick stellen die Tells ästhetisch wenig ansprechende riesige Haufen von Schutt dar. Bei genauerer Betrachtung aber erweisen sie sich als Endlager gewaltiger Massen historischer Daten, als veritable »Chronotopoi« oder Zeit-Orte. Betrachtet man einen Tell im Querschnitt, so lassen sich seine verschiedenen Schichten als materiales Korrelat des historischen Werdens lesen, während sie sich in der Aufsicht als Manifestationen der Vielfalt des jeweils synchron Gegebenen erweisen. Ironischerweise sind es dabei vor allem die Zerstörungshorizonte, d.h. jene Straten, welche die Trümmer von Kriegen oder Naturkatastrophen bergen, aus denen sich besonders viele historische Informationen gewinnen lassen; die spätassyrische Palastarchitektur des 612 v. Chr. von den Babyloniern und Medern zerstörten Ninive bietet ein gutes Beispiel.

Man kann Tells auf zweierlei Weise untersuchen: durch sogenannte Surveys und durch Ausgrabungen. Surveys, die im Vorderen Orient erstmals in den Jahren nach 1930 durchgeführt wurden, zielen darauf ab, im Zuge der Begehung einer Ruinenstätte alle relevanten Bodenfunde aufzunehmen, um so einen Überblick über die Besiedlungsgeschichte des fraglichen Ortes zu gewinnen. Dabei macht man sich zunutze, dass die auf der Oberfläche alter Tells aufzufindenden Keramikscherben sowohl aus älteren wie auch aus jüngeren Schichten stammen und bei Anwendung quantitativer Methoden Rückschlüsse auf Perioden starker bzw. weniger starker Besiedlung erlauben. Eine zusammenfassende systematische Analyse verschiedener Einzelsurveys erlaubt es, in einem zweiten Schritt die Siedlungsgeschichte ganzer Regionen zu untersuchen. So können etwa historische Phasen, in denen zahlreiche Siedlungen gleicher Größe koexistierten, von solchen unterschieden werden, die durch eine stärkere Hierarchisierung der Siedlungsstruktur gekennzeichnet sind – ein Phänomen, das etwa für die Herausbildung der Uruk-Kultur am Anfang der mesopotamischen Geschichte charakteristisch ist.

Um detailliertere Einsichten in die Geschichte eines Siedlungshügels zu erlangen, reichen die – im eigentlichen Wortsinn oberflächlichen – Surveys natürlich nicht aus; hierfür bedarf es systematischer Ausgrabungen. Da es, jedenfalls im Falle größerer altorientalischer Ortschaften, unmöglich ist, einen Ruinenhügel vollständig abzutragen, müssen solche Ausgrabungen notwendigerweise punktuell bleiben. Oft neigen Archäologen dazu, sich auf große Palast- oder Tempelkomplexe zu konzentrieren, die besonders spektakuläre Funde versprechen, doch sind, etwa in Ur und Assur, auch Stadtviertel ergraben worden, in denen sich vorwiegend Privathäuser befanden.

Organische Materialien wie Holz, Leder oder Textilien sind, anders als in Ägypten, in den Ruinenstätten des Zweistromlandes in der Regel nicht erhalten geblieben. Dafür stößt man bei Ausgrabungen in mesopotamischen Tells aber fast immer auf Architekturreste, Artefakte aus Stein und Metall sowie in großen Mengen auf Keramikscherben, die von besonderer Bedeutung für die Etablierung der Chronologie eines archäologischen Stratums sind. Alle diese Fundgruppen vermitteln dem modernen Forscher wichtige Einblicke. Diese verblassen jedoch vor der enormen Masse an Informationen, die sich den in den vorderasiatischen Tells in großer Zahl überkommenen Schriftdokumenten entnehmen lassen. Es sind die Schriftquellen, die Mesopotamien zu einem historisch so überaus ertragreichen Forschungsgegenstand machen. Nur sie erlauben es uns, die Stimmen der Vergangenheit direkt sprechen zu hören.

Das Überleben der mesopotamischen Schriftkultur ist der Tatsache zu danken, dass die Bewohner des alten Vorderasiens ihre Texte nicht primär auf Papyrus oder andere vergängliche Materialien schrieben, sondern mit Hilfe hölzerner Griffel auf Tafeln aus Ton, die, einmal gehärtet und unter die Erde gelangt, selbst in ungebranntem Zustand viele Jahrtausende lang erhalten bleiben können. Oft sind diese Tafeln bei ihrer Auffindung beschädigt, doch auch dann können sie wichtige historische

Altbabylonische Tontafel mit Kochrezepten

Aufschlüsse bieten, zumal sich in mehrere Bruchstücke zerfallene Tafeln oft mit einigem Aufwand wieder zusammensetzen lassen. Auch Objekte aus Stein (und in geringerer Zahl solche aus Metall) fanden in Mesopotamien als Textträger Verwendung und sind in nicht wenigen Fällen erhalten geblieben. Ähnlich wie in der klassischen Antike schrieben altorientalische Gelehrte und Administratoren darüber hinaus auf wachsbeschichtete Holztafeln, die dem Zahn der Zeit jedoch nur in seltenen Ausnahmefällen standgehalten haben.

Die Bewohner des alten Mesopotamien bedienten sich eines Schriftsystems, das aufgrund der keil- bzw. nagelförmigen Grundelemente seiner Schriftzeichen von uns als Keilschrift bezeichnet wird. Diese in ihrer klassischen Ausprägung mehr als 800 Zeichen umfassende komplexe Wort- und Silbenschrift wurde zur Wiedergabe einer ganzen Reihe verschiedener Sprachen verwendet. Die ältesten linguistisch erschließbaren Keilschrifttexte sind auf Sumerisch verfasst, einer agglutinierenden Sprache,[3] die keinerlei Verwandtschaft mit anderen bekannten Idiomen aufweist. Sumerisch wurde von weiten Teilen der mesopotamischen Bevölkerung bis etwa 2000 v. Chr. gesprochen und scheint danach als lebende Sprache allmählich ausgestorben zu sein. Da es jedoch, ähnlich wie das Lateinische im Mittelalter, auch noch während der folgenden zwei Jahrtausende in der Sphäre des Kultes, der Literatur und der Wissenschaft verwendet wurde, bricht die schriftliche Überlieferung des Sumerischen erst sehr viel später ab – der jüngste datierte sumerische Keilschrifttext stammt aus dem ertsten Jahrhundert v. Chr. Das folgende kurze Sprichwort, auf

3 Als »agglutinierend« bezeichnet man einen Sprachtyp, der durch die Ankettung grammatischer Elemente an den Wortstamm gekennzeichnet ist. Zu den bekanntesten agglutinierenden Sprachen gehört das Türkische.

Tafeln aus dem 18. Jahrhundert v. Chr. überliefert, soll einen Eindruck vom Wortklang des Sumerischen vermitteln:

> *ka$_5$-a a-ab-ba-sche$_3$ gisch$_3$-a-ni u$_3$-bi$_2$-in-sur a-ab-ba TUN$_3$-bi kasch$_3$-gu$_{10}$-um-e-sche*
> Der Fuchs, da er seine Notdurft ins Meer verrichtet hatte, sprach: »Das ganze Meer ist mein Urin.«[4]

Die zweitälteste keilschriftlich überlieferte Sprache des alten Mesopotamien ist das Akkadische, dessen früheste Spuren in die Zeit um 2600 v. Chr. datieren. Die Sprache ist nach der Stadt Akkad benannt, der Hauptstadt des von Sargon um 2350 v. Chr. begründeten ersten großen mesopotamischen Reiches. Seit dem frühen zweiten Jahrtausend ist sie in Gestalt zweier ›Hauptdialekte‹ überliefert, Babylonisch und Assyrisch. Das mit dem Hebräischen und Arabischen verwandte semitische Akkadisch ist eine echte Großkorpussprache. Als bestbezeugtes antikes Idiom nach dem Griechischen verfügt es über einen Textbestand, der selbst den des lateinischen Textkorpus aus der Zeit vor 300 n. Chr. übersteigen dürfte. Als ein Beispiel für das Klangbild des Akkadischen sei hier der Beginn des babylonischen Weltschöpfungsepos *Enuma elisch* angeführt:

> *enuma elisch la nabu schamamu / schaplisch ammatu schuma la zakrat*
> Als droben die Himmel noch nicht benannt waren / und drunten die Erde noch keinen Namen hatte …[5]

4 B. Alster, *Proverbs of Ancient Sumer*, Bethesda MD 1997, S. 58. Die tiefgestellten Indexziffern in der Umschrift dienen dazu, Keilschriftzeichen mit derselben Lesung voneinander zu unterscheiden. Die Ziffern haben keine Bedeutung für die Aussprache.

5 Ph. Talon, *The Standard Babylonian Creation Myth Enuma elish*, Helsinki 2005, S. 33, S. 79.

Sumerer und Akkader scheinen im alten Mesopotamien von früh an in einer engen Symbiose miteinander gelebt zu haben, so dass man davon Abstand nehmen sollte, für die beiden Gruppen klar definierte ethnische Identitäten zu postulieren. Dennoch mag es gewisse Mentalitätsunterschiede gegeben haben. So scheint die Bereitschaft, spöttische Kritik an den politischen Autoritäten zu üben, bei den Sumerern in höherem Maße ausgeprägt gewesen zu sein als in akkadischen Kreisen. Das sumerische Sprichwort *sum-ma-ab lugal-la-kam*, »›Gib mir‹ ist, was der König sagt«,[6] wird in einer akkadischen ›Übersetzung‹ mit *nadanu scha scharri* wiedergegeben, »Zu geben ist die Aufgabe des Königs«, womit einer sehr viel staatsgläubigeren Auffassung Ausdruck verliehen wird.

Neben dem Sumerischen und Akkadischen wurden noch eine Reihe weiterer Sprachen in verschiedenen Varianten der Keilschrift überliefert, wenn auch in sehr viel geringerem Umfang: das Elamische, das eventuell zur Gruppe der (heute in Mittel- und Südindien beheimateten) dravidischen Sprachen gehört, das indoeuropäische Hethitische sowie das Hurritische und Urartäische, zwei miteinander verwandte, sonst jedoch isolierte Sprachen. Das Amurritische, die semitische Sprache der politischen Eliten der altbabylonischen Zeit, ist in Gestalt tausender keilschriftlich überlieferter Personennamen, nicht jedoch in eigenständigen Texten zugänglich. Zu den weiteren Sprachen, von denen sich Überreste in Keilschrifttexten finden, gehören das Kassitische, Gutäische, Lullubäische, Subaräische, Hattische und Meluchitische. Das an der Mittelmeerküste gesprochene Ugaritische und das Altpersische sind in Schriftsystemen überliefert, die äußerlich der mesopotami-

6 Man vergleiche die papstkritische lateinische Sentenz: *Accipe cape rape / sunt tria verba Papae* (»Nimm, greif' und raub' / sind die drei Worte des Papstes«).

schen Keilschrift ähneln, strukturell jedoch einen (syllabo-)alphabetischen Schrifttyp repräsentieren. Aramäisch, die semitische Sprache, die im ersten Jahrtausend v. Chr. vom Akkadischen die Rolle der altorientalischen Lingua franca übernahm, wurde in Mesopotamien fast ausschließlich in einer aus dem Westen importierten Alphabetschrift geschrieben. Bislang ist nur eine einzige Tontafel bekannt, die einen aramäischen Text keilschriftlich wiedergibt.

Inhaltlich kann man den keilschriftlichen Textbestand in drei große Gruppen einteilen: in »monumentale«, »kanonische« und »archivalische« Texte. Als »monumental« lassen sich mesopotamische Herrscherinschriften charakterisieren, die auf besonders zeitbeständigen Materialien wie Stein oder gebranntem Ton angebracht waren und spätere Generationen von den Taten ihrer jeweiligen Urheber unterrichten sollten. Solche Inschriften behandeln nicht selten politisch-militärische Ereignisse und sind daher für die moderne Geschichtsschreibung Mesopotamiens von erheblichem Interesse.

Keilschrifttexte, die von mesopotamischen Schreiberschülern studiert, von Gelehrten weitertradiert oder im Kult rezitiert wurden, können behelfsmäßig »kanonisch« genannt werden, obwohl sie im Laufe der Zeit nicht selten Veränderungen erfuhren. In die Kategorie der »kanonischen« Texte gehören neben religiösen und wissenschaftlichen Traktaten auch Königslisten, Chroniken sowie literarische Kompositionen, die sich mit herausragenden Figuren der mesopotamischen Geschichte beschäftigen. Die letztgenannten Textgruppen helfen uns, Einblicke in das ›historische Bewusstsein‹ Altmesopotamiens zu gewinnen.

Archivalische Texte schließlich, die bis zu 90 % des mesopotamischen Textbestands ausmachen dürften, umfassen Rechtsurkunden, Briefe, Abrechnungen und andere für eine begrenzte Zeit in Archiven aufbewahrte und dann ausgemusterte Texte. Sie sind insbesondere für die Rekonstruktion der mesopotamischen Wirtschafts-, Sozial- und Rechtsgeschichte von Bedeutung, können aber auch auf die politische Geschichte Licht werfen. So tragen etwa die Briefe aus den Staatsarchiven zu Ninive dazu bei, die einseitigen und von ideologischen Stereotypen nur so strotzenden Darstellungen der spätassyrischen Herrscherinschriften in wesentlichen Punkten zu korrigieren und ein sehr viel nuancierteres Bild der politischen Verhältnisse der Zeit zu gewinnen.

III. Methodische Probleme einer Geschichte des alten Mesopotamien

Der Versuch, eine Geschichte Mesopotamiens zu schreiben, sieht sich einer Reihe methodischer Herausforderungen gegenüber, die sowohl mit der Natur der Quellen als auch mit historiographischen Problemen grundsätzlicher Art zusammenhängen.

Die Schriftquellen aus dem Alten Orient sind, wie bereits angedeutet, außerordentlich zahlreich und vielseitig, doch zugleich sind sie sehr uneinheitlich über die mehr als drei Jahrtausende mesopotamischer Geschichte verteilt. Während etwa aus der sogenannten Ur-III-Zeit (2110–2003 v. Chr.) nicht weniger als 90 000 Keilschrifttexte bekannt sind und aus den kurzen Zeiträumen von 1775 bis 1762 und 671 bis 668 v. Chr. derart reichhaltige Quellen vorliegen, dass man ohne weiteres eine Reihe historischer Monographien über einzelne Jahre der fraglichen Epochen abfassen könnte, sind aus anderen Phasen der altorientalischen Geschichte, zum Beispiel dem 16. Jahrhundert oder der Zeit um 1000 v. Chr., nur wenige zeitgenössische Schriftdokumente überliefert, was die Wissenschaft veranlasst hat, die fraglichen Perioden als »dunkle Zeitalter« zu apostrophieren. Zum Leidwesen des modernen Historikers lässt sich jedoch nicht immer eindeutig feststellen, ob Quellenarmut als ein Indiz für Niedergang und Krise zu werten ist oder als das Resultat bloßer Fundzufälle. Vor vierzig Jahren etwa glaubte die Forschung, dass Syrien in der Mitte des dritten Jahrtausends politisch eher unbedeutend und von der mesopotamischen Zivilisation nur oberflächlich beeinflusst gewesen sei. Als dann bei Ausgrabungen im nordsyrischen Ebla ca. 16 400 Keilschrifttafeln und -fragmente aus der Zeit um 2350 v. Chr. zutage kamen, musste man diese Auffassung grundlegend revidieren.

Nicht nur die Zahl der aus verschiedenen Epochen überkommenen Schriftquellen variiert drastisch, auch die Inhalte der Texte können von Periode zu Periode stark divergieren. Dies liegt zum einen daran, dass die mesopotamischen Schreiber je nach den Gepflogenheiten der Zeit unterschiedliche Sachverhalte zu verschriftlichen pflegten. Der moderne Historiker muss aber auch andere Umstände in Rechnung stellen, die dafür verantwortlich sein können, dass bestimmte historische Perioden mit ganz spezifischen Textgattungen assoziiert sind. Ein instruktives Beispiel stellen die aus der Ur-III-Zeit (21. Jahrhundert v. Chr.) und der ihr nachfolgenden altbabylonischen Periode überkommenen Keilschrifttafeln dar. Aus der Ur-III-Zeit liegen uns große Mengen von Dokumenten der staatlichen Wirtschaftsverwaltung vor, aber nur relativ wenige private Wirtschaftstexte. Letztere sind dafür in beträchtlicher Zahl aus der altbabylonischen Zeit bekannt. Viele Forscher haben aus diesem Befund geschlossen, dass die Könige der Ur-III-Zeit eine radikale Form staatlicher Planwirtschaft implementiert hätten, die schließlich kollabierte und unter den altbabylonischen Herrschern von einem Wirtschaftssystem abgelöst wurde, welches in stärkerem Maße auf privater Initiative gründete. Solch eine Auffassung mag nicht grundsätzlich falsch sein. Man kann den Befund aber auch etwas nuancierter interpretieren. Es scheint, als seien viele der hoch auf alten Zitadellenhügeln gelegenen administrativen Zentren der altbabylonischen Zeit im Laufe der Jahrtausende der Erosion zum Opfer gefallen, während die unter ihnen befindlichen Verwaltungsgebäude der Ur-III-Zeit erhalten blieben und ohne große Probleme archäologisch erschlossen werden konnten. Anders verhält es sich mit den topographisch weniger exponierten Wohnhäusern, in denen die Untertanen der Ur-III-Könige und der altbabylonischen Herrscher ihre privaten Rechts- und Wirtschaftsurkunden aufzubewahren pflegten. Die Privathäuser der altbabylonischen Zeit haben sich oftmals nahe der Oberfläche alter Tells erhalten, während diejenigen der Ur-III-Zeit zumeist unter meterhohem Schutt vergraben und nur mit erheblichem Aufwand zu erreichen sind. Diese Umstände könnten ebenfalls bis zu einem gewissen Grad erklären, warum die modernen Ausgrabungen so überaus zahlreiche administrative Texte aus der Ur-III-Zeit und so viele private Urkunden aus der altbabylonischen Periode zutage befördert haben. Unser Bild von den politischen, sozialen und kulturellen Verhältnissen einzelner Epochen der mesopotamischen Geschichte ist also in erheblichem Maße vom Fundzufall abhängig.

Ein weiteres Problem, mit dem sich der moderne Historiker konfrontiert sieht, stellt die Natur der Texte dar, in denen die Bewohner des Alten Orients sich selbst Rechenschaft über ihre Vergangenheit ablegten. Solche Texte sind keineswegs selten – es gibt, wie schon ausgeführt, zahlreiche keilschriftliche Königslisten, Chroniken, Herrscherinschriften und historisch-literarische Texte. Doch dienten fast alle diese Texte ganz spezifischen praktischen oder ideologischen Bedürfnissen, insbesondere des Tempels und des Palastes. Eine zumindest in Grenzen ›unabhängige‹, einer regulativen Idee von Objektivität verpflichtete Geschichtsschreibung hat im alten Mesopotamien nie Fuß fassen können. Kein altorientalischer Herodot oder Thukydides beschreibt detailliert die Kriege zwischen Assyrien und Babylonien, und kein babylonischer Aristoteles gibt einen Überblick über die ›Verfassungen‹ der sumerischen Stadtstaaten. Damit sieht sich die Altorientalistik gegenüber der klassischen Altertumswissenschaft einerseits empfindlich im Nachteil. Andererseits bleibt ihr das Schicksal erspart, wenig mehr leisten zu können, als antike historische Sekundärliteratur in der Art von Thukydides' *Peloponnesischem Krieg* oder Livius' Geschichte Roms in moderne ›Tertiärliteratur‹ zu verwandeln. Stattdessen ist es ihre Aufgabe, auf der Basis der überaus zahlreichen, oft jedoch eher spröden Primärquellen monumentaler und archivalischer Natur – und natürlich auch unter Berücksichtigung der »kanonischen« Sekundärquellen – zu einer historischen Synthese zu gelangen. Dabei versteht sich, dass jeder Versuch einer solchen Synthese aufgrund der zahlreichen unpublizierten oder noch in der Erde lagernden Keilschrifttexte vorläufig bleiben muss.

Der moderne Altorientalist sieht sich nicht nur Herausforderungen gegenüber, die der spezifischen Natur der ihm zu Gebote stehenden Quellen geschuldet sind, sondern auch solchen, mit denen sich jede historische Darstellung auseinandersetzen muss. Soll er angesichts der Tatsache, dass allein aus altbabylonischer Zeit die Namen von nicht weniger als 400 Königen überliefert sind, primär eine »Geschichte der großen Männer« schreiben, deren Schwergewicht auf der Schilderung politischer und militärischer Ereignisse liegt? Oder soll er – in der Tradition Auguste Comtes – dem Ideal einer »Geschichte ohne Namen« nachstreben und auf der Grundlage der zahlreichen keilschriftlichen Wirtschafts- und Rechtsurkunden in stärkerem Maße sozial- und strukturhistorische Fragestellungen berücksichtigen? Fernand Braudel hat diesem Problem in seiner Universalgeschichte des Mittelmeerraums zur Zeit Philipps II. durch die Berücksichtigung dreier verschiedener, sich unterschiedlich schnell entfaltender »Geschichten« Rechnung zu tragen gesucht: der *géohistoire*, innerhalb derer sich – überaus langsam – Klima und Naturraum verändern, der von Braudel mit dem Begriff der *longue durée* etikettierten, etwas schneller verlaufenden Geschichte des kulturellen und sozialen Wandels und schließlich der *histoire événementielle*, der sich rasch und auf oftmals dramatische Weise vollziehenden Ereignisgeschichte. In diesem Buch wird das Schwergewicht auf der letztgenannten Form von Geschichte liegen, doch sollen, besonders im nachfolgenden Abschnitt IV, auch einzelne Aspekte der mesopotamischen Natur-, Sozial- und Kulturgeschichte knapp skizziert werden.

Der mit dem alten Mesopotamien befasste Historiker muss sich des weiteren darüber Rechenschaft ablegen, wo innerhalb der altorientalischen Geschichte er besonders markante Epochenbrüche ansetzen möchte und welche Faktoren solche Brüche am ehesten ausgelöst haben. Zu berücksichtigen sind dabei unter anderem der natürliche Klimawandel (etwa in Gestalt von Phasen größerer oder geringerer Trockenheit), anthropogene Einflüsse auf den Naturraum (zum Beispiel die Entwaldung Syriens und die Ausrottung der dort lebenden Elefanten durch ökologischen Raubbau im zweiten und ersten Jahrtausend v. Chr.), Völkerwanderungen (etwa die der Amurriter um 2000 und die der Aramäer um 1100 v. Chr.), technologische Innovationen (zum Beispiel neue Kriegstechniken wie der verstärkte Gebrauch von Streitwagen nach 1500 v. Chr.) sowie politische, ideologische und ökonomische Veränderungen verschiedener Art. Oft genug hängen die genannten Faktoren auf komplexe Weise miteinander zusammen. Klimaveränderungen etwa können Völkerwanderungen auslösen, die ihrerseits verschiedene ökologische, politische, soziale und kulturelle Anpassungsleistungen provozieren. Welche Faktoren für bestimmte einschneidende Wendepunkte der mesopotamischen

Geschichte primär ausschlaggebend waren, bleibt vorerst häufig umstritten.

Schließlich stellt sich die grundsätzliche Frage nach dem Stellenwert der mesopotamischen Geschichte innerhalb der Geschichte des Altertums und der Weltgeschichte als Ganzem. Sie lässt sich nicht beantworten, ohne sich in der Kunst des – stets problematischen – Kulturvergleichs zu üben. Aufschlussreich ist dabei vor allem der Blick auf Ägypten, die Kernländer der Bibel und die klassische Welt Griechenlands und Roms.

Mit Ägypten teilt Mesopotamien eine Reihe grundlegender Parameter. Beide Zivilisationen bildeten sich im Bereich großer Ströme heraus und blicken auf eine lange Vorgeschichte zurück. In beiden dominierten monarchische Herrschaftsstrukturen. Sowohl in Ägypten als auch in Mesopotamien entstanden um 3300 v. Chr. komplexe Schriftsysteme, die für Jahrtausende in Gebrauch blieben. In beiden Zivilisationen bildeten sich in Gestalt des Mittelägyptischen bzw. des Altbabylonischen ungefähr zur selben Zeit, in den Jahrhunderten nach 2000 v. Chr., klassische Literatursprachen heraus, die bis in die Spätzeit Verwendung fanden. Und schließlich erlebten beide Zivilisationen, Mesopotamien etwas früher als Ägypten, nach einer langen Phase der kulturellen Petrifizierung in den ersten Jahrhunderten nach Christus ihren Untergang. Natürlich gibt es auch gewichtige Unterschiede, etwa in den Jenseitsvorstellungen und dem (in Ägypten höheren) Ausmaß zentraler Kontrolle. Dennoch sind die skizzierten Übereinstimmungen überraschend, besonders wenn man sich vor Augen führt, dass sie offenbar nicht in erster Linie auf wechselseitige Kontakte zurückzuführen sind. Fast scheint es, obwohl eine solch deterministische Auffassung eigentlich schon lange nicht mehr en vogue ist, als seien hier kulturelle ›Entwicklungsgesetze‹ am Werk gewesen.

Israel und vor allem Juda werden von den Autoren der

Hebräischen Bibel als ein Gegenmodell zu den Zivilisationen Ägyptens und Babyloniens präsentiert. Politisch schwach, hätten sie ihre eigentliche Mission in der Etablierung eines neuen Moralkodex und eines Eingottglaubens gesehen, der den polytheistischen Gottesvorstellungen der an Euphrat, Tigris und Nil ansässigen Menschen entschieden überlegen gewesen sei. Wie bereits angedeutet, hat diese den tatsächlichen historischen Gegebenheiten nur eingeschränkt gerecht werdende Auffassung lange Zeit dafür gesorgt, dass Ägypten und Mesopotamien im Abendland als minderwertige Kulturen wahrgenommen wurden – besonders die Exoduserzählung und die Berichte über das Babylonische Exil haben hierzu beigetragen. Inzwischen stellt sich die Lage sehr viel differenzierter dar, und die meisten Forscher erkennen an, dass nicht zuletzt die Bibel selbst, wie kritisch das von ihr gezeichnete Bild der Ägypter, Assyrer und Babylonier auch sein mag, der ägyptischen und vor allem der mesopotamischen Kultur viel zu verdanken hat.

Auch mit Blick auf die griechisch-römische Welt stellt sich das Problem, Unterschiede und Gemeinsamkeiten mit der mesopotamischen Zivilisation korrekt zu gewichten und mögliche Abhängigkeiten angemessen zu bewerten. Oft genug findet sich auch heute noch unter klassischen Altertumswissenschaftlern die Auffassung, der Alte Orient habe keinerlei kulturelle Leistungen vorzuweisen, die denjenigen der Griechen und Römer vergleichbar gewesen seien, und seine politischen Dimensionen seien mit dem Stichwort der »orientalischen Despotie« hinreichend beschrieben. Umgekehrt gibt es eine Reihe von Forschern, die behaupten, praktisch alle zivilisatorischen Errungenschaften der klassischen Welt seien bloße Kopien altmesopotamischer und vor allem ägyptischer Vorbilder gewesen. Beide Auffassungen sind in ihrer extremen Einseitigkeit abzulehnen. Unzweifelhaft haben Griechenland und Rom innovative Formen der politischen Organisation hervorgebracht und einen wissenschaftlichen ›Metadiskurs‹ entwickelt, wie es ihn zuvor nirgendwo gab. Zugleich dürfen die großen staatspolitischen Errungenschaften Mesopotamiens jedoch nicht unterschätzt werden, ebenso wenig wie seine Leistungen auf den Gebieten der Philologie, Mathematik, Astronomie und anderer Wissenschaften. Und obgleich Homer schwerlich, wie kürzlich erwogen wurde, ein in Kilikien ansässiger assyrischer Eunuch war,[7] kann heute kaum mehr bestritten werden, dass auch die mesopotamische Religion und Literatur, wenn auch oft auf Umwegen und in abgewandelter Form, die religiösen Vorstellungen und literarischen Traditionen Griechenlands nachhaltig beeinflusst haben.

Die immer noch populäre Unterscheidung zwischen Griechen und »Barbaren« ist schließlich auch deswegen in Frage zu stellen, weil ihr ein einseitig positives Bild griechischer Kultur zugrunde liegt. Bei genauer Betrachtung aber gilt Walter Benjamins Diktum, dass »niemals ein Dokument der Kultur [ist], ohne zugleich ein solches der Barbarei zu sein«,[8] für die antike Mittelmeerwelt nicht weniger als für Mesopotamien. So haben etwa beide Zivilisationen Werke der bildenden Kunst und Literatur hervorgebracht, die von erheblichem ästhetischen Reiz sind, obwohl sie zugleich brutale Gewalt und massive soziale Ungerechtigkeiten feiern. Ob der moderne Historiker, der sich mit solcher Janusköpfigkeit konfrontiert sieht, gut daran tut, ihr mit pointierten Werturteilen beizukommen, ist eine Frage, auf die man kaum einvernehmliche Antworten finden kann.

Israel und Juda auf der einen Seite und Griechenland und Rom auf der anderen haben die abendländische Kultur und damit unsere moderne ›westliche Zivilisation‹ nachhaltig geprägt.

7 R. Schrott, *Homers Heimat*, München 2008, S. 330–336.

8 Das Zitat findet sich in Benjamins Aufsatz *Über den Begriff der Geschichte* (»Siebente These«).

Mesopotamien hat beide Kulturkreise beeinflusst und kann daher ebenfalls, in den Worten Dietz Otto Edzards, als »Kulturgläubigerin eines großen Teils unserer Welt« betrachtet werden.[9] Wenn wir die Geschichte des Zweistromlandes studieren, blättern wir also in gewisser Weise, wie es Jean Bottéro formuliert hat, in »unseren ältesten Familiendokumenten«.[10] Dies ist aber nur die eine Seite der Medaille. Die andere ist, dass uns das alte Mesopotamien, dessen Sprachen seit 2000 Jahren niemand mehr spricht und dessen materielle und geistige Kultur für einen fast ebenso langen Zeitraum unter Schutt und Trümmern verborgen war, in vielerlei Hinsicht nach wie vor außerordentlich fremd erscheint. Die babylonische Omenkunde etwa oder die Praxis mesopotamischer Gelehrter, ihre Vorstellungen von der Welt in das Gewand endlos langer Wortlisten zu kleiden, muten vom Standpunkt des modernen Beobachters aus exotisch und schwer nachvollziehbar an. Hermeneutische ›Einfühlung‹ in diese Dinge ist oft kaum möglich – wir nähern uns ihnen zeitlich, örtlich und sachlich von einer extremen Außenperspektive her an. So gesehen stellt sich die Kunde vom Alten Orient keineswegs mehr als ein nostalgisches Blättern im Familienalbum dar. Eher lässt sie sich als eine »Heterologie« im Sinne des französischen Historikers Michel de Certeau beschreiben – als eine Wissenschaft, die sich mit dem ganz Anderen, nicht ohne weiteres Klassifizierbaren beschäftigt. Hierin liegt eine enorme Herausforderung, aber auch eine Chance. Gezwungen, im Rahmen unserer Beschäftigung mit dem alten Mesopotamien uns selbst mit jenem Anderen in Beziehung zu setzen, mögen wir am Ende nicht nur dieses, sondern auch unsere eigene Kultur ein wenig besser zu verstehen lernen.

9 D. O. Edzard, *Geschichte Mesopotamiens*, München 2004, S. 9.

10 J. Bottéro, *Mesopotamia: Writing, Reasoning, and the Gods*, Chicago/London 1992, S. 23.

IV. Grundelemente mesopotamischer Zivilisation

Wie bereits angedeutet, gibt es eine Reihe von Faktoren, die der Kultur und Geschichte des alten Mesopotamien trotz allen Wandels ein einheitliches Gepräge geben – und die es uns überhaupt erst erlauben, von einer in sich geschlossenen mesopotamischen Zivilisation zu sprechen. Die fraglichen Faktoren werden im folgenden knapp skizziert. Dabei ist zu berücksichtigen, dass die Datenlage für die Zeit vor der Mitte des dritten Jahrtausends so ungünstig ist, dass die nachstehenden Ausführungen für die frühesten Perioden der mesopotamischen Geschichte nur unter Vorbehalt Gültigkeit beanspruchen können.

Der naturräumliche Rahmen

Mesopotamien lässt sich in mehrere naturräumliche Zonen unterteilen. Im Süden finden wir eines der größten Flussdeltas der Welt: eine ausgedehnte Schwemmebene, die ihren Anfang im Bereich der modernen Stadt Samarra nimmt und bis an den Persischen Golf reicht. Geschaffen von den Schlammablagerungen der beiden mesopotamischen Hauptflüsse, Euphrat und Tigris, ist diese Ebene überaus flach. Während sich der Tigris aufgrund seiner höheren Fließgeschwindigkeit tiefer in das Gelände eingefressen hat, befinden sich der langsamer fließende Euphrat und seine zahlreichen Abzweigungen und Kanäle auf einem höheren Niveau als das angrenzende Land, was im Laufe der Zeit zu häufigen Flusslaufveränderungen geführt hat.

Das Klima im südlichen Alluvialland ist außerordentlich trocken – Regenfeldbau ist nicht möglich. Damit sich in dieser auf den ersten Blick wenig einladenden Landschaft menschliche Zivilisation entfalten konnte, mussten beträchtliche Anstrengungen unternommen werden. Zum einen war, um Überschwemmungen zu vermeiden, vor allem im Bereich des Euphrat und der von ihm abzweigenden Kanäle für den Bau und die beständige Wartung von Dämmen zu sorgen. Die Wasserläufe mussten außerdem regelmäßig von Schlamm- und Erdablagerungen befreit werden. Schließlich hatte man dafür Sorge zu tragen, dass die an Flüsse und Kanäle angrenzenden Felder nicht nur bewässert wurden – was wegen des tiefer gelegenen Garten- und Ackerlandes relativ einfach war –, sondern auch regelmäßig entwässert, da sonst aufgrund des hohen Grundwasserspiegels die Gefahr der Versalzung bestand. Ein besonderes Problem bestand darin, dass – anders als in Ägypten – die Hochflut des Euphrat und des Tigris das südmesopotamische Alluvialland im März und April erreichte, zur Zeit der Ernte, zu der das Wasser beträchtliche Zerstörungen anrichten konnte. Das Management von Kanälen und Feldern erforderte Planung und Organisation, was wiederum ein erhebliches Maß an politischer Kooperation voraussetzte.

Das bewässerte Land wurde im alten Mesopotamien auf zwei verschiedene Weisen genutzt. Direkt an die Wasserläufe angrenzend befanden sich Gärten, in denen Dattelpalmen und Obstbäume sowie verschiedene Gemüsesorten, darunter Zwiebeln, kultiviert wurden. Der Gartenbau war auf eine intensive Bewässerung und einen beträchtlichen Einsatz an menschlicher Arbeitskraft angewiesen. An die Gärten schlossen sich Getreidefelder an, auf denen vor allem Gerste angebaut wurde, eine Winterfrucht, die salzresistenter war als Weizen. Obwohl sie weniger produktiv waren als die Gärten – in denen pro Hektar Ernteerträge von bis zu 5550 Kilogramm Datteln erzielt werden konnten –, brachten diese Felder dank der Fruchtbarkeit des alluvialen Schwemmlandes ebenfalls beachtliche Ernten hervor. In der Region von Sippar ergaben im sechsten Jahrhundert v. Chr. 44,8 Kilogramm Saatgut pro Hektar einen Ertrag von durchschnittlich 1071 Kilogramm Gerste – nicht viel weniger als die 1320 Kilogramm, die in den vierziger

Jahren des 20. Jahrhunderts mit modernen Methoden auf der gleichen Fläche in den USA geerntet wurden.[11]

Jenseits der Feldbauzone befand sich die Steppe, in der bis zu einem bestimmten Punkt genug Gras wuchs, um Kleinvieh – Schafe und Ziegen – zu weiden. Ganz im Süden der Alluvialebene, dort wo diese in den Persischen Golf übergeht, lagen die sogenannten Marschen, eine Brackwasserzone mit gewaltigen Fisch- und Vogelbeständen, in der Röhricht wuchs, das zu Matten, Hausdächern oder Möbelstücken verarbeitet werden konnte.

Die mesopotamische Alluvialebene verfügt über keinerlei Stein- und Metallvorkommen und über nur geringe Bestände an größeren Bäumen, wie sie für die Gewinnung von Bauholz vonnöten sind. Alle diese Ressourcen mussten sich die Bewohner des mesopotamischen Schwemmlandes entweder durch Handel oder mit Hilfe von Kriegen von auswärts verschaffen.

Die naturräumliche Situation Südmesopotamiens, eines veritablen ökologischen Mosaiks, war insgesamt wenig stabil. Wiederholt sorgten klimatische und anthropogene Faktoren dafür, dass aus Getreidefeldern Marschland bzw. Steppe wurde oder sich der umgekehrte Prozess abspielte. Die Bewohner des Zweistromlandes mussten sich solchen Veränderungen immer wieder von neuem anpassen, was zu großer politischer und sozialer Unsicherheit führte.

An die südmesopotamische Alluvialebene schließt sich im Norden und Nordwesten eine zweite naturräumliche Zone an: die etwas höher gelegene und schließlich in wellige Hügel und Vorgebirge übergehende Landschaft Obermesopotamiens. Hier war von einer bestimmten Linie an, dort wo der durchschnittliche Jahresniederschlag mindestens 200 Millimeter be-

11 M. Jursa, *Aspects of the Economic History of Babylonia in the First Millennium BC*, Münster 2010, S. 49.

trug, auf Regen basierender Ackerbau möglich. Viele der urbanen Zentren Obermesopotamiens reihten sich wie Perlen entlang des Euphrat und des Tigris sowie ihrer Nebenflüsse auf und hatten folglich in der Regel nur zwei direkte Nachbarn – einen flussauf- und einen flussabwärts. Lediglich im sogenannten Habur-Dreieck lagen die Städte, so wie in Südmesopotamien, an parallelen Wasserläufen, was bedeutete, dass sie Berührungszonen mit mehreren anderen Orten hatten, eine Vorbedingung für komplexere Beziehungen zwischen einzelnen Siedlungen und Kleinstaaten.

Im Süden grenzt Mesopotamien an den Persischen Golf, dessen Küstenlinie im Altertum erheblich weiter nördlich verlief als in späteren Zeiten – Ur, heute in der Wüste gelegen, war einst eine Hafenstadt. Den nördlichen Abschluss des Zweistromlandes markiert das Taurusgebirge mit den sich anschließenden Bergen des anatolischen Hochlandes. Diese vereinigen sich im Osten der Türkei mit dem Zagros-Gebirge, das, von Nordwest nach Südost verlaufend, die östliche Grenze Mesopotamiens bildet. Ganz im Südosten ist die Grenzlinie weniger scharf – hier trennt lediglich eine kleine Vorkette des Zagros sowie jahreszeitlich überflutetes Ödland die mesopotamische Ebene von der naturräumlich vergleichbaren, aber weniger ausgedehnten Schwemmebene der Susiana, jener Landschaft, in der das alte Elam lag. Im Westen und Südwesten bildet die syrisch-arabische Wüste eine natürliche Grenze. Völlig unzugänglich war Mesopotamien jedoch keineswegs. Gebirgspässe im Norden und Osten sowie die weitenteils schiffbaren großen Flüsse fungierten als natürliche Verkehrsadern, neben denen es zum Teil gut ausgebaute Karawanenstraßen gab. Mesopotamien war geographisch weitaus weniger isoliert als das am Nil gelegene Ägypten und sah sich daher immer wieder mit kleineren und größeren »Völkerwanderungen« aus dem Westen und Osten konfrontiert.

Seit dem Beginn des Holozän, der bis heute andauernden Warmzeit, um 9000 v. Chr. scheint sich das Klima in Vorderasien nicht mehr entscheidend gewandelt zu haben; es blieb durchweg trocken. Kleinere Klimaveränderungen, welche die Niederschlagsmengen in den Gebirgen beeinflussten, gab es jedoch durchaus. Sie hatten zur Folge, dass die Menge des Flusswassers, das in Mesopotamien für Bewässerungszwecke zur Verfügung stand, periodischen Schwankungen unterworfen war, ein Umstand, der die historischen Geschicke des alten Zweistromlandes mehrfach nachhaltig beeinflusst zu haben scheint.

Stadt und Land

Obwohl im alten Mesopotamien wie in allen vormodernen Staaten dem Agrarsektor eine zentrale Bedeutung zukam, war die mesopotamische Zivilisation zugleich auch ganz wesentlich eine Stadtkultur. Nicht ohne Grund sind es Städtenamen wie Ninive, Babylon, Uruk und Ur, alle auch aus der Bibel bekannt, die unser Bild von Mesopotamien maßgeblich prägen. Für die Identitätsbildung der Bewohner des alten Zweistromlandes spielten Städte eine entscheidende Rolle – man betrachtete sich nicht so sehr als »Babylonier« oder »Assyrer«, sondern als »Kind« (akkadisch *maru*) seiner Heimatstadt.

Die wichtigsten urbanen Zentren Mesopotamiens lagen am Ufer großer Flüsse und Kanäle und oft im Kreuzungsbereich verschiedener Straßen. Bedeutendere Städte waren von einem Mauerring umgeben und konnten beträchtliche Ausmaße haben. Eine Metropole wie Ninive, das im siebten Jahrhundert v. Chr. eine Fläche von 750 Hektar aufwies, war deutlich größer als etwa das Athen der klassischen Zeit. Schätzungen der Einwohnerzahl mesopotamischer Städte sind mit erheblichen Unsicherheiten behaftet, doch geht man vermutlich nicht völlig fehl, wenn man vermutet, dass in Uruk im frühen dritten Jahrtausend v. Chr. mindestens 40 000 und in Babylon im sechsten Jahrhundert v. Chr. mindestens 60 000 Menschen lebten.

Größere mesopotamische Städte waren in verschiedene Sektoren aufgeteilt. Das politische und administrative Zentrum bildeten die in vielen Fällen auf Zitadellenhügeln errichteten Paläste der Regierenden, die von der übrigen Stadt durch Mauern abgetrennt waren. Wichtige Wirtschaftsgebäude und Tempel hatten ihren Platz ebenfalls innerhalb der Zitadellenmauern. Oft befanden sich die Zitadellen im Norden oder Nordwesten der von ihnen kontrollierten Städte, wo man von frischen Winden profitierte und auf saubereres Wasser Zugriff hatte als weiter flussabwärts.

Jenseits des »Regierungsbezirks« befanden sich die Wohnviertel der städtischen Bevölkerung. Die Häuser in den mesopotamischen Städten waren, da Stein in nur geringem Maße zur Verfügung stand, aus Lehmziegeln erbaut, oft um einen zentralen Hof herum, und konnten ein oder zwei Stockwerke aufweisen; ihre Fläche betrug in der Regel zwischen 60 und 200 Quadratmeter. Nur in den größeren Häusern fanden sich spezielle Bade- und Küchenräume sowie Hausschreine. Besonders wohlhabende Familien verfügten über Häuser mit mehreren Innenhöfen und einer Grundfläche von bis zu 1000, in Ausnahmefällen sogar mehr als 5000 Quadratmetern. Die Häuser, die oftmals Mauern mit benachbarten Gebäuden teilten, bildeten zusammen mit Werkstätten und kleinen Läden kompakte Areale, die von Straßen und Wegen, Binnenmauern sowie großen und kleinen Kanälen durchkreuzt und abgeschlossen wurden. Beträchtliche Gebiete innerhalb der Stadtmauern waren unbebaut und wurden, wie es scheint, zu landwirtschaftlichen oder anderen Zwecken genutzt.

Die Städte wurden von »Bürgermeistern« (akkadisch *hazannu*(*m*) oder *rabianu*(*m*)) und Ältestenräten verwaltet, die übergeordneten politischen Instanzen gegenüber weisungsgebunden waren. Stadtviertel unterstanden speziellen Vorstehern, die Versammlungen einberufen konnten und für die Aufrechterhaltung der öffentlichen Ordnung zuständig waren.

Die höchste Erhebung innerhalb einer typischen mesopotamischen Stadt bildete der stufenförmige, auf Akkadisch *Ziqqurrat* genannte Turm ihres wichtigsten Tempels. Der berühmteste dieser schon von weitem sichtbaren Tempeltürme, die bis zu 90 Meter hoch sein konnten, war das *E_2-temen-an-ki* (»Haus, Fundament von Himmel und Unterwelt«) in Babylon, auf das die biblische Geschichte vom »Turm zu Babel« Bezug nimmt.

Im landwirtschaftlich geprägten Hinterland der Städte befanden sich zahlreiche kleinere Siedlungen, Dörfer sowie Dreschböden und Silos. Sie sind archäologisch oft schwer nachzuweisen, in den schriftlichen Quellen jedoch gut dokumentiert. Dies trifft auch auf die temporären Lagerplätze halbnomadischer Kleinviehzüchter zu, die, wie im folgenden Abschnitt ausgeführt, im alten Mesopotamien eine bedeutende Rolle spielten.

Familie, Gesellschaft und Wirtschaft

Die kleinste soziale Zelle war in Mesopotamien der grundsätzlich patrilineare, d. h. auf männliche Erbfolge ausgerichtete Familienverband. Familien bildeten individuelle Haushalte, die in der Regel aus dem Haushaltsvorstand, seiner Frau, den noch unverheirateten Kindern sowie manchmal einzelnen bereits verheirateten Söhnen samt deren Familien bestanden. Polygamie war außerhalb königlicher Harems eher unüblich, doch wenn eine Ehefrau kinderlos blieb, galt es als durchaus statthaft, dass ihr Mann eine weitere Gattin in seinen Hausstand aufnahm. Auch den altassyrischen Kaufleuten aus Assur, die über Jahre hinweg fernab von Frau und Kindern in anatolischen Handelskolonien lebten, stand es frei, dort eine weitere

Frau zu ehelichen und auch mit ihr Kinder zu zeugen. Wenn die Kaufleute nach Assur zurückkehrten, mussten sie die Zweitfrau jedoch in Anatolien zurücklassen, so dass die beiden Gattinnen, die unterschiedliche Titel führten, einander nie begegneten.

Oft erbte der älteste Sohn einen größeren Anteil des väterlichen Besitzes als die jüngeren Söhne, die sich mit kleineren Erbteilen zufriedengeben mussten. Töchter wurden in Mesopotamien, jedenfalls im ersten Jahrtausend, offenbar relativ jung, mit ca. vierzehn bis achtzehn Jahren, verheiratet, Söhne heirateten etwas später. Die Braut erhielt von ihrem Vater anstelle eines Erbteils eine Mitgift, über die sie auch im Falle der Witwenschaft weiter verfügen konnte. Der Bräutigam musste der Familie seiner Verlobten einen Brautpreis zahlen. Die Söhne, insbesondere der älteste, hatten die Pflicht, die Versorgung ihrer Eltern sicherzustellen, wenn diese alt und gebrechlich geworden waren, und nach deren Ableben für ihren Totenkult zu sorgen. Paare, die auf natürlichem Wege keinen Nachwuchs zu zeugen vermochten und Gefahr liefen, im Alter unversorgt zu bleiben, konnten zur Behebung dieses Missstandes Kinder adoptieren, deren zukünftige Rechte und Pflichten vertraglich geregelt wurden.

Die oft von Ammen genährten und von Kinderfrauen aufgezogenen Sprösslinge von Angehörigen der Oberschicht waren in der Regel wohlversorgt. Wenn sie männlichen Geschlechts waren und ein gewisses Alter erreicht hatten, ließen ihre Väter sie in der Schreibkunst, Mathematik und anderen nützlichen Wissenschaften unterrichten. Am anderen Ende des sozialen Spektrums konnten Kinder dagegen eine erhebliche Belastung darstellen. Zwar kannte man im alten Mesopotamien aus Pflanzenextrakten hergestellte Verhütungs- und Abtreibungsmittel, doch deren Wirksamkeit war begrenzt, und so waren unerwünschte Kinder offenbar keine Seltenheit. Mittellose Paare und alleinstehende Mütter sahen sich mitunter gezwungen, solche Kinder auszusetzen. Fand jemand ein ausgesetztes Kind und nahm es bei sich auf, so war es Brauch, dass der Finder, um über einen Beweis für die legitime Aneignung des Kindes zu verfügen, einen Fußabdruck desselben auf Ton anbringen ließ. In Erinnerung an ihre Herkunft von der Straße wurden mesopotamische Findelkinder oft Scha-pi-kalbi genannt, ein Name, der »Aus einer Hundeschnauze stammend« bedeutet.[12] Das berühmteste Findelkind der mesopotamischen Geschichte ist König Sargon von Akkad, von dem die Legende berichtet, er sei, ähnlich wie der biblische Mose, von seiner Mutter, einer eigentlich zur Keuschheit verpflichteten Priesterin, in eine Kiste gelegt und dem Fluss anvertraut worden, ehe ihn ein armer Wasserschöpfer gerettet und aufgezogen habe.

Die sumerischen und akkadischen Personennamen sind oftmals Satznamen, die uns interessante Aufschlüsse über die religiösen Vorstellungen und die persönliche Situation der namengebenden Eltern geben. Der (in der Bibel zu Sanherib verkürzte) Königsname Sin-ahhe-eriba zum Beispiel, der »Sin hat die Brüder ersetzt« bedeutet, lässt erkennen, dass Sanheribs ältere Brüder alle vor seiner Geburt gestorben waren. Manchmal nahmen Könige und Königinnen anlässlich ihrer Inthronisierung und Beamte bei Antritt eines wichtigen Postens einen neuen, oftmals programmatischen Namen an. Dasselbe gilt für die Ammen von Königskindern, die in der Stadt Mari Namen wie Abi-nuri, »Mein Vater ist mein Licht«, trugen, so dass die kleinen Prinzen und Prinzessinnen, wenn sie ihre Ammen beim Namen riefen, gleichzeitig ein Lob auf ihren königlichen Erzeuger aussprachen. Komplizierte Personennamen wurden mitunter zu Koseformen verkürzt – wer etwa Nabu-zeru-iqischa hieß, konnte Zeriya gerufen werden.

12 C. Wunsch, »Findelkinder und Adoption nach neubabylonischen Quellen«, in: *Archiv für Orientforschung* 50 (2003/04), S. 174–244.

In dem Bestreben, Individuen eindeutig zu identifizieren, nennen Rechts- und Verwaltungsurkunden oft auch deren Vatersnamen oder – seltener – den Namen der Mutter. Seit der zweiten Hälfte des zweiten Jahrtausends trugen die Angehörigen der führenden Familien Babyloniens darüber hinaus regelrechte Familiennamen, die auf zum Teil fiktive Ahnen zurückgehen konnten, aber auch auf Berufsbezeichnungen – das Pendant zu dem deutschen Nachnamen »Schmidt« war in Babylonien der Name Nappachu, der »Schmied« bedeutet. Die Zahl der mit solchen Namen bezeichneten Familienverbände war begrenzt, und die Zugehörigkeit zu ihnen signalisierte einen exklusiven Status, der die Identität babylonischer Bürger nicht weniger nachhaltig prägte als ihre Verbindung mit einer bestimmten Stadt.

Die durchschnittliche Lebenserwartung betrug im Babylonien des ersten Jahrtausends vermutlich nicht viel mehr als zwanzig Jahre, was an der äußerst hohen Kindersterblichkeit lag. Von den etwa sieben oder acht Kindern, die babylonische Frauen im Durchschnitt gebaren, überlebte die Hälfte die ersten Lebensjahre nicht. Männer, die das zwanzigste Lebensjahr erreichten, starben im Durchschnitt mit knapp fünfzig Jahren. Der Tod war in Mesopotamien allgegenwärtig. Ein neuassyrischer Text beschreibt in bewegenden Bildern den Abschied von einer im Kindbett verstorbenen Frau, indem er fragt: »Warum treibst du nun auf dem (Unterwelts-)Fluss wie ein aufgegebenes Schiff, / (warum) sind deine Ruderbänke zerbrochen und deine Fangleinen abgetrennt?«[13]

Die mesopotamische Gesellschaft war geprägt von Rollenbildern, die auf Gegensätzen zwischen den Geschlechtern, Gene-

13 A. Livingstone, *Court Poetry and Literary Miscellanea*, Helsinki 1989, S. 37–39.

rationen und sozialen Klassen basierten. Die politische und ökonomische Macht lag zu allen Zeiten weitenteils in der Hand von Männern. Zwar galten Frauen grundsätzlich als durchaus geschäftsfähig, doch in der Praxis beschränkten sich ihre diesbezüglichen Aktivitäten zumeist darauf, ihr persönliches Eigentum zu verwalten und ansonsten ihren Männern zuzuarbeiten. Unverheiratete Frauen, die von ihren Vätern oder Brüdern unabhängig waren, etwa solche, die als Ammen fungierten oder Tavernen oder Bordelle betrieben, wurden mit einem gewissen Misstrauen beobachtet, und um ihren Leumund war es nicht zum besten bestellt. Wie in vielen anderen Gesellschaften waren es auch in Mesopotamien vor allem Frauen, die man mit Hexerei und schwarzer Magie in Verbindung brachte und im Falle entsprechender Beschuldigungen gerichtlich verfolgte. Im Laufe der Jahrtausende scheinen die gesellschaftlichen Spielräume, die mesopotamische Frauen besaßen, zunehmend geringer geworden zu sein. Zwar gab es immer wieder Frauen, die über beträchtliche politische Macht verfügten – genannt seien hier nur die neuassyrischen Königinnen Sammu-ramat (Semiramis) und Naqia –, doch verdankten diese ihre Stellung fast ausnahmslos ihrer Position als Mutter, Gattin oder Tochter eines männlichen Herrschers.

In humoristischer Verkürzung auf den Punkt gebracht wird das ambivalente Frauenbild des mesopotamischen Mannes in einem in babylonischer Sprache abgefassten Dialog, in dem ein Sklave seinem Herrn, einem unentschlossenen Müßiggänger, in schamloser Weise nach dem Mund redet:

> (Herr:) »Sklave, pflichte mir bei!« (Sklave:) »Gewiss, mein Herr, gewiss.« (Herr:) »Ich will mich in eine Frau verlieben.« (Sklave:) »Verliebe dich, mein Herr, verliebe dich. Ein Mann, der sich in eine Frau verliebt, vergisst Kummer und Gram.« (Herr:) »Nein, Sklave, ich will mich doch nicht in eine Frau

verlieben.« (Sklave:) »Verliebe dich nicht, mein Herr, verliebe dich nicht. Eine Frau ist ein Brunnenloch, ein Brunnenloch, eine Falle, eine Grube. Eine Frau ist ein scharfes eisernes Messer, das dem jungen Mann die Kehle durchschneidet.«[14]

Konflikte zwischen den Generationen werden in mythologisierter Form im babylonischen Weltschöpfungsepos *Enuma elisch* verarbeitet, das davon berichtet, wie die Göttermatriarchin Tiamat, unterstützt von einer Armee von Monstern, die jüngeren Götter zu vernichten sucht, weil sie den Lärm, den diese bei Tanz und Spiel erzeugen, nicht länger ertragen kann. Am Ende ist es Tiamat selbst, die vom Oberhaupt der Junggötter, Marduk, getötet wird. Eine weniger negative Sicht des Verhältnisses der Generationen findet ihren Ausdruck in der Theologie von Nippur. In ihr fungiert der Gott Enlil als unumstrittener, aber leicht altersschwacher und wenig dynamischer Götterkönig, während sein Sohn Ninurta als jugendlicher Krieger in heroischen Kämpfen die Mächte des Chaos bezwingt, ohne indes die höchste Befehlsgewalt innezuhaben.

Die mesopotamische Gesellschaft war von Klassengegensätzen gekennzeichnet: es gab freie Bürger, Halbfreie und Sklaven. Außerhalb dieser Kategorien lassen sich bestimmte Gruppen von Außenseitern sowie Fremde und (Halb-)Nomaden verorten. Wenn griechische Autoren wie Herodot die Idee der Freiheit als eine genuin griechische Errungenschaft präsentieren, weil in Vorderasien sämtliche Menschen von einem Monarchen abhängige »Sklaven« gewesen seien, so werden sie der Komplexität der altorientalischen Gesellschaftsordnung – trotz der in der Tat beträchtlichen Macht der mesopotamischen Könige – also keineswegs gerecht.

14 W. G. Lambert, *Babylonian Wisdom Literature*, Oxford 1960, S. 146–147.

Vollfreie Bürger, die über Besitz verfügten, wurden in altbabylonischer Zeit als *awilum*, im ersten Jahrtausend v. Chr. als *mar banê* bezeichnet – der letztere Terminus, der wörtlich »einer der Guten/Schönen« bedeutet, steht semantisch dem Begriff des »Aristokraten« nahe. Aus der Gruppe der Vollfreien rekrutierten sich hohe Stadtbeamte, Richter sowie die Mitglieder örtlicher Ratsversammlungen. Wie viel politischen Einfluss sie besaßen, hing von der Stärke der jeweiligen Zentralregierung ab.

Die Kategorie der Halbfreien, zu denen die sumerischen *érin* (»abhängige Arbeiter«) sowie im ersten Jahrtausend v. Chr. die *schirku* (»Tempeloblaten«) gehörten, ist weniger leicht zu fassen, doch verbindet alle entsprechenden Gruppen, dass sie im Dienste des Palastes oder Tempels standen und sich von diesen Institutionen, von denen sie statt eines Lohnes Nahrungsmittelrationen empfingen, nicht ohne weiteres lossagen konnten.

Der vieldiskutierte akkadische Begriff *muschkenum* ist oft ebenfalls als eine Bezeichnung für Halbfreie interpretiert worden. Tatsächlich scheint er aber, in seiner ursprünglichen Verwendung, freie Bürger in ihrer Rolle als Untertanen von König und Palast bezeichnet zu haben. In den Gesetzen Hammurapis wird er dann auf Männer angewandt, die zwar ebenfalls grundsätzlich frei sind, aber anders als hohe königliche Beamte, städtische Ratsherren oder Richter über keinerlei Autorität außerhalb ihrer Familie verfügen. Später dient der Begriff zur Bezeichnung verarmter Bevölkerungsschichten.[15]

Sklaven (sum. *ìr*, akkad. (*w*)*ardu*(*m*)) und Sklavinnen (sum. *géme*, akkad. *amtu*(*m*)) waren das Eigentum von Privatleuten

15 Über das arabische *miskin* hat das Wort *muschkenum* auch in europäische Sprachen Eingang gefunden. Das italienische Wort »meschino« und das französische Wort »mesquin«, die beide »ärmlich« bedeuten, leiten sich von ihm ab.

oder institutionellen Haushalten, die weitgehend nach eigenem Gutdünken über sie verfügen konnten. Zwar durften Sklaven unter bestimmten Umständen heiraten, Kinder zeugen und Geschäfte tätigen, doch blieben ihre Kinder in der Regel unfrei, und der Gewinn, den Sklaven erwirtschafteten, floss an ihre Besitzer zurück.

Man konnte in Mesopotamien auf zweierlei Weise zum Sklaven werden: zum einen als in Kriegsgefangenschaft geratener Fremder, zum anderen als Bürger, der seine Kredite nicht zurückzahlen konnte und gezwungen war, sich selbst, seine Frau oder seine Kinder in Schuldknechtschaft zu geben. Im erstgenannten Fall konnte man darauf hoffen, von seinem Land freigekauft zu werden, während im letztgenannten die Möglichkeit bestand, durch das Abarbeiten der Schulden oder im Zuge eines vom Herrscher verfügten Schuldenerlasses seine Freiheit zurückzuerlangen – der Sklavenstatus war also kein völlig unabänderliches Schicksal.

Regelrechte Sklavenaufstände scheint es in Mesopotamien nicht gegeben zu haben, doch immer wieder versuchten einzelne Sklaven, sich ihren Besitzern durch Flucht zu entziehen. Um ebendies zu verhindern, wurden Sklaven zuweilen geblendet oder durch charakteristische Haartrachten und das Eintätowieren bzw. -brennen von Eigentumsmarken gekennzeichnet. Manche Sklaven, die wechselnde Eigentümer gehabt hatten, wurden so zu regelrechten ›lebenden Palimpsesten‹ – auf ihren Handgelenken fanden sich, übereinander geschrieben, die Eigentumsvermerke aller ihrer sukzessiven Besitzer. Flüchtigen Sklaven, die man gefangen hatte, wurde zuweilen der akkadische Text *halaq sabat* (»Er ist ein Flüchtling – ergreife ihn!«) auf das Antlitz tätowiert. Er entspricht fast wörtlich der griechischen Phrase *kátekhé me pheúgô*, die vergebens geflüchtete Sklaven in der antiken Mittelmeerwelt auf der Stirn trugen.

Wie überall auf der Welt gab es auch in der mesopotamischen Gesellschaft Außenseiter und Randgruppen, zum Beispiel Behinderte, Transsexuelle oder Prostituierte, die ein oftmals prekäres Dasein fristeten. Systematischer Verfolgung scheinen die genannten Gruppen jedoch nie ausgesetzt gewesen zu sein. Der sumerische Mythos von Enki und Ninmach, in dem die beiden namengebenden Gottheiten darum wetteifern, auch noch den seltsamsten menschlichen Kreaturen eine sinnvolle gesellschaftliche oder religiöse Funktion zu verleihen, zeugt sogar im Gegenteil davon, dass Außenseiter und Randgruppen in durchaus sympathischer Weise in das mesopotamische Weltbild integriert waren; dem Blinden etwa wird in dem Mythos das Amt des Musikers zugedacht.[16]

Fremden, die aus freien Stücken nach Mesopotamien gekommen waren, begegnete man dort mit einem gewissen Misstrauen. Ein sumerisches Sprichwort lautet: »Fleisch ist Fleisch, Blut ist Blut, ein Fremder ist ein Fremder, anders ist anders.« Kaufleute ausländischer Herkunft lebten nicht selten in gesonderten Siedlungen, die zuweilen nach ihrer ethnischen Zugehörigkeit benannt waren; innerhalb größerer Städte scheinen sie oft in eigenen Vierteln gewohnt zu haben. Es gibt jedoch keinerlei Anhaltspunkte dafür, dass Fremde darüber

16 Wir wissen, dass im alten Mesopotamien viele Musikanten und Musikantinnen tatsächlich blind waren – und viele Blinde musikalische Berufe ergriffen. Wer blind war, so glaubte man, konnte sich, von visuellen Reizen unbeeindruckt, ganz auf die Welt der Töne konzentrieren. Yasmach-Addu, der im frühen 18. Jahrhundert v. Chr. als König von Mari amtierte und ein echter Musik-Aficionado war, ging so weit, dass er Kinder mit normaler Sehfähigkeit blenden ließ, bevor sie zu Musikern ausgebildet wurden, womit er den so human anmutenden Integrationsgedanken aus *Enki und Ninmach* natürlich ad absurdum führte.

hinaus systematisch diskriminiert wurden, und ethnisch motivierter Hass wird in den Quellen kaum je artikuliert.

Sehr viel größere Vorbehalte hatten die städtischen Eliten Mesopotamiens gegen die außerhalb der Städte lebenden halbnomadischen Kleinviehzüchter, die den Winter mit ihren Schafherden in den dünn besiedelten Hügelländern der Peripherie verbrachten, im Sommer jedoch im Bereich der Flussläufe und damit nahe der urbanen Zentren lagerten. Zwischen Halbnomaden und Sesshaften bestand eine wechselseitige Abhängigkeit: Die Wanderhirten erhielten von den Städtern Getreideprodukte und handwerkliche Güter, während sie umgekehrt die Stadtbewohner mit Milch und Fleisch versorgten. Doch zugleich fürchteten die Städter die Razzien der Beduinen und verachteten sie wegen ihres vermeintlich unkultivierten Lebensstils. Besondere Angst hatte man vor verarmten Kleinbauern, die sich in Krisenzeiten zu ambulanten Räuberbanden zusammenschlossen, um zu plündern und zu morden. Solche Banden werden in den Quellen zuweilen als *Hapiru* bezeichnet, ein Terminus, von dem sich einigen Forschern zufolge das Ethnikon »Hebräer« ableitet. Echter Nomadismus, also ein Lebensstil, der lange Aufenthalte in der Wüste einschließt, kam im Alten Orient erst mit der massenhaften Nutzung von Kamelen um 1000 v. Chr. auf – und spielte für die Geschichte des alten Mesopotamien, anders als für den syro-arabischen Raum, keine entscheidende Rolle.

Die wichtigsten an das Land gebundenen Wirtschaftszweige in Mesopotamien waren die Landwirtschaft, die Viehwirtschaft sowie in geringerem Umfang die Fischerei und der Vogelfang, die beide besonders intensiv in den südlichen Marschen betrieben wurden. Für die Landwirtschaft waren, wie schon angemerkt, vor allem der Gersteanbau und die Anlage von Dattelgärten von Bedeutung; auch Sesam spielte eine wichtige Rolle.

Gerste wurde zu Brot und (schwach alkoholischem) Bier verarbeitet, während Sesamöl den Fettbedarf der Bewohner des alten Zweistromlandes deckte. Agrarland war in Mesopotamien verhältnismäßig billig, während die für seine Bestellung erforderlichen Arbeitskräfte knapp und daher kostspielig waren.

Die Viehwirtschaft war auf die Aufzucht von Schafen und Ziegen fokussiert. Zeitweise wurden auch Schweine gehalten, doch der Verzehr dieser Tiere war in späteren Perioden oft mit einem Tabu belegt. Ochsen spielten in erster Linie als Zugtiere von Saatpflügen eine Rolle. Kühe, die unter anderem als Milchlieferanten dienten, scheinen von ihren Besitzern besonders geschätzt worden zu sein; sie trugen nicht selten Frauennamen und figurieren in mythologischen Texten als Geliebte des vergöttlichten Mondes, dessen hörnerförmige Sichel Assoziationen mit Stieren nahelegte.

Im Bereich des Handwerks sind die Metallurgie, die Keramikproduktion und vor allem das (von Frauen dominierte) Textilhandwerk hervorzuheben, wobei man mit Blick auf letzteres nicht ohne Grund von einer regelrechten Industrie gesprochen hat. Auch die Steinschneidekunst, die besonders für die Siegelherstellung wichtig war, das Zimmermannshandwerk, die Bogenmacherkunst und viele andere handwerkliche Tätigkeiten wurden von Spezialisten ausgeübt.

Als ökonomische Akteure begegnen uns im alten Mesopotamien neben dem Tempel und der Krone mit ihren zahlreichen abhängigen Arbeitern auch Privatleute, die in vielfältiger Weise mit staatlichen und religiösen Institutionen interagierten. Sowohl institutionelle als auch private Haushalte wurden mit dem akkadischen Wort *bitu* (sumerisch *é*), »Haus«, bezeichnet, dem Pendant des griechischen Lexems *oikos*, von dem der moderne Terminus »Ökonomie« abgeleitet ist. Die marxistisch inspirierte Annahme, im alten Zweistromland habe eine von einem despotischen Staat kontrollierte »asiatische

Produktionsweise« vorgeherrscht, kann also in dieser Zuspitzung nicht akzeptiert werden. Nicht nur Tempel und Palast, sondern auch Privatleute verfügten über weite Strecken der altorientalischen Geschichte hinweg über Land und andere Produktionsmittel.

Dennoch ist zu konstatieren, dass der Staat in Mesopotamien der bei weitem einflussreichste ökonomische Akteur war. Nicht nur erhob er Steuern, verfügte über Beute und Tribut aus eroberten Ländern und nahm in regelmäßigen Abständen die Fronarbeit seiner Untertanen in Anspruch, er konnte auch bei Bedarf massiv in die Belange der übrigen Wirtschaftsakteure eingreifen. Vom staatlichen Einfluss auf die Tempelwirtschaft zeugen die zahlreich überlieferten Fälle, in denen die Krone die Chefadministratoren eines Tempels austauschte, um mit einem neuen Management dessen Produktivität zu erhöhen. Den Zugriff der Krone auf privates Eigentum dokumentiert exemplarisch das altbabylonische Omen »Wenn die *naplastum*-Markierung (eine Einkerbung auf der Leber des Opferlamms) wie (das Keilschriftzeichen) KASKAL aussieht, wird der König seine Magnaten töten und ihren Besitz und ihr Eigentum an die Tempel der Götter verteilen.«[17] Die Schuldenerlasse, die mesopotamische Könige, oft zu Beginn ihrer Herrschaft, verfügten, stellten gleichfalls einschneidende staatliche Interventionen in die private Wirtschaftsordnung dar. Das Problem allgemeiner Überschuldung vermochten diese Erlasse, da sie keine strukturellen Reformen mit sich brachten, freilich immer nur vorübergehend aus der Welt zu schaffen.

Der Güteraustausch, der von den zahlreichen schiffbaren Flüssen und Kanälen profitierte, erfolgte im alten Mesopotamien in unterschiedlichen Formen. Unter Rückgriff auf Überlegungen des Wirtschaftshistorikers Karl Polanyi kann man

17 A. Goetze, *Old Babylonian Omen Texts*, New Haven / London 1947, S. 14, Z. 8f.

drei Haupttypen unterscheiden: den reziproken, den redistributiven und den marktbeherrschten Austausch.

Reziprozität kennzeichnete den Tausch von Gütern, wie er zur Abdeckung von Grundbedürfnissen etwa in abgelegenen Gegenden Mesopotamiens verbreitet war. Aber auch der zwischenstaatliche Austausch von Luxusprodukten hatte einen reziproken Charakter, obschon die entsprechenden Gaben offiziell als Geschenke galten, mit denen sich die Herrschenden wechselseitig bedachten.

Redistributive Wirtschaftsformen sind besonders für die mesopotamischen Tempel charakteristisch, die immer auch als ökonomische Einheiten fungierten. Die Tempel zogen die von ihren eigenen Bauern und Handwerkern produzierten Güter zunächst ein, um sie sodann, nachdem die Götter, aber auch die höchsten Tempelfunktionäre einen angemessenen Anteil erhalten hatten, wieder an die von ihnen abhängigen Arbeitskräfte zurückzuverteilen. Im Idealfall förderte dieses Verfahren die berufliche Spezialisierung und führte zu erhöhter Produktivität, während es zugleich die Grundversorgung aller Tempelangehörigen sicherstellte. Allerdings sollte man sich solche redistributiven Systeme nicht als vollständig abgeschlossen vorstellen. Viele Tempelangehörige dürften zusätzlich kleinere Gärten besessen oder gegen Lohn Handwerkstätigkeiten ausgeführt haben, während sich die Tempel umgekehrt nicht selten gezwungen sahen, zur Bestellung ihrer Ländereien Mietarbeiter anzuwerben. Auch mussten die Tempel der Krone Steuern zahlen und Arbeitskräfte zur Verfügung stellen.

Trotz diesbezüglicher Skepsis einzelner Forscher steht außer Frage, dass auch der Markt in Mesopotamien eine wichtige ökonomische Rolle spielte. Als Orte, an denen sich ›Märkte‹ befanden, lassen sich Stadttore, Hafenquartiere und Straßen namhaft machen. Letztere hießen auf Akkadisch *suqu*, was an den arabischen »Suq« erinnert. Wenn die Schriftquellen Marktplätze nur selten erwähnen, dann wohl vor allem deswegen, weil die dort getätigten, zumeist geringfügigen Transaktionen anders als etwa Immobilien- oder Sklavenverkäufe nicht der Dokumentierung bedurften.

Einen Markt gab es in Mesopotamien auch in einem abstrakteren Sinne – als einen Austausch von Waren und Dienstleistungen, der von den Gesetzen von Angebot und Nachfrage bestimmt war. Eine wichtige Rolle spielten dabei – oftmals aus ursprünglich eher kleinen Verhältnissen stammende – private ›Unternehmer‹, die sich bemühten, durch die Teilnahme am Fernhandel, die Monopolisierung bestimmter Zweige der landwirtschaftlichen Produktion oder indem sie Tempelland in Generalpacht übernahmen, Gewinne zu erzielen. Solche unternehmerischen Aktivitäten lassen sich besonders gut in altassyrischer und neubabylonischer Zeit nachweisen. Unternehmerischer Initiative entsprangen auch eher bescheidene Projekte wie etwa das Betreiben von Waschsalons.

Zwar spielten geprägte Münzen im alten Mesopotamien bis in die Achämenidenzeit hinein keine Rolle, doch Silber und andere Edelmetalle, die man genau abwiegen konnte (die kleinste Silbereinheit betrug 0,2 Gramm) und deren Reinheitsgrad in zunehmendem Maße staatlich kontrolliert wurde, fungierten, ganz so wie Münzen, als Zahlungsmittel, Wertaufbewahrungsmittel und Wertmaßstab. Dies berechtigt uns, zumindest mit Blick auf das zweite und erste Jahrtausend v. Chr. von einer mesopotamischen Geldwirtschaft zu sprechen.

Man sollte die Bedeutung, die ›kapitalistische‹ Wirtschaftsformen für das alte Mesopotamien hatten, freilich auch nicht überschätzen. Die meisten Privatleute, die am Wirtschaftsleben teilnahmen, waren keine Unternehmer, sondern eher ›Rentiers‹, denen es in erster Linie darum ging, ihren ererbten Besitz an Land und Gut zu erhalten. Sie waren oft, etwa als Pfründner, mit den Tempeln verbunden und besaßen Häuser und in der Umgebung der Stadt gelegene Gärten und Felder.

Abgesehen von Darlehensgeschäften unternahmen sie wenig, um ihren Reichtum zu mehren. Auch ist bezeichnend, dass Königsinschriften aus verschiedenen Perioden der mesopotamischen Geschichte für eine Reihe von Waren wie Gerste, Wolle und Datteln »ideale« Preise aufführen, die sich nach Möglichkeit nicht verändern sollten. Diese Preislisten deuten darauf hin, dass die politischen Eliten des Zweistromlandes in erster Linie auf ökonomische Stabilität und weniger auf wirtschaftliche Dynamik setzten. Tatsächlich zeichnet sich das mesopotamische Wirtschaftsleben, besonders was die institutionellen Haushalte anbetrifft, durch ein beträchtliches Maß an Kontinuität aus. Wenn man etwa die Ende des vierten Jahrtausends entstandenen Aktenstücke zur Getreide- und Textilwirtschaft des Eanna-Tempels in Uruk mit in demselben Tempel abgefassten entsprechenden Dokumenten aus der Zeit um 500 v. Chr. vergleicht, so finden sich – trotz der mehr als zweieinhalb Jahrtausende, welche die beiden Archivgruppen trennen – bemerkenswerte Ähnlichkeiten.

Solche Kontinuität besonders im Bereich der Tempelhaushalte sollte aber nicht den Blick darauf verstellen, dass sich das mesopotamische Wirtschaftsleben im Laufe der Zeit immer wieder wandelte. Phasen stärkerer staatlicher Kontrolle – etwa im 21. Jahrhundert v. Chr. – wechselten mit solchen, in denen der Privatsektor eine größere Rolle spielte. Besonders in den Jahrhunderten nach 800 v. Chr. lassen sich, wie noch auszuführen sein wird, in Babylonien ein beträchtliches Wirtschaftswachstum, eine höhere Pro-Kopf-Produktivität und eine zunehmende Monetarisierung nachweisen.

Politik und Religion

Die mesopotamische Politik wurde dominiert von Monarchen, die je nach Epoche Territorien von sehr unterschiedlicher Ausdehnung kontrollierten, von kleinen Stadtstaaten bis hin zu gewaltigen Reichen. Ihre Legitimität bezogen diese Herrscher vornehmlich aus zwei Quellen: der göttlichen Erwählung (auf die sich besonders Usurpatoren gerne beriefen) und der dynastischen Erbfolge, zumeist in Gestalt der Primogenitur. Daneben gab es Quasi-Theokratien, in denen Regenten die Macht in Stellvertretung einer – nominell herrschenden – Gottheit ausübten. Hauptziel der Monarchen war, ihren Gemeinwesen zu politischer Stabilität und wirtschaftlicher Prosperität zu verhelfen, was ihnen oftmals nur mit militärischen Mitteln möglich erschien.

Die Macht mesopotamischer Herrscher war nicht schrankenlos; sie wurde durch – oft religiös vermittelte – Traditionen begrenzt wie etwa die, dass der Monarch als Schutzherr der Schwachen zu firmieren hatte. Garant dieser Idee von Gerechtigkeit war der – alles sehende – Sonnengott Schamasch. Ein schriftlich niedergelegtes positives Recht, geschweige denn eine ›Verfassung‹, die der königlichen Macht Grenzen gesetzt hätten, gab es im alten Zweistromland jedoch nicht. Der König konnte Richter sein, aber nicht gerichtet werden. Zwar sind uns aus verschiedenen Perioden der mesopotamischen Geschichte von einzelnen Herrschern angelegte Sammlungen kasuistisch formulierter Rechtssätze bekannt, doch diese Texte, deren berühmtester der sogenannte »Codex Hammurapi« ist, hatten keine dauerhafte gesetzliche Verbindlichkeit; ihr Hauptzweck bestand offenbar darin, ihre Urheber als archetypische »Könige der Gerechtigkeit« zu feiern.

Den Monarchen unterstützte ein Heer von Palastbeamten, Gouverneuren, hohen Militärs und anderen Offiziellen. Alle diese Funktionäre hatten im Bereich der Verwaltung, Justiz, Polizeigewalt und auch mit Blick auf lokale Götterkulte erhebliche Machtbefugnisse, doch waren sie in letzter Konsequenz vom König abhängig, der sie grundsätzlich jederzeit absetzen konnte. Die einseitigen Machtverhältnisse sind auch daraus zu ersehen, dass es allein dem König vorbehalten war, seine Taten in Inschriften zu verewigen – Beamten und Militärs blieb dies, anders als im alten Ägypten, im Prinzip verwehrt. Allerdings gab es im Laufe der mesopotamischen Geschichte immer wieder Ausnahmen von dieser Regel, zum Beispiel den Ningirsu-Priester und Tempelverwalter Dudu, der unter Enmetena von Lagasch (ca. 2400 v. Chr.) zu beträchtlicher Macht gelangte, oder die Generäle und Provinzgouverneure, die in Assyrien in der Zeit zwischen 830 und 745 v. Chr., während einer Schwächephase des Herrscherhauses, das politische Geschehen dominierten. Um die Zentralmacht zu stärken, griffen mesopotamische Herrscher vom zweiten Jahrtausend v. Chr. an für die Besetzung hoher Ämter in zunehmendem Maße auf Eunuchen zurück, von denen sie sich versprachen, dass sie allein ihnen und nicht der eigenen Familie gegenüber loyal sein würden.

Eine wichtige Rolle spielte zu allen Zeiten die Familie des Königs. Die Brüder und Söhne eines Herrschers bekleideten nicht selten wichtige zivile und militärische Ämter, waren zuweilen aber auch als potentielle Thronrivalen gefürchtet. Aus den Mari-Archiven des 18. Jahrhunderts v. Chr. ist ein Fall bekannt, in dem ein König bei seinem Amtsantritt sämtliche seiner Brüder umbringen ließ, und mehrfach scheinen die Söhne mesopotamischer Herrscher ihre Väter getötet zu haben, um selbst den Thron zu besteigen. Die königliche Hauptgemahlin (die in der Regel die Mutter des Kronprinzen war) und die Mutter des Herrschers konnten eigene Residenzen sowie große landwirtschaftliche Güter besitzen und erfreuten sich besonderen Respekts. Königstöchter (und auch die Schwestern von Herrschern) bekleideten oftmals hohe Priesterinnenämter oder wurden an verbündete Herrscher oder hohe Beamte verheiratet. In beiden Fällen konnten sie erheblichen Einfluss gewinnen, wobei ihre Macht, wie auch diejenige königlicher

Mütter und Hauptgemahlinnen, jedoch stets eine *potestas indirecta* blieb – sie bestand darin, dass die Frauen das Ohr eines mächtigen Mannes (bzw. im Falle der Priesterinnen einer Gottheit und ihres Tempelhaushalts) hatten.

Mesopotamische Herrscher verfügten über mindestens einen, oft aber auch über mehrere (zuweilen in verschiedenen Städten gelegene) Paläste. Ein typischer Palast bestand aus zwei Hauptbereichen: einem ›öffentlichen‹, in dem sich Thronsäle für Audienzen und weitere für Außenstehende zugängliche Räume befanden, und einem privaten Bereich mit Wohnquartieren, die oftmals aufwendige Sanitärinstallationen aufwiesen. Hier war der königliche Harem untergebracht, der im Falle bedeutender Herrscher mehrere Hundert Frauen umfassen konnte, darunter zahlreiche Musikantinnen und Dienerinnen verschiedener Art. Kapellen, Quartiere für Gäste und politische Geiseln sowie Vorratskammern und andere Wirtschaftsräume waren gleichfalls Teil eines typischen Palastkomplexes. Sowohl aus Mari wie auch aus Ninive gibt es Hinweise auf die Existenz von Palasthöfen, in denen Pferde gehalten wurden – König Zimri-Lim von Mari erfreute sich daran, von seinem im ersten Stock gelegenen Wohnquartier aus täglich auf seine schönsten Pferde herabzublicken. Mesopotamische Palastkomplexe wiesen mitunter gewaltige Dimensionen auf. Die Plattform, auf der Sanherib um 700 v. Chr. in Ninive seinen »Südwestpalast« errichten ließ, umfasste eine Fläche von fast 100 000 Quadratmetern.

Angesichts der Tatsache, dass sich die Staaten des alten Vorderen Orients nahezu ohne Unterbrechung an irgendeiner Front im Krieg befanden, verwundert es nicht, dass die Macht des Königs ganz entscheidend auf seiner Rolle als oberster Befehlshaber der Armee basierte – auch wenn die Durchführung spezifischer Militäroperationen in der Regel in der Hand von Generälen lag. Die Versorgung ihrer Soldaten gewährleistete die Krone unter anderem dadurch, dass sie diesen als Gegenleistung für ihren Militärdienst agrarisch nutzbares Land aus Staatsbesitz zur Verfügung stellte. Besonders im ersten Jahrtausend v. Chr. gab es daneben direkt aus der Staatskasse finanzierte stehende Heerestruppen, die zuweilen (so wie die berühmten Gurkha-Truppen der Briten in Kolonial-Indien) von ethnischen Minderheiten gebildet wurden. Nur in Krisenzeiten kam es offenbar zu regelrechten Generalmobilmachungen, die auch Sklaven und Kaufleute einschlossen.

Könige verschiedener Staaten standen miteinander auf unterschiedlichen Wegen in Kontakt: durch periodische persönliche Begegnungen, etwa wenn es galt, zwischenstaatliche Verträge abzuschließen, brieflich, durch den Austausch von Gesandten, die oftmals wertvolle Geschenke überbrachten, sowie durch dynastische Heiraten. Vom zweiten Jahrtausend v. Chr. an gab es eine begrenzte Zahl »großer« Könige (akkadisch *scharru rabû*), denen zahlreiche Kleinkönige als Vasallen zur Seite standen.

Der König bestimmte nicht nur das politische und militärische Geschehen, sondern erfüllte auch wichtige religiöse Aufgaben. Er nahm in leitender Funktion am Götterkult teil und baute und unterhielt Tempel, die er vermittels dort präsenter königlicher Beamter kontrollierte. Die Tempel mussten dem Herrscher im Gegenzug Arbeitskräfte zur Verfügung stellen und Naturalsteuern liefern.

Oft ist behauptet worden, dass es im alten Mesopotamien zwischen Palast und Tempel, zwischen *regnum* und *sacerdotium*, eine Art Machtgleichgewicht gegeben habe. Dies trifft jedoch nicht wirklich zu. In fast allen Perioden der altorientalischen Geschichte scheint die Krone die dominierende Macht gewesen zu sein – Nippur, das bis zur Mitte des zweiten Jahrtausends v. Chr. das religiöse Zentrum Mesopotamiens bildete, stieg bezeichnenderweise nie zur Hauptstadt eines mächtigen Staates auf. Dessen ungeachtet war Religion im alten Mesopotamien natürlich eine enorm wichtige Größe, die keinen Lebensbereich unberührt ließ und deren Grundzüge hier, wenn auch in knappster Form, beschrieben und analysiert werden müssen.

Wie viele andere religiöse Systeme reflektierte auch die mesopotamische Religion politische und soziale Realitäten, ›reifizierte‹ sie in der Struktur ihres Pantheon – und wirkte umgekehrt, im Sinne einer politischen Theologie, mit ihren geistigen und materiellen Korrelaten auf Staat und Gesellschaft zurück. Von früh an lässt sich dieses Wechselspiel deutlich beobachten. Seit der frühdynastischen Zeit spiegelte das mesopotamische Pantheon mit seinen anthropomorph gedachten Gottheiten, die sich zu Paaren finden und Götterkinder gebären, mit seinen Götterkönigen und göttlichen Kriegern sowie seinen Götterbürokratien, die Wesir-, Türhüter- und viele andere mindere Gottheiten umfassen, die familiären, politischen und administrativen Strukturen wider, die das Leben Mesopotamiens bestimmten, wobei daneben auch kosmische Phänomene wie Sonne, Mond und Wind deifiziert wurden. Gleichzeitig beeinflusste die Religion das politische Geschehen. Die zahlreichen mythischen Geschichten, die man sich über den Umgang der Götter mit ihresgleichen und ihren menschlichen Verehrern sowie über ihre Auseinandersetzungen mit verschiedenen chaotischen Gegenkräften erzählte, wurden von den irdischen Herrschern, so als seien sie Rollenbücher für richtiges Handeln, nicht selten bei der Realisierung ihrer politischen und militärischen Vorhaben zum Vorbild genommen.

Die wichtigsten mesopotamischen Gottheiten waren, mit ihren sumerischen und akkadischen Namen: der Himmelsgott An/Anu von Uruk, der Götterkönig Enlil von Nippur und sein kriegserprobter Sohn Ninurta, der Weisheitsgott Enki/Ea von Eridu, der in Larsa und Sippar verehrte Sonnengott Utu/Schamasch, der Mondgott Nanna/Sin, dessen Hauptheiligtümer sich in Ur und Harran befanden, der Kriegs-, Pest- und Unterweltgott Nergal von Kutha und seine grüngesichtige Gattin Ereschkigal, die vor allem in Isin angebetete Heilgöttin Gula, die als Ninhursag, Nintu, Mami oder Belet-ili bezeichnete Muttergöttin, die Getreide- und Schreibergöttin Nisaba, Marduk von Babylon, der im zweiten Jahrtausend v. Chr. zum neuen Götterherrn aufstieg, sowie sein vor allem mit Borsippa verbundener Sohn Nabu, gleichfalls ein Patron der Schreibkunst, und schließlich der assyrische Gott Aschur, der eng mit der gleichnamigen Stadt assoziiert war. Eine besondere Stellung im mesopotamischen Pantheon nahm die Göttin Inanna/Ischtar ein, die im Unterschied zu fast allen anderen weiblichen Gottheiten autonom war und ihre herausragende Stellung nicht der Eheschließung mit einem mächtigen Göttergemahl verdankte. In ihr verkörperten sich erotische Liebe und Krieg, der Abstieg in die Unterwelt und der Aufstieg zum Himmel, Transvestismus und verkehrte Welt – kurz, man hat den Eindruck, dass auf sie all jene Ausbruchsbedürfnisse projiziert wurden, die in der patriarchalisch geordneten Welt des alten Mesopotamien sonst der Repression unterworfen waren.

Daneben gab es tausende von anderen, oftmals nur dürftig bezeugten Gottheiten, die von mesopotamischen Gelehrten in umfangreichen Listen systematisch zusammengestellt und oft mit bestimmten großen Gottheiten synkretistisch verschmolzen wurden. Selbst eine Institution wie das Gefängnis war mit einer Gottheit assoziiert – ein sumerischer Hymnus beschreibt das dunkle Verlies des Kerkers als den Leib der Göttin Nungal, aus dem der Gefangene, resozialisiert und gewissermaßen neu geboren, wieder ins Leben tritt. Auch Könige konnten in Mesopotamien, besonders zwischen dem 23. und 19. Jahrhundert v. Chr., als Götter verehrt werden, doch die unübersehbare Tatsache ihrer Sterblichkeit verhinderte, dass sie – trotz »Heiliger

Hochzeiten« mit Repräsentantinnen weiblicher Gottheiten und anderer theologisch aufgeladener Königsriten – zu vollwertigen Mitgliedern des Pantheons aufstiegen. Da die »großen Götter« oft als unnahbar galten – was alltägliche Erfahrungen im Umgang mit den politischen Eliten widerspiegeln dürfte –, besaß spätestens vom zweiten Jahrtausend an jeder Mensch im alten Mesopotamien eine »persönliche Gottheit«, die sich vor den Herren des Pantheon für ihn verwenden konnte.

Die religiösen Vorstellungen der Mesopotamier waren immer wieder Veränderungen unterworfen, nicht selten als Folge der Etablierung neuer Mächte. Ischtar von Akkad, Marduk von Babylon und der assyrische Gott Aschur verdankten ihre überregionale Bedeutung alle dem politischen Aufstieg ihrer Ursprungsorte. Der Handlungsspielraum weiblicher Gottheiten scheint im Laufe der Zeit zunehmend kleiner geworden zu sein, vielleicht, weil sich das mesopotamische Pantheon seit dem späten dritten Jahrtausend v. Chr. immer stärker am Modell des – von Männern dominierten – Staates orientierte und nicht mehr so sehr an dem des Haushalts, in dem auch Frauen eine wichtige Rolle spielten. Lediglich Inanna/Ischtar, deren Bedeutung zunahm, bildet hier eine Ausnahme.

Gottheiten wurden in der mesopotamischen Bildkunst oft in anthropomorpher Gestalt dargestellt, in der Regel mit der sogenannten »Hörnerkrone« versehen und manchmal auf Thronen sitzend oder auf Attributtieren stehend. Dabei sind zwei Kategorien von Bildern zu unterscheiden. Zum einen gab es kultisch verehrte rundplastische Götterstatuen, die man als veritable Manifestationen des Göttlichen betrachtete. Sie galten in der Auffassung der Mesopotamier nicht als geschaffen, sondern als im Zuge komplizierter Rituale regelrecht geboren. Aus Holz und Edelmetallen gefertigt und aufwendig gekleidet und geschmückt, ›wohnten‹ diese Statuen im innersten Heiligtum eines Tempels, wo sie im Rahmen des Opferkults mit regelmäßigen Mahlzeiten bedacht und mit kultischen Gesängen unterhalten wurden. Götterprozessionen zu Land und mit Zeremonialschiffen unternommene Götterreisen auf dem Wasser boten Gelegenheit, die Götterstatuen auch der Bevölkerung vor Augen zu führen.

Von den Rundbildern zu unterscheiden sind die – gleichfalls anthropomorphen – Abbildungen von Gottheiten auf Reliefs oder Siegeln. Sie dienten nicht der Anbetung, sondern einer weniger unmittelbaren Vergegenwärtigung des Göttlichen. Mesopotamische Gottheiten wurden darüber hinaus, besonders in späterer Zeit, oft in Gestalt von Symbolen dargestellt. So steht etwa der Spaten (wohl weil er auf Akkadisch *marru* hieß) für den Gott Marduk, der Griffel für den Schreibergott Nabu und die Mondsichel für Nanna/Sin. Standarten, die mit Göttersymbolen versehen waren, konnten, zum Beispiel auf Feldzügen, die im Tempel verbleibende Götterstatue als Kultobjekt ersetzen. Im Rechtswesen spielten die oftmals kostbaren Nachbildungen mythischer Götterwaffen eine wichtige Rolle. Wer vor einer solchen Waffe einen Meineid geleistet hatte, so glaubte man, musste damit rechnen, dass die mit der Waffe assoziierte Gottheit ihn töten werde.

Gottheiten, die ganz und gar tiergestaltig waren, kannte man in Mesopotamien nicht, ganz im Gegensatz zum alten Ägypten, wo sie sich besonders in späterer Zeit großer Beliebtheit erfreuten. »Genien«, die menschliche Gliedmaßen mit Körperteilen von Tieren verbanden, spielten dagegen eine erhebliche Rolle – man denke nur an die berühmten steinernen Stier- und Löwenkolosse mit menschlichem Antlitz, die als Unheil abwehrende Wächterfiguren in den Toren der assyrischen Königspaläste aufgestellt waren. Solche Figuren reflektierten mesopotamische Vorstellungen von einer Urzeit, in der die gewohnte Ausdifferenzierung der verschiedenen Formen des Lebendigen noch nicht erfolgt war.

Der Gott Marduk mit seinem Symboltier, dem Schlangendrachen. Darstellung auf einem Lapislazuli-Siegel aus Babylon (9. Jh. v. Chr.)

Während im privaten Bereich das Gebet die wichtigste Form der Kontaktaufnahme mit den Göttern darstellte, kommunizierte man mit ihnen im Bereich des offiziellen Kultes mittels einer ausgefeilten Liturgie, die sich zumeist des sumerischen Emesal-Dialekts, ursprünglich offenbar eine Art Frauensprache, bediente. Viele der im Tempelkult verwendeten Emesal-Gesänge ergehen sich, indem sie die Zerstörung von Städten und Tempeln beklagen, in einer religiösen Feier des Schmerzes, die an ähnliche Traditionen im Jahrhunderte später im Irak heimisch gewordenen schiitischen Islam erinnert. Mesopotamische Tempel, dies sei nochmals betont, waren aber nicht allein Stätten der Gottesverehrung. Sie fungierten daneben als Wirtschafts- und Kunsthandwerkszentren, Eichämter, Bibliotheken, Richtstätten und mitunter womöglich sogar als Bordelle.[18]

Um von den Göttern Antworten auf spezifische Fragen zu erhalten, griffen die mesopotamischen Eliten bevorzugt auf die divinatorische Technik der Eingeweideschau zurück, die bestimmte Deformationen der Leber und anderer Organe eines Opferlamms als göttliche Zeichen deutete. Weniger begüterte Bürger mussten sich mit der preiswerteren Variante der Ölwahrsagung begnügen, die auf einer Analyse der beim Zusammenschütten von Öl und Wasser zu beobachtenden Konfigurationen beruhte. Auch aus der Beobachtung zufällig erfolgender, unprovozierter Erscheinungen glaubte man göttlich inspirierte Hinweise auf die Zukunft ableiten zu können – Astrologie, Missgeburtenkunde und die Lehre von den mannigfachen Zeichen, die man im Leben der Tiere, in Stadt oder Natur zu erkennen vermeinte, standen hoch im Kurs. Im zweiten und ersten Jahrtausend spielte in Mesopotamien darüber hinaus die aus der Bibel bekannte Praxis inspirierter Prophetie eine wich-

18 Siehe D. Charpin, »Zur Funktion mesopotamischer Tempel«, in: *Wiener Offene Orientalistik* 6 (2011), S. 403–422.

tige Rolle, wobei auffällt, dass sich besonders in späterer Zeit vor allem Frauen in prophetischer Rede übten.

Die Menschen des alten Mesopotamien hofften darauf, sich durch Opfer und Gebet sowie durch ein rituell und moralisch gottgefälliges Verhalten einen Anspruch darauf zu erwerben, von den großen Göttern im Sinne eines *do ut des* mit irdischen Gütern belohnt zu werden. Oft genug aber mussten sie die Erfahrung machen, dass solcher Lohn ausblieb, während umgekehrt Blender und Betrüger mit Macht, Reichtum und Gesundheit gesegnet waren. Das Problem der Theodizee, der (unvollkommenen) göttlichen Gerechtigkeit, das paradigmatisch im biblischen Hiob-Buch thematisiert wird, ist Gegenstand auch einer Reihe mesopotamischer Texte. Als ein Versuch, die Theodizee-Problematik zu bewältigen, kann der in Mesopotamien weit verbreitete Glaube an das Wirken von Dämonen betrachtet werden, bot doch die vermeintliche Existenz dieser übelwollenden übermenschlichen Kreaturen, die sich im Gegensatz zu den Gottheiten des regulären Pantheon nicht durch Opfer und Liturgie pazifizieren ließen, eine Erklärung dafür, warum ein wohlgeordneter Götterkult dem Einzelnen und der Gemeinde nicht immer die erwünschten göttlichen Gegengaben garantierte. Eine Dämonin wie die für das Kindbettfieber verantwortlich gemachte Lamaschtu war unberechenbar und nur durch Abwehrzauber und andere magische Mittel zu bekämpfen.

Die kosmologischen Vorstellungen des alten Mesopotamien waren uneinheitlich. Eine relativ weit verbreitete Auffassung postulierte eine Erdscheibe im Zentrum des Kosmos, die von einem Ur-Ozean umgeben und von mehreren Himmeln überwölbt war und unter der sich zunächst ein *Apsû* genannter Süßwasserhorizont und dann die Unterwelt befanden. Letztere stellte man sich, ähnlich wie die Griechen den Hades, als eine staubig-freudlose ›große Stadt‹ vor, in die man nach dem Tode gelangte, wenn man nicht länger ein vollwertiger Mensch, sondern nur noch ein *gidim* bzw. *etemmu* genanntes Geistwesen war.

Das nach mesopotamischer Vorstellung den Menschen beschiedene schattenhafte Nachleben in der Unterwelt wurde komplementiert durch ein Nachleben in der Erinnerung der eigenen Nachkommen, die der Verstorbenen im Zuge eines regelmäßig vollzogenen Totenkultes gedachten. In vielen Phasen der mesopotamischen Geschichte war es üblich, dass Söhne die Gebeine ihrer verstorbenen Eltern in Grüften unter ihrem eigenen Haus beisetzten, was sicherstellte, dass der Kontakt zwischen den Lebenden und den Toten stets eng blieb. Grabausstattung und -beigaben waren in Mesopotamien im allgemeinen weniger aufwendig als im alten Ägypten, doch die Gräber von Herrschern und ihren Familienangehörigen konnten, wie die spektakulären Funde aus den Königsgräbern von Ur oder den 1988/89 freigelegten Königinnengräbern von Nimrud beweisen, zumindest gelegentlich sehr reichhaltige Gaben enthalten – man glaubte also offenbar, dass die Unterschiede zwischen Menschen unterschiedlicher politischer und sozialer Stellung auch nach dem Tod nicht vollkommen aufgehoben seien. Auch das Fortleben von Herrschern im Gedächtnis der Nachwelt hatte eine eigene Qualität; idealerweise, wie beispielhaft im Gilgamesch-Epos ausgeführt, vermochten sie durch die Verewigung ihrer Taten in schriftlich niedergelegten Texten dafür zu sorgen, dass sie niemals vergessen wurden.

Wissenschaft, Literatur und Kunst

Mesopotamien hat im Laufe seiner Geschichte eindrucksvolle Kulturleistungen hervorgebracht, die hier nur in knappster Weise referiert werden können. Zwei intellektuelle Disziplinen standen ganz besonders hoch im Kurs: Mathematik und Lexikographie. Schon die ältesten keilschriftlichen Schriftzeugnisse, die aus dem Uruk der Zeit von 3300–2900 v. Chr. stammen, belegen ihren Stellenwert.

Die Wirtschaftstexte dieser Periode, die je nach Art des gezählten Objekts bzw. der Objektklasse (Milchprodukte, Getreide, Feldergrößen, etc.) mit einer ganzen Reihe verschiedener numerischer Systeme operieren (dezimal, sexagesimal, bisexagesimal u. a.), zeugen von einem früh entwickelten Sinn für mathematische Phänomene, der mit der Herausbildung eines objektunabhängigen Zahlenbegriffs im Laufe der folgenden Jahrhunderte noch an Leistungsfähigkeit gewann. Bereits in altbabylonischer Zeit, also mehr als tausend Jahre vor seinem vermeintlichen Urheber, stellten babylonische Gelehrte Zahlen zusammen, die das berühmte Theorem des Pythagoras ($a^2+b^2=c^2$) reflektieren, und in den letzten Jahrhunderten der Keilschriftkultur gelangten babylonische Astronomen bei ihren Berechnungen von Mond- und Planetenbahnen zu Erkenntnissen, die bestimmte Elemente der Differentialrechnung vorwegnehmen. Die auch heute noch gültige Einteilung des Kreises in 360 Grad und der Stunde in 60 Minuten wurzelt im mesopotamischen Sexagesimalsystem, das mit der Basiszahl 60 operiert.

Auch die mesopotamische Lexikographie hat ihre Ursprünge in den ältesten Texttraditionen. Lange Listen von Berufen, Bäumen und Holzgegenständen, Metallprodukten und vielem anderen sind bereits auf Tafeln der Uruk-Zeit überliefert. Sie dienten der Schreiberausbildung, besaßen aber als wohlgeordnete Inventare alles dessen, was Kultur und Natur konstituierte, auch eine gewissermaßen philosophische Dimension. Listen dieser Art wurden bis ans Ende der Keilschriftkultur tradiert. Seit der Mitte des dritten Jahrtausends verzeichneten sie nicht mehr nur sumerische Begriffe, sondern auch deren semitisch-akkadische Entsprechungen, wobei augenfällig ist, dass dabei ebenso wie in unseren modernen Wörterbüchern (aber anders als zum Teil in der hebräischen, arabischen, griechischen und lateinischen Lexikographie) Verben im Infinitiv und Substantive im Nominativ zitiert werden. Im syrischen Westen und in Anatolien waren seit Mitte des zweiten Jahrtausends v. Chr. Listen in Gebrauch, die auch andere Sprachen, etwa das Ugaritische oder Hurritische, berücksichtigten. Einen Seitenzweig der lexikalischen Listentradition bilden die seit der altbabylonischen Zeit bezeugten grammatischen Texte, die weltweit ältesten Traktate dieser Art, die unter anderem Morpheme, d. h. kleinste sprachliche Einheiten, des Sumerischen analysieren.

Auch andere Wissenschaftszweige, darunter Medizin, Pharmakologie, Astronomie, Mineralienkunde, Hippologie und Chronistik, wurden im Laufe der mesopotamischen Geschichte zum Gegenstand schriftlicher Kompendien. Besonders umfangreich ist das Korpus der mesopotamischen Omentexte, die in Serien von mitunter mehr als hundert Einzeltafeln zusammengefasst wurden. Naturwissenschaftliche, mantische, lexikalische und auch einige literarische Texte wurden im ersten Jahrtausend in umfassenden, inzwischen durch fast tausend Tafeln repräsentierten Kommentarwerken erläutert, deren hermeneutische Techniken in manchem an jene der jüdischen Midraschliteratur und des Talmud erinnern.

Die mesopotamische schöne Literatur, die weltweit älteste, die überliefert ist, zeichnet sich durch einen großen Reichtum an unterschiedlichen Gattungen aus. Das Spektrum reicht vom Erhabenen zum Lächerlichen, von Hymnen, Epen, historischen Legenden, Klagegesängen und weisheitlichen Dialogen bis hin zu Liebes- und Wiegenliedern, Sprichwortsammlungen und humoristischen Texten. Tragisch-heroischen Werken wie dem berühmten Gilgamesch-Epos, das von der Suche des titelgebenden Helden, eines legendären Königs von Uruk, nach ewigem Leben berichtet, stehen Werke in der Art der sumerischen Schulsatiren gegenüber, die in grotesker Überzeichnung die täglichen Leiden fauler Schreiberschüler und bestechlicher Lehrer schildern, wobei besonders bemerkenswert ist, dass die fraglichen Texte zeitweise offenbar im mesopotamischen Schulunterricht studiert wurden. Manche Texte, neben dem Gilgamesch-Epos zum Beispiel der sumerische Ninurta-Mythos *Lugal-e* und die weisheitlichen *Ermahnungen des Schuruppak*, sind in unterschiedlichen Versionen über einen Zeitraum von gut 2000 Jahren bekannt, was interessante Einblicke in die Entwicklung der mesopotamischen Literatur ermöglicht. Wir verfügen ferner über zahlreiche sumerisch-akkadische Bilinguentexte, die oft in Interlinearversionen vorliegen, womit sie jene Form aufweisen, die für Walter Benjamin »das Urbild oder Ideal aller Übersetzung« repräsentierte. Poetische Werke, deren metrische Gestaltung wir im Detail oft noch nicht vollständig durchschauen, stehen neben Prosatexten, die zumeist in einer spezifisch literarischen Sprache, mitunter aber auch im Alltagsidiom abgefasst sind.

Der assyrische König Assurbanipal versuchte Mitte des siebten Jahrhunderts v. Chr., alle Schlüsselwerke der Keilschriftwissenschaft und -literatur in seinen Palast in Ninive zusammenzutragen, womit er die erste Universalbibliothek der Menschheitsgeschichte schuf.

Auch Architektur, bildende Kunst und Handwerk standen im alten Mesopotamien in hoher Blüte, was sich dem modernen Beobachter jedoch nicht immer leicht erschließt, da von den größtenteils aus Lehmziegeln und Stampflehm errichteten mesopotamischen Gebäuden in der Regel lediglich die Fundamente und Grundmauern erhalten geblieben sind und wertvolle Objekte aus Holz oder Metall ebenso wie die mesopotamische Malerei nur in Ausnahmefällen dem Zahn der Zeiten standgehalten haben. Gleichwohl steht außer Frage, dass viele mesopotamische Paläste und Tempel harmonisch proportionierte Komplexe bildeten, die reich mit Kunstwerken ausge-

Darstellung einer königlichen Löwenjagd auf einem Orthostatenrelief aus dem Nordpalast Assurbanipals in Ninive (7. Jh. v. Chr.)

stattet waren. Ein eindrucksvolles Beispiel stellt der Südwestpalast des assyrischen Königs Sanherib (704–681 v. Chr.) in Ninive dar, dessen mit Bilddarstellungen geschmückte steinerne Wandorthostaten sich über eine Länge von insgesamt mehr als dreieinhalb Kilometern erstreckten. Auch qualitativ gehören die Orthostaten aus den Palästen der assyrischen Könige, die vorwiegend Kriegsszenen und religiöse Motive abbilden, zu den bedeutendsten Kunstwerken des Altertums. Besonders die Bildreliefs aus der Zeit von Sanheribs Enkel Assurbanipal mit den berühmten Darstellungen königlicher Löwenjagden müssen den Vergleich mit der klassisch-griechischen Reliefkunst nicht scheuen.

Der mesopotamischen Monumentalkunst steht als miniaturistischer Gegenpol die Glyptik gegenüber, die Kunst, Figuren und Muster auf dem begrenzten Raum eines steinernen Stempel- oder Rollsiegels anzubringen, wie es mesopotamische Funktionsträger mit sich zu tragen pflegten. Die mesopotamische Glyptik ist uns sowohl in Gestalt tausender von Originalsiegeln zugänglich als auch in Form einer nicht minder großen Zahl von Siegelabrollungen auf Tontafeln und Tonplomben. Die Abbildungen auf den Siegeln reichen von geometrisch-abstrakten Motiven bis hin zu Darstellungen vergleichsweise komplexer mythologischer Szenen.

Außerordentlich hoch entwickelt war auch die mesopotamische Goldschmiedekunst. Dies zeigen besonders die Funde aus den Königinnengräbern zu Nimrud. Die goldenen Kronen, Ohrgehänge und Armreife aus diesen Gräbern sind von einer so herausragenden Qualität, dass moderne Goldschmiede Schwierigkeiten hätten, sie zu replizieren.

Auch die Musik genoss im alten Mesopotamien einen hohen Stellenwert. Elaboriertere musikalische Formen hatten ihren Platz einerseits, wie bereits erwähnt, in den Tempeln, daneben aber auch am Hofe bedeutender Könige. Dort waren, so etwa in Mari, bisweilen hunderte von Sängerinnen tätig, die von Instrumentalisten oder kleineren Orchesterensembles begleitet wurden. Auch Kastraten spielten in der altorientalischen Musik eine bedeutende Rolle. Die wichtigsten Musikinstrumente waren die Harfe, die Leier, verschiedene Trommeln und Pauken sowie die (als eher plebejisch geltende) Rohrflöte. Es scheint, als sei die mesopotamische Musik nicht wie im antiken Griechenland pentatonisch, sondern so wie in der abendländischen Neuzeit heptatonisch gewesen, habe also mit Skalen aus sieben Tönen operiert. Ein in Ugarit gefundener hurritischer Keilschrifttext aus dem 13. Jahrhundert v. Chr. könnte die bislang älteste Notation eines Musikstücks enthalten, doch bleibt die Interpretation des Textes schwierig, und die Versuche verschiedener moderner Ensembles, das Stück neuerlich aufzuführen, sind mit einer gewissen Skepsis zu betrachten.

V. Chronologie und Epochenbezeichnungen

Jede historische Darstellung bedarf eines chronologischen Gerüsts, denn geschichtliche Ereignisse lassen sich nur dann in Bezug zueinander setzen, wenn man ihre zeitliche Abfolge kennt. Die Erstellung eines solchen Gerüsts ist für die Geschichte des alten Mesopotamien leider nicht immer unproblematisch.

Im Alten Orient gab es vor 312 v. Chr., dem Ausgangsjahr der seleukidischen Ära, keinen historischen ›Nullpunkt‹, wie ihn die Geburt Christi für unsere eigene Zeitrechnung darstellt. Stattdessen waren je nach Ort und Zeit unterschiedliche Datierungssysteme in Gebrauch. Man benannte Jahre nach einem bedeutenden Ereignis des Vorjahrs (die sogenannten Jahresnamen), bezeichnete sie mit dem Namen eines bestimmten Beamten, dem »Eponymen«, oder verwendete die Regierungsjahre von Königen als Referenzpunkt (»fünftes Jahr Nebukadnezars«). Mesopotamische Gelehrte erstellten zu ihrer eigenen Orientierung immer wieder Listen, in denen sie Jahresnamen, Eponyme und Könige in eine chronologische Folge brachten, und diese Listen – sowie eine Reihe von anderen chronographischen Texten – helfen auch uns, die zahllosen Datierungen, die sich in Wirtschaftsurkunden und anderen Keilschrifttexten finden, in ein zeitliches System einzuordnen. Doch da uns solche Listen nur für begrenzte Zeiträume der altorientalischen Geschichte zur Verfügung stehen und die Zuverlässigkeit der Königslisten besonders mit Blick auf frühere Zeiten oft zweifelhaft ist, bleiben viele Fragen offen – trotz der Möglichkeit, hier und da auf Synchronismen mit der ägyptischen und hethitischen Geschichte zurückzugreifen.

Für die Zeit von ca. 1420 v. Chr. an ist die Chronologie Mesopotamiens weitgehend gesichert. Dies gilt auch mit Blick auf absolute Daten: Eine assyrische Eponymenchronik verweist auf eine Sonnenfinsternis, die man mit mathematisch-astronomischen Methoden auf den 15. Juni 763 v. Chr. datieren kann, womit ein exakter chronologischer Bezugspunkt für die meisten anderen Daten des genannten Zeitraums gewonnen ist. Unsicher ist noch die genaue Regierungsdauer der babylonischen Könige der ersten zweieinhalb Jahrhunderte des ersten Jahrtausends.

Für die Herrscher der Ur-III-Periode und der altbabylonischen Zeit liegen fast lückenlose Listen von Jahresnamen vor, so dass wir für diesen Block von etwa 500 Jahren (ca. 2110–1595 v. Chr.) ebenfalls über ein gutes chronologisches Datengerüst verfügen. Unklar ist jedoch, wie viel Zeit zwischen dem Untergang der »ersten Dynastie von Babylon« – der das Ende der altbabylonischen Periode markiert – und den sicher datierbaren Königen des späten 15. und des 14. Jahrhunderts anzusetzen ist; für dieses »dunkle Zeitalter« stehen uns nur wenige Quellen zur Verfügung. Die ›absolute‹ Chronologie der Ur-III-Zeit und der altbabylonischen Epoche bleibt daher problematisch.

Ein astrologischer Text, der in Kopien aus dem siebten Jahrhundert v. Chr. vorliegt, ist lange Zeit als ein Schlüssel zur Lösung des Problems betrachtet worden. Der Text enthält Angaben über die Sichtbarkeit des Planeten Venus während der Regierungszeit des altbabylonischen Königs Ammisaduqa, anhand derer man auf mathematisch-astronomischem Wege glaubte wahrscheinlich machen zu können, dass der Regierungsantritt Ammisaduqas in das Jahr 1710, 1646 oder 1582 v. Chr. gefallen sein müsse. Daraus ergab sich für die frühere Geschichte Mesopotamiens die Möglichkeit einer langen, mittleren oder kurzen Chronologie. In den meisten historischen Darstellungen wird auf die mittlere Chronologie zurückgegriffen, der auch hier der Vorzug gegeben wird – obschon inzwischen starke Zweifel an der Zuverlässigkeit der erwähnten Venusdaten angemeldet wurden. Einiges spricht dafür, die mittlere Chronologie um wenige Jahrzehnte zu verkürzen, doch kann das Ende der ersten Dynastie von Babylon (das nach der mittleren Chronologie in das Jahr 1595 v. Chr. fällt) neuen Textfunden zufolge kaum nach 1545 erfolgt sein.

Die Daten für die Herrscher der frühdynastischen und der Akkad-Zeit – also vor Ur III – sind aufgrund weiterer chronologischer Lücken noch um einiges unsicherer. Besonders problematisch ist die chronologische Einordnung der sogenannten Uruk-Zeit, die den Anfang der mesopotamischen Geschichte markiert. Hier ist man, wie auch in Hinblick auf die Vorgeschichte, ganz auf naturwissenschaftliche Verfahren angewiesen. Eine Schlüsselrolle spielt dabei die sogenannte Radiokarbonbestimmung, die den nach einer festen Halbwertszeit erfolgenden Zerfall der in Holz und anderen organischen Materialien enthaltenen C-14-Isotopen misst. Leider müssen bei der Anwendung dieser Methode auf die Frühzeit Unsicherheiten von mehr als 200 Jahren in Kauf genommen werden. Die im vorliegenden Abriss für die Zeit von 3500 bis 1400 v. Chr. angeführten Daten sind daher als Annäherungswerte zu betrachten, die künftige Forschungen vermutlich in einem gewissen Umfang, aber gewiss nicht mit extrem dramatischen Konsequenzen,[19] revidieren werden.

Keine Darstellung eines längeren historischen Zeitraums kann darauf verzichten, ihren Gegenstand in einzelne Perioden zu unterteilen und diese mit spezifischen Bezeichnungen zu versehen. Dabei kann man entweder auf »emische« Kategorien zurückgreifen, d. h. auf Termini, die in der zu beschreibenden Kultur selbst verwendet wurden, oder auf »eti-

19 Dies sei ausdrücklich betont, da einige wissenschaftliche Außenseiter für die mesopotamische Geschichte um 1000 oder gar 2000 Jahre verkürzte Chronologien vorgeschlagen haben.

sche«, also moderne Periodenbezeichnungen. In diesem Abriss wird von beiden Kategorien Gebrauch gemacht. »Neuassyrisch« oder »spätbronzezeitlich« zum Beispiel sind von der modernen Wissenschaft etablierte Begriffe mit historisch-geographischen bzw. archäologischen Konnotationen, während die Bezeichnung »Ur-III-Zeit« auf die Dynastieneinteilung der sumerischen Königsliste zurückgeht. Die nachstehende Tabelle bietet einen Überblick über die wichtigsten Perioden der mesopotamischen Geschichte.[20] Angemerkt sei, dass die dabei zugrunde gelegte Epocheneinteilung konventionell und nicht unbedingt geeignet ist, entscheidende historische Brüche zu kennzeichnen. Orientiert man sich idealtypisch an den vorherrschenden politischen Organisationsformen, so könnte man eine chronologische Dreiteilung der mesopotamischen Geschichte postulieren, mit einem von Stadtstaaten dominierten Zeitalter, das bis ca. 1750 v. Chr. währte, einer von Territorialstaaten beherrschten Periode von ca. 1750–750 v. Chr. und einer hierauf folgenden »imperialen« Epoche.

Was die Angaben zu den Regierungszeiten einzelner Herrscher betrifft, sei darauf hingewiesen, dass entsprechend altorientalischer Praxis das erste volle Regierungsjahr eines Königs und nicht sein Akzessionsjahr die Zählung einleitet. Wenn etwa für Salmanassar V. eine Regierungszeit von »726–722 v. Chr.« angegeben wird, so bedeutet dies nicht, dass der König erst 726 v. Chr. den assyrischen Thron bestiegen hätte. Dies war bereits im zehnten Monat des Vorjahres, 727 v. Chr., geschehen.

Während wir die Todesjahre vieler mesopotamischer Herrscher exakt bestimmen können, bleiben ihre Geburtsjahre fast

20 Die Tabelle orientiert sich an W. Sallaberger, »Mesopotamien«, in: *Der Große Ploetz*, 35. Aufl., Freiburg 2008, S. 83. Die Jahreszahlen stellen Annäherungswerte dar.

Zeitraum	Epoche	
v. Chr.	*archäologisch*	*historisch-geographisch*
3600–2900	Chalkolithikum	Uruk IV und III (= Dschemdet Nasr)
2900–2600	Frühbronzezeit I–II	Frühdynastisch I–II
2600–2350	Frühbronzezeit III	Frühdynastisch III/Altsumerisch
2350–2100	Frühbronzezeit IV	Akkade/Sargonisch; Gutium
2100–2000		(Lagasch II), Ur III/Neusumerisch
2000–1600	Mittelbronzezeit	Isin/Larsa, Altbabylonisch, Altassyrisch
1600–1000	Spätbronzezeit	Mittelbabylonisch/Kassitisch, Isin II, Mittelassyrisch
1000–539	Eisenzeit	Neubabylonisch, Neuassyrisch
539–3. Jh. n. Chr.		Spätbabylonisch: Achämenidisch, Seleukidisch, Parthisch

immer im Dunkeln, da die Menschen des alten Zweistromlandes ihren Geburtstagen offenbar keine größere Beachtung schenkten. Wenn eine Inschrift berichtet, die Mutter des neubabylonischen Königs Nabonid, Adda-Guppi, habe das stolze Alter von 104 Jahren erreicht, so ist dies ein seltener Ausnahmefall.

Zweiter Teil: Geschichte

VI. Die Erfindung von Stadt, Staat und Schrift: Anfänge mesopotamischer Geschichte

Im vierten Jahrtausend v. Chr. spielten sich in Südmesopotamien historische Entwicklungen ab, an deren Ende verschiedene epochale Neuerungen standen. Hauptort des Geschehens war die Stadt Uruk. Sie wuchs innerhalb relativ kurzer Zeit zu einem urbanen Zentrum heran, das alle umliegenden Ortschaften an Größe und Bedeutung um ein Vielfaches übertraf und eine neue Zivilisationsstufe markierte, als deren Hauptcharakteristika eine monumentale Architektur, differenzierte, arbeitsteilige Wirtschaftsformen und – hiermit zusammenhängend – die Verwendung der Schrift gelten dürfen.

Prinzipiell bildet die Erfindung der Schrift den Ausgangspunkt auch des vorliegenden Abrisses. Doch in den letzten Jahrzehnten hat die Forschung immer deutlicher herausgearbeitet, dass bestimmte Aspekte der sogenannten »Uruk-Revolution« sich nicht so sehr als Entwicklungssprünge darstellen, sondern eher als das Resultat evolutionärer Prozesse. Daher sei der Blick hier zunächst zurückgewendet in die schriftlose ›vorgeschichtliche‹ Zeit, welche die Voraussetzungen für die Entfaltung des Uruk-Phänomens schuf.

Wie die Menschen überall auf der Welt hatten auch die Bewohner des Vorderen Orients bis ca. 10 000 v. Chr. ein unstetes Dasein als Jäger und Sammler geführt. In den folgenden Jahrtausenden jedoch, dem sogenannten Neolithikum (Jungsteinzeit), veränderten sie ihren Lebensstil in einschneidender Weise. Getragen von der Erkenntnis, dass sich bestimmte Pflanzen kultivieren und bestimmte Tiere domestizieren und nutzen ließen, gingen sie nach und nach dazu über, sich in festen Siedlungen niederzulassen und Ackerbau und Viehzucht zu betreiben. Diese Entwicklung erfolgte keineswegs so geradlinig, wie man es lange Zeit vermutet hat. So hat sich etwa die Annahme, dass monumentale Kunst und Architektur das Ende des neolithischen Zeitalters und den Beginn der »urbanen Revolution« markieren, als unzutreffend erwiesen. Bei Ausgrabungen in Göbekli Tepe und Nevali Çori im hügeligen Taurusvorland Anatoliens wurden zahlreiche zu Kreisen zusammengestellte große Steinpfeiler mit reliefierten Tierdarstellungen entdeckt, die möglicherweise einem Ahnenkult dienten und in das zehnte und neunte Jahrtausend datieren. Sie wurden offenbar nicht von ortsansässigen Bauern geschaffen, sondern von Jägern und Sammlern, die sich erst am Übergang zur Sesshaftigkeit befanden – doch bleibt die Deutung der Monumente vorerst in vielerlei Hinsicht umstritten.

Die materiellen Hinterlassenschaften der frühen Bauern und Viehzüchter sind weit weniger spektakulär als die Steinstelen von Göbekli Tepe und Nevali Çori. Doch die von ihnen erprobte neue Lebensweise sollte die historischen Geschicke der Menschheit für alle Zukunft nachhaltig prägen. Die »neolithische Revolution« (die in Wirklichkeit ein langwieriger Prozess war) nahm ihren Ausgang, als sich bestimmte Bevölkerungsgruppen in den hügeligen Regionen des »Fruchtbaren Halbmondes«, der sich halbkreisförmig von Palästina über Nordsyrien und die Südosttürkei bis in den Nordirak und den Nordwesten Irans erstreckt, in kleinen Dörfern ansiedelten und Wildgetreidesorten wie Einkorn und Emmer zu ernten begannen. Bald fanden sie heraus, dass man das Wildgetreide durch selektives Anpflanzen erheblich ertragreicher machen konnte, womit die sesshafte Lebensweise an Attraktivität gewann. Die im neunten Jahrtausend erfolgte Domestizierung von Wildziegen und Wildschafen war ein weiterer wichtiger Schritt hin zu einer Konsolidierung des neuen Lebensstils; durch sie erschlossen sich die Menschen verlässliche Quellen für Milch, Fleisch und Wolle.

Die Vorratswirtschaft, die in den agrarischen Kommunen des frühen Neolithikums praktiziert wurde, setzte die Nutzung großer Mengen von Gefäßen voraus. Nachdem dabei zunächst Behälter aus Stein, Holz und Korbgeflecht Verwendung gefunden hatten, etablierte sich gegen Ende des achten Jahrtausends die massenhafte Verwendung von Gefäßen aus gebranntem Ton – das »akeramische« wich dem »keramischen Neolithikum«. Dieser wichtige zivilisatorische Durchbruch ist von besonderer Bedeutung für die moderne Archäologie. Da gebrannter Ton sich praktisch nicht zersetzt, blieben in allen vorderorientalischen Ruinenstätten große Mengen an Keramikscherben – und manchmal auch vollständige Gefäße – erhalten, deren Form und Dekoration epochenspezifische Moden reflektiert. Anhand der Ausbreitung charakteristischer Tonwaren lassen sich kulturelle Expansions- und Transformationsprozesse beschreiben. So bildete sich im siebten Jahrtausend im Nordirak ein kultureller Horizont heraus, in dem überall die gleiche, mit charakteristischen Fischgrätenmustern bemalte Keramik Verwendung fand. Wir bezeichnen diesen Horizont in Anlehnung an einen der Hauptfundorte der einschlägigen Tonware als Hassuna-Kultur. Die in Hassuna-Schichten gemachten Obsidian- und Muschelfunde legen die Vermutung nahe, dass die Menschen dieser Periode Handelskontakte mit weit entfernten Regionen in Zentralanatolien und am Persischen Golf pflegten.

Die gleichfalls durch eine charakteristische Keramik definierte Samarra-Kultur, die der Hassuna-Kultur folgte, reichte bereits sehr viel weiter in den Süden hinab, bis in die Region um die mittelirakische Stadt Samarra, der sie ihren Namen verdankt. Im Norden, in einer Region, die von Nordsyrien bis weit in den Westiran reichte, etablierte sich um 6000 v. Chr. die sogenannte Halaf-Kultur, in der eine besonders feine, mit geometrischen Mustern in roter, weißer und schwarzer Farbe dekorierte Keramik Verwendung fand. Die Menschen der Halaf-

Zeit lebten in kleinen Dörfern mit oftmals runden Hütten von zumeist ähnlicher Größe, was von einer eher egalitären Gesellschaftsordnung zeugt.

Die Ausbreitung der vorgenannten Kulturen beschränkte sich auf eine Region, in der mit einer jährlichen Niederschlagsmenge von mehr als 200 mm pro Quadratmeter genug Regen fiel, um eine nicht auf künstliche Bewässerung angewiesene Landwirtschaft zu betreiben. Dies schloss das nordmesopotamische Hügelland ein, nicht jedoch die südmesopotamische Tiefebene, in der nur sehr geringfügige Regenfälle zu verzeichnen sind. Vermutlich unter dem Druck eines sich immer mehr verstärkenden Bevölkerungswachstums begannen einzelne Gruppen von Bauern, allmählich aber auch die südlichen Regionen des Zweistromlandes, das spätere Sumer, zu besiedeln. Mit sich brachten sie die im Norden bewährten Getreidepflanzen und Nutztiere, die auch weiterhin ihre Existenzgrundlage bildeten. Das an den Unterläufen von Euphrat und Tigris gelegene Land war äußerst fruchtbar, doch um es landwirtschaftlich zu nutzen, musste es künstlich bewässert werden, was die Anlage von Kanälen und Dämmen erforderte. Dies wiederum setzte die intensive Zusammenarbeit vieler Menschen voraus. Außerdem mussten die Bewohner des südlichen Mesopotamien angesichts der Rohstoffknappheit ihres neuen Lebensraumes dafür Sorge tragen, Steine, Holz und andere Güter von fern her zu importieren.

Wann genau die ersten Bauern in Südmesopotamien Fuß fassten, ist schwer abzuschätzen, da die von ihnen angelegten permanenten Siedlungen unter meterhohen alluvialen Schlammschichten verborgen sein könnten. Fest steht jedoch, dass sich um 5900 v. Chr. in Südmesopotamien eine relativ einheitliche Kultur herausgebildet hatte, die sich später, wie erneut vor allem an der Keramik ersichtlich, bis nach Nordsyrien und Anatolien (und in abgewandelter Form sogar bis in das iranische Hochland und die Küstenregionen des Persischen Golfs) ausbreitete. Wir bezeichnen sie nach der unweit von Ur gelegenen südirakischen Ruinenstätte Obed (oder Ubayd) als Obed-Kultur. Eines ihrer wichtigsten Zentren war die Stadt Eridu, die als Kultort des Gottes Enki/Ea auch noch in sumerischer Zeit und darüber hinaus eine bedeutende Rolle spielte.

Obed-zeitliche Schichten haben in Eridu eine Reihe von Bauten freigegeben, die als die ältesten eindeutig identifizierbaren Tempel des alten Mesopotamien bestimmt werden können. Zuunterst fand sich eine lediglich 3 × 3 Meter umfassende, mit einem Altar und einem Opfertisch ausgestattete Einraumkonstruktion. Sie wich im Laufe der Zeit einem 24 × 12 Meter großen, auf einer Terrasse errichteten Gebäude, dessen Fassaden durch Nischen gegliedert waren und das einen von kleineren Räumen flankierten großen Zentralraum aufwies, in dem sich Opfertische und Podeste für Götterstatuen oder -symbole befanden. Alles dies sind Attribute, wie sie für die mesopotamischen Tempel der historischen Zeit charakteristisch sind.

Eridu dürfte während der Obed-Zeit eine der größten Siedlungen des alten Mesopotamien gewesen sein, und es ist gewiss kein Zufall, dass es in der Keilschriftüberlieferung bis in das erste Jahrtausend v. Chr. hinein als älteste Stadt der Welt firmierte. Auch die Bibel scheint diese Tradition aufzunehmen, wenn sie in Gen 4,17 ausführt, die erste von Menschenhand gebaute Stadt sei nach Kains Sohn Henoch, »dem Vater des Irad«, benannt worden. Vermutlich war hier ursprünglich davon die Rede, dass nicht Henoch, sondern Irad selbst, dessen Name von »Eridu« abgeleitet sein dürfte, den Namen der ältesten Stadt inspiriert habe.

Aus Sicht der modernen Forschung ist es freilich nicht Eridu, sondern das etwas weiter nördlich gelegene Uruk, dessen Aufstieg die Etablierung einer veritablen Stadtkultur und die ›Erfindung‹ des Staates ermöglichte. Die sogenannte Uruk-Kultur löste die Obed-Kultur, die zuvor für mehr als 1500 Jahre in Südmesopotamien prägend gewesen war, um 4300 v. Chr. ab, wobei die auffälligste Veränderung darin bestand, dass Anzahl und Größe der Siedlungen nun stark zunahmen. Manche Siedlungen waren außerdem erstmals von einer Mauer umgeben, was auf intensiver geführte kriegerische Auseinandersetzungen hindeutet. Zunächst konzentrierten sich die Siedlungen der Uruk-Zeit im Norden der Schwemmlandebene, in der Region um Nippur. Im Verlauf des vierten Jahrtausends wurden jedoch viele dieser nördlich gelegenen Siedlungen aufgegeben, und die Menschen begannen, sich verstärkt im Süden und insbesondere in der Region um Uruk anzusiedeln. Uruk selbst erlebte einen beträchtlichen Bevölkerungszuwachs und war in der Spät-Uruk-Zeit gegen Ende des vierten Jahrtausends mit einer Ausdehnung von ca. hundert Hektar fast doppelt so groß wie der nächstgrößte Ort.

Was genau den Aufstieg Uruks zu einem städtischen ›Superzentrum‹ auslöste, ist nach wie vor umstritten. Einige Forscher vermuten, dass das Klima im Vorderen Orient im Verlauf des vierten Jahrtausends geringfügig kühler und trockener geworden sei, was dazu geführt habe, dass zahlreiche kleinere Wasserläufe in der mesopotamischen Alluvialebene ausgetrocknet seien. Die dort ansässigen Menschen seien gezwungen gewesen, ihre Siedlungen aufzugeben und sich in größeren Orten niederzulassen, deren agrarisches Hinterland auch weiterhin über genügend Bewässerungswasser verfügte. Uruk bot in dieser Hinsicht besonders günstige Bedingungen und erlaubte aufgrund seiner Lage unweit der Marschlandschaft im äußersten Süden Mesopotamiens darüber hinaus eine intensive Fischwirtschaft. Auch Dattelhaine gediehen in der Gegend von Uruk prächtig.

Offenbar war es unter diesen Voraussetzungen möglich, mit begrenztem Arbeitseinsatz große Nahrungsüberschüsse zu erzeugen. Dies gestattete es immer mehr Menschen in Uruk, nicht in der Land- und Viehwirtschaft, sondern in verschiedenen handwerklichen Berufen zu arbeiten. Die zunehmende professionelle Spezialisierung und Arbeitsteilung wiederum verstärkte den Bedarf nach einer administrativen Elite, die sicherstellte, dass sämtliche Bewohner Uruks und seines Einflussbereiches mit landwirtschaftlichen wie auch mit handwerklichen Erzeugnissen versorgt wurden. Es etablierte sich eine redistributive Wirtschaftsweise, in der eine zentrale Institution wichtige Güter wie Getreide, Wolle und Pflanzenöl zunächst von den Produzenten einzog, um sie sodann, nicht selten in verarbeiteter Form, also etwa in Gestalt von Brot, Bier oder Textilien, an die Menschen zurückzuverteilen.

Damit ein solches System dauerhaft zu funktionieren vermag, müssen seine führenden Vertreter über eine weithin anerkannte Autorität verfügen. In Uruk, so scheint es, wies diese Autorität sowohl eine politisch-militärische wie auch eine ideologisch-religiöse Komponente auf. Siegeldarstellungen, die eine vermutlich den Herrscher von Uruk repräsentierende Gestalt mit einer Reihe nackter gefesselter Gefangener abbilden, legen indirekt davon Zeugnis ab, dass staatlich organisierte Gewalt in der späten Uruk-Zeit fest etabliert war – die in Uruk herrschende Führungsspitze besaß also offenbar ein politisch-militärisches Machtmonopol. Zugleich sprechen zahlreiche Indizien dafür, dass dieses Machtmonopol ein religiöses Fundament hatte. Dies legt nicht zuletzt die monumentale Architektur nahe, die im vierten Jahrtausend im Zentrum Uruks entstand. In den Arealen, die später die Heiligtümer der Göttin Inanna/Ischtar und des Gottes An/Anu beherbergten, gab es bereits in dieser frühen Zeit gewaltige Bauten, von denen einige charakteristische Merkmale mesopotamischer Sakralarchitektur, etwa durch Nischen gegliederte Fassaden, aufwiesen. Eines dieser Gebäude, der in Schicht IVa zutage gekommene sogenannte »Tempel D«, maß 80 × 50 Meter und muss mit von weit her importierten Dachbalken ausgestattet gewesen sein, deren Länge mehr als zehn Meter betrug. Nicht weniger eindrucksvoll war ein wegen seines Gipsverputzes als »Weißer Tempel« bezeichnetes Bauwerk im Bereich des späteren Anu-Tempels. Die fast zwölf Meter hohe Plattform, auf der sich dieses Gebäude erhob, kann als eine Vorform der späteren Ziqqurat betrachtet werden. Man geht gewiss nicht fehl in der Annahme, dass viele der monumentalen Bauten im Uruk des vierten Jahrtausends nicht bloß Zentren der Verehrung der Götter waren, sondern auch Umschlagplätze für die Redistribution von Gütern. Späteren Keilschrifttexten zufolge hatten die mesopotamischen Götter die Menschen geschaffen, damit diese für sie arbeiteten, und es ist durchaus denkbar, dass ähnliche Vorstellungen bereits in der Uruk-Zeit im Schwange waren. Die Produzenten der späten Uruk-Periode, die ihre Erzeugnisse an die administrativen Eliten von Uruk aushändigten, glaubten möglicherweise, dass ihre Darbringungen nicht zuletzt auch die Versorgung der Götter sicherstellten.

Man hat vermutet, dass an der Spitze des in Uruk entstandenen Staatswesens eine Art Priesterkönig stand. Vergleiche mit der Kunst späterer Epochen legen die Annahme nahe, dass dieser Priesterkönig in Gestalt eines bärtigen Mannes mit runder Kappe und elaboriertem Netzrock auf einer Reihe von Bilddarstellungen der Uruk-Zeit abgebildet ist. Neben Siegelbildern und einer Statuette, die den Priesterkönig als Betenden darstellt, ist hier vor allem auf die berühmte »Uruk-Vase« zu verweisen. Dieses mehr als ein Meter hohe Alabastergefäß zeigt in einem unteren Bildstreifen ein Wasser repräsentierendes Wellenband und darüber Ähren und verschiedene Pflanzen sowie Mutterschafe und Widder – eine emblematische Darstellung der materiellen Grundlagen der mesopotamischen Zivilisation. Ein mittlerer Bildstreifen gibt eine Prozession nackter Gaben-

Umzeichnung der sogenannten Uruk-Vase. Uruk, ca. 3000 v. Chr.

bringer wieder. Darüber ist auf einem dritten Bildstreifen hinter einem weiteren Gabenbringer der »Priesterkönig« im Netzrock dargestellt, wie er einer weiblichen Gestalt eine Textilrolle und Feldfrüchte darbringt. Die weibliche Gestalt kann aufgrund der beiden Schilfbündelstandarten hinter ihr als Priesterin der Göttin Inanna oder als die Göttin selbst identifiziert werden. Rechts von ihr findet sich eine spielerisch-selbstreferentiell anmutende Abbildung zweier Gefäße vom Typ der Uruk-Vase sowie eine Darstellung zweier kleiner Figuren, die von Widdern getragen werden. Die vordere Figur trägt ein seltsames Gebilde, das dem

Keilschriftzeichen EN ähnelt. *En* ist in späteren Keilschrifttexten als vor allem in Uruk verwendeter Priestertitel bezeugt, weshalb man annehmen darf, dass das Zeichen auf der Uruk-Vase auf den »Priesterkönig« zur Linken verweist.

Das stilisierte »Schriftzeichen« auf der Uruk-Vase zeugt von der vielleicht wichtigsten Neuerung der Uruk-Zeit: der Schrift. Ihre Erfindung kam nicht völlig aus dem Nichts – es gab primitive »Notationssysteme«, die schon sehr viel früher im mesopotamischen Wirtschaftsleben eingesetzt worden waren. Bereits im sechsten Jahrtausend hatte man sich des Stempelsiegels bedient, um abstrakte Muster oder Bilddarstellungen auf Ton anzubringen. Im vierten Jahrtausend, noch vor dem Aufkommen der Schrift, kamen Rollsiegel in Gebrauch, mit denen man Siegelbilder auf größeren Tonflächen anbringen konnte. Als symbolische Korrelate von Amtsautorität dienten die Siegelabdrücke dazu, Tonplomben an Krugverschlüssen oder Türeingängen zu Speichern zu markieren, um missbräuchliche Zugriffe zu verhindern. Im Rechnungswesen des vorgeschichtlichen Mesopotamien fanden darüber hinaus kleine Tonmarken Verwendung, die Rohstoffe, Agrarprodukte oder Fertigwaren repräsentieren konnten. Ihre frühesten Ausformungen datieren in das achte Jahrtausend. Sie werden von uns mit dem englischen Wort *token* bezeichnet. In der zweiten Hälfte des vierten Jahrtausends ging man dazu über, diese *tokens* in Kugeln aus Ton einzuschließen, die auf der Außenseite gesiegelt wurden. Man darf vermuten, dass die Tonkugeln als Lieferscheine bzw. Frachtbriefe fungierten – sie begleiteten Gütertransporte und ermöglichten es den Empfängern, welche die Kugeln öffnen und die Marken zählen konnten, sicherzustellen, dass es unterwegs nicht zu Unterschlagungen gekommen war. Schließlich gingen mesopotamische Administratoren dazu über, zunächst auf den Tonkugeln und dann auch auf flachen Tontafeln mit einem Holzgriffel Zahlzeichen anzubringen, womit ein weiterer

Archaischer Keilschrifttext der Schriftstufe Uruk III (ca. 3000 v. Chr.). Auflistung von Bierzuteilungen mit Zeitangaben auf der Rückseite

Schritt hin zu einer effizienteren Form der Informationsübermittlung getan war.

Um 3300 v. Chr., vielleicht auch etwas früher, erfolgte dann, offenbar in Uruk, der entscheidende Durchbruch: die Etablierung eines Repertoires von zunächst fast tausend Schriftzeichen, die Gegenstände und Vorgänge verschiedenster Art repräsentierten. Einige der Zeichen scheinen auf die älteren *tokens* zurückzugehen, die meisten jedoch lassen sich als stilisierte Bild- oder Teilbildzeichen deuten. Eine Gerstenähre zum Beispiel repräsentiert Getreide, während ein stilisierter Fuß für die Konzepte »Gehen« und »Bringen« steht. Von Anfang an scheinen die Zeichen, die durch standardisierte graphische Modifizierungen mit neuen Bedeutungen versehen werden konnten, ein wohldurchdachtes System gebildet zu haben.

In geeigneter Weise kombiniert und mit Griffeln auf Tontafeln geschrieben, dienten sie dazu, die komplexen Wirtschaftstransaktionen der Spät-Uruk-Zeit zu dokumentieren – die Erfindung der Schrift erfolgte also aus dem Geiste der Ökonomie. Die gleichfalls von frühester Zeit an bezeugten Wort- bzw. Zeichenlisten zeugen jedoch davon, dass mit der frühen Schrift ein Notationssystem vorlag, mit dem grundsätzlich auch andere Sach- und Sprachverhalte dauerhaft festgehalten werden konnten.

Der modernen Forschung ist es bislang nur teilweise gelungen, die ca. 6000 archaischen Texte der Uruk-IV- und Uruk-III-Zeit zu entschlüsseln. Dies liegt vor allem daran, dass sich die Schreiber der frühen administrativen Texte darauf beschränkten, die von ihnen dokumentierten Transaktionen mit wenigen knappen Schlüsselworten zu umreißen. Da die archaische Schrift die Lautgestalt der von ihr repräsentierten Worte wenn überhaupt nur in äußerst rudimentärer Form wiedergibt, ist sogar umstritten, ob die den archaischen Texten zugrunde liegende Sprache das Sumerische war, das vom frühen dritten Jahrtausend an als vorherrschende Sprache Südmesopotamiens nachgewiesen ist, oder ein anderes Idiom. Das relativ große Maß an Kontinuität, das die mesopotamische Kulturentwicklung charakterisiert, spricht dafür, die Uruk-Zivilisation primär als das Werk der Sumerer zu betrachten, doch liegt es durchaus im Bereich des Möglichen, dass auch andere ethnische Gruppen in der späten prähistorischen Zeit im Zweistromland präsent waren.

Der bildhafte Charakter der frühen Schriftzeichen ging in den nachfolgenden Jahrhunderten zunehmend verloren. Bedingt durch Veränderungen der von den Schreibern verwendeten Rohrgriffel wurden die geschwungenen Linien der archaischen Zeichen durch jene keilförmigen Grundelemente ersetzt, denen die Keilschrift ihren modernen Namen verdankt, und die Linksdrehung der Zeichen um 90 Grad tat ein Weiteres, die Schrift ihrer piktographischen Dimensionen zu entkleiden. Eine andere wichtige Veränderung, welche die mesopotamische Schrift im dritten Jahrtausend erfuhr, war die oft nach dem Rebusprinzip vorgenommene Etablierung syllabischer Zeichenwerte. Zum Beispiel konnte das Zeichen, welches das sumerische Wort *ì* (»Öl«) repräsentierte, nun auch zur Wiedergabe des sumerischen Verbalpräfixes */i/* verwendet werden. Die zunehmende Fähigkeit der Schrift, nicht nur Worte, sondern auch Lautelemente wiederzugeben, erlaubte es, sprachliche Äußerungen im Laufe der Zeit in immer präziserer Form aufzuzeichnen.

Die Schrift war nicht die einzige wichtige Innovation im Mespotamien des vierten Jahrtausends. Auch die Metallverarbeitung erfuhr in dieser Zeit einen beträchtlichen Aufschwung. Metalle waren vereinzelt auch schon Jahrtausende vor der Uruk-Zeit genutzt worden, doch erst jetzt etablierte sich eine Metallurgie größeren Stils. Das vierte Jahrtausend markiert den Übergang zum sogenannten Chalkolithikum, der »Steinkupferzeit«, in der Geräte nicht mehr nur aus Stein, sondern zunehmend auch aus dem weichen und daher leicht ausschmelzbaren Kupfer hergestellt wurden. Im Laufe der folgenden Jahrhunderte fand man heraus, dass man dieses Kupfer mit Arsen oder Zinn verschmelzen und so die sehr viel weniger brüchige Bronze herstellen konnte. Damit war der Weg bereitet für den Beginn der sogenannten Bronzezeit, die das Chalkolithikum um 2900 v. Chr. ablöste und bis zum Anbruch der Eisenzeit um 1000 v. Chr. Mesopotamien und den gesamten Vorderen Orient prägen sollte.

Andere technische Fortschritte wurden im vierten Jahrtausend in den Bereichen der Militärtechnik, des Schiffbaus, des Transportwesens und der Felderbewässerung erzielt. Neue Ziegelformen und mit Hilfe farbiger Stein- und Tonstifte geschaffene Mosaikdekorationen charakterisieren eine Reihe der Großbauten von Uruk. Massenhaft produziert wurden in der späten Uruk-Zeit die auch als Glockentöpfe bezeichneten »Schrägrandschalen«, die, mit Hilfe von Formen aus wenig qualitätvollem Ton hergestellt, vermutlich als Rationengefäße dienten; ihre Gestalt entspricht der des Keilschriftzeichens NINDA, das »Brot« bzw. »Nahrung« bedeutet.

Bemerkenswert ist, dass die Schrägrandschalen nicht nur in Uruk und Südmesopotamien, sondern auch in zahlreichen Ruinenstätten Nordmesopotamiens, Nordsyriens, Anatoliens und des Iran gefunden wurden. Auch andere kulturelle ›Leitfossilien‹ der Uruk-Zivilisation kamen an weit außerhalb der sumerischen Alluvialebene gelegenen Orten zutage. Einige dieser Orte, zum Beispiel das am oberen Euphrat gelegene Habuba Kabira, waren im vierten Jahrtausend so sehr von der Kultur Uruks geprägt, dass man kaum umhin kommt, hier mit der Ansiedlung von Kolonisten aus Uruk zu rechnen. Die Interpretation des archäologischen Gesamtbefundes ist jedoch nach wie vor umstritten. Während einige Gelehrte glauben, Uruk habe im vierten Jahrtausend, seinen zivilisatorischen Vorsprung ausnutzend, weite Gebiete des Vorderen Orients zumindest indirekt beherrscht, glauben andere, dass die Verbreitung charakteristischer Züge der Uruk-Kultur eher als das Resultat von Handelskontakten zwischen unabhängigen politischen Einheiten zu interpretieren ist. Welche dieser Deutungen zutrifft, lässt sich vorerst nicht sicher sagen, doch scheint klar, dass die Expansion der Uruk-Kultur nicht völlig friedlich vonstatten ging. So fanden sich etwa im nordsyrischen Hamukar im Habur-Gebiet in Schichten des vierten Jahrtausends eindeutige Spuren kriegerischer Auseinandersetzungen zwischen lokalen Machthabern und Vertretern der Uruk-Kultur.

Auch die Frage, ob die archaische Schrift Mesopotamiens direkt oder indirekt die offenbar nur wenig später erfolgte Einführung anderer Schriftsysteme beeinflusst hat, muss vorerst offenbleiben. Während ein Zusammenhang mit der auf Tontafeln aus dem Iran bezeugten, einstweilen noch unentzifferten proto-elamischen Schrift relativ wahrscheinlich ist, lässt sich ein solcher mit Blick auf die fast zeitgleich mit der Uruk-Schrift etablierten Hieroglyphenschrift des alten Ägypten nur unter Vorbehalt postulieren. Nicht von der Hand zu weisen ist jedoch, dass Dekorationselemente auf Zeremonialgegenständen sowie bestimmte Typen von Keramikgefäßen aus dem Ägypten der Zeit vor 3000 v. Chr. bemerkenswerte Ähnlichkeiten mit südmesopotamischen Artefakten der Uruk-Zeit aufweisen.

In den archaischen Texten aus Uruk sind bislang keine eindeutigen Hinweise auf einen größeren territorialen Horizont des südmesopotamischen Staatswesens gefunden worden – und bemerkenswerterweise werden neben Inanna in ihren Manifestationen als Morgen- und Abendstern nur sehr selten Gottheiten anderer Städte und Landstriche genannt.

Wenn man wohl auch nicht behaupten sollte, dass mit der Uruk-Zivilisation des vierten Jahrtausends ›Geschichte an sich‹ beginnt, so kann man doch mit einigem Recht festhalten, dass die politischen, ökonomischen und kulturellen Durchbrüche der späten Uruk-Zeit den Beginn der mesopotamischen Geschichte markieren. Mit der Etablierung einer Stadtkultur, arbeitsteiliger Wirtschaftsformen und ausgeprägter sozialer und politischer Hierarchien, mit der Einführung neuer Technologien und nicht zuletzt mit der Erfindung der Schrift waren Ende des vierten Jahrtausends entscheidende Grundlagen der mesopotamischen Zivilisation geschaffen. Manch andere ihrer charakteristischen Züge, zum Beispiel die hochkomplexe Götterwelt, die Sumerer und Akkader verehrten, werden allerdings erst in den folgenden Jahrhunderten greifbar.

VII. Stadtstaaten und erste Reiche: Sumerer und Akkader im dritten Jahrtausend v. Chr.

Die im vorigen Kapitel vorgestellte Uruk-Kultur erlebte während der sogenannten Uruk-III- oder Dschemdet-Nasr-Periode (ca. 3100–2900 v. Chr.) ihren Höhepunkt. Doch zugleich markierten diese 200 Jahre den Beginn von etwas grundsätzlich Neuem. Zunehmend gewannen nun lokale Phänomene an Gewicht, eine Entwicklung, die sich in der sogenannten Frühdynastischen Zeit (ca. 2900–2350 v. Chr.) zunächst fortsetzte und verstärkte. Die politische Landschaft Mesopotamiens wurde fortan nicht mehr von einem einzigen großen Zentrum dominiert, sondern von einer ganzen Reihe von Stadtstaaten, die einerseits miteinander kooperierten, andererseits aber in einem Konkurrenzverhältnis zueinander standen, was immer wieder zu kriegerischen Auseinandersetzungen zwischen ihnen führte. Mehrfach stiegen dabei einzelne Stadtstaaten für eine begrenzte Zeit zu überregionalen Mächten auf. Zwischen 2350 und 2000 v. Chr. fand dieser Trend zu erneuter Zentralisierung seinen Höhepunkt in der Herausbildung der Reiche von Akkad und Ur III, den ersten vollausgebildeten Staaten, die ganz Mesopotamien und Teile seiner Nachbarregionen beherrschten. Allerdings war diesen Staatsgebilden nur eine begrenzte Lebensdauer beschieden, und mit dem Untergang des Reiches von Ur um 2000 v. Chr. setzte eine weitere Phase der politischen Zersplitterung ein.

Die ethnolinguistische Situation Mesopotamiens war im dritten Jahrtausend gekennzeichnet durch eine enge Symbiose zwischen den vor allem im Süden ansässigen Sumerern und den in stärkerem Maße im Norden siedelnden semitischen Akkadern, die beide entscheidend an der langsamen Umgestaltung der mesopotamischen Staatenwelt, Kultur und Religion mitwirkten.

Dschemdet-Nasr- und Frühdynastische Zeit

Über die politische Geschichte Mesopotamiens in den ersten Jahrhunderten nach der Erfindung der Schrift wissen wir nur sehr wenig. Der Grund hierfür ist, dass aus dem Zeitraum vor dem 26. Jahrhundert v. Chr. so gut wie keine im engeren Sinne historischen Keilschrifttexte überliefert sind. Die schriftlichen Hinterlassenschaften dieser frühen Epoche beschränken sich, von wenigen Ausnahmen abgesehen, auf lexikalische und administrative Texte, kurze Weihinschriften sowie auf eine Reihe steinerner Urkunden, die den Verkauf von Land dokumentieren.

Als sich in der zweiten Hälfte des dritten Jahrtausends bei Sumerern und Akkadern ein verstärktes Interesse an der eigenen Geschichte auszubilden begann, schufen mesopotamische Gelehrte und Literaten eine Reihe von Texten, die sich mit der Frühzeit ihrer eigenen Zivilisation befassten. Die wichtigsten entsprechenden Werke waren die Sumerische Königsliste sowie ein Zyklus von Epen über verschiedene frühe Könige von Uruk. Im folgenden müssen diese Texte kurz diskutiert werden, da die Frage ihrer historischen Verlässlichkeit für unsere Darstellung von entscheidender Bedeutung ist.

Die Sumerische Königsliste in ihrer klassischen Ausformung besteht aus zwei Teilen. Der erste Teil enthält die Namen der Könige aus der Zeit vor der großen Flut, mit der die Götter mesopotamischer Tradition gemäß einst die Menschheit gestraft hatten. Nachdem das Königtum »vom Himmel herabgekommen« war, hätte, so die Liste, für eine Dauer von 28800 (bzw., einem anderen Manuskript zufolge, 67200) Jahren zunächst Alulim von Eridu die Herrschaft ausgeübt, ehe sieben weitere Herrscher zum Teil noch länger regiert hätten. Der fiktive Charakter alles dessen ist offenkundig. Es steht außer Frage, dass man den vorsintflutlichen Abschnitt der Liste, der in den frühen Fassungen des Textes noch fehlt, nicht zur Rekonstruktion der mesopotamischen Geschichte heranziehen kann.

Der zweite Teil der Liste, der die Namen zahlreicher nachsintflutlicher Könige samt ihrer Herrschaftssitze enthält, scheint auf den ersten Blick historisch verlässlicher zu sein. Er beginnt mit einem Abschnitt über die Könige von Kisch und führt anschließend die Herrscher weiterer Städte auf, die für eine gewisse Zeit über das Zweistromland geherrscht hätten. Die Historizität der meisten der in der Liste genannten Herrscher der Akkad-Zeit und späterer Perioden steht außer Frage, doch mit Blick auf frühere Epochen ist Vorsicht am Platze. Einige der 86 Monarchen, die der Liste zufolge in den Jahrhunderten vor Sargon von Akkad geherrscht hätten, sind aus zeitgenössischen Inschriften bekannt und müssen folglich historische Persönlichkeiten gewesen sein. Andere jedoch, zum Beispiel mehrere Könige mit Tiernamen oder die Schankwirtin Ku-Baba, eine angebliche Herrscherin von Kisch, scheinen frei erfunden worden zu sein, so dass man auch den nachsintflutlichen Teil der Sumerischen Königsliste nur mit großem Vorbehalt als historische Quelle für die Frühdynastische Zeit in Anspruch nehmen sollte. Auch stimmt bedenklich, dass die früheste, aus dem 21. Jahrhundert stammende Version der Liste vor der Herrschaft der Akkad-Könige nur maximal vier Dynastien ansetzt, während die späteren Fassungen vierzehn Dynastien aufführen. Das Fehlen jeder Bezugnahme auf die Könige des ohne Frage politisch sehr bedeutsamen Stadtstaats von Lagasch lässt ebenfalls an der Verlässlichkeit der Liste zweifeln.

Der Epenzyklus, der von den Abenteuern der Uruk-Könige Enmerkar, Lugalbanda und Gilgamesch (ursprünglich Pabilgames) handelt, gibt vergleichbare Probleme auf. Er scheint nicht zur Gänze unhistorisch zu sein. So ist etwa in den archaischen Texten aus Ur, die in die Zeit um 2700 v. Chr. datieren, ein Personenname Pabilgames-Utu-pada bezeugt, der »Pabilgames ist vom (Sonnengott) Utu berufen« bedeutet und die historische Existenz eines Königs Pabilgames bestätigen könnte. Auch die Passagen über die Begegnung zwischen Enmerkar und der im Osten gelegenen geheimnisvollen Stadt Aratta dürften ein *fundamentum in re* gehabt haben – sie scheinen auf die intensiven politischen, kulturellen und ökonomischen Kontakte Bezug zu nehmen, die in der ersten Hälfte des dritten Jahrtausends zwischen Südmesopotamien und dem Südostiran existierten. Gilgameschs Kampf gegen Akka von Kisch und der von ihm initiierte Bau der Stadtmauer von Uruk sind weitere Motive, die einen historischen Hintergrund gehabt haben könnten. Doch da der Epenzyklus diese Begebenheiten mit überaus phantastischen Details ausschmückt und außerdem zahlreiche Episoden enthält, deren fiktiver Charakter offenkundig ist, kann er gleichfalls nicht als verlässliche Geschichtsquelle betrachtet werden.

Jeder Versuch, die ersten Jahrhunderte der mesopotamischen Geschichte darzustellen, muss sich daher vor allem auf den archäologischen Befund sowie auf die wenigen zeitgenössischen Schriftdokumente gründen, die uns zur Verfügung stehen. An den archäologischen Gegebenheiten orientiert sich auch die traditionelle Periodeneinteilung der mesopotamischen Frühgeschichte. Die Dschemdet-Nasr-Zeit (ca. 3100–2900 v. Chr.) ist nach einem wichtigen Fundort in der Nähe von Kisch benannt, während die Epochenbezeichnungen »Frühdynastisch I« (ca. 2900–2700 v. Chr.), »II« (2700–2600 v. Chr.) und »III« (ca. 2600–2350 v. Chr.) auf die Abfolge markanter archäologischer Schichten im Diyala-Gebiet Bezug nehmen. Klar erkennbare Entsprechungen in der politischen Geschichte Mesopotamiens finden sich für diese chronologische Einteilung bislang jedoch nicht.

Die wichtigste Quelle für das Studium der politischen Verhältnisse der Dschemdet-Nasr- und der ihr nachfolgenden

Frühdynastisch-I-Zeit stellen auf Tontafeln und Gefäßverschlüssen angebrachte Siegelabrollungen dar, die Darstellungen der Symbole einer Reihe mesopotamischer Städte aufweisen. Eine frühe Gruppe entsprechender Siegelabrollungen stammt aus Dschemdet Nasr (dem antiken NI.RU[21]) und Uqair (dem antiken Urum) im Norden, eine etwas jüngere aus Ur und Uruk im Süden. Einzelne Siegelabrollungen dürften in unbeschädigtem Zustand die Symbole von bis zu zwanzig südmesopotamischen Städten aufgewiesen haben – erhalten sind die von Ur, Larsa, Zabalam, Urum, Kesch (das nicht mit Kisch zu verwechseln ist) und einigen nicht identifizierbaren Orten.

Mit Städtesiegeln versehene Tafeln aus Uqair und Dschemdet Nasr dokumentieren Lieferungen von Feigen, Äpfeln, Wein und Fischprodukten, die für die Göttin Inanna von Uruk bestimmt waren. Man hat hieraus auf die Existenz eines frühen mesopotamischen Städtebundes unter der Führung Uruks geschlossen, und diese Annahme wird erhärtet durch die Beobachtung, dass Uruk mit einer Fläche von 400 Hektar auch in der Frühdynastisch-I-Zeit noch immer die bei weitem größte mesopotamische Stadt war – Ur etwa wies seinerzeit eine Fläche von lediglich 21 Hektar auf. Welche spezifischen politischen Auswirkungen die Vormachtstellung Uruks auf die übrigen Städte hatte, bleibt leider im Dunkeln.

Mehrere der gegenüber der Uruk-IV-Periode erheblich komplexeren administrativen Texte aus Dschemdet Nasr verweisen auf ein dort gelegenes, mehr als 2200 Hektar großes Gut, das unter einheitlicher Verwaltung stand. Damit treten uns schon früh Agrarstrukturen entgegen, die Mesopotamien für Jahrtausende prägen sollten: Ausgedehnten, zentral administrierten Ländereien in Nordbabylonien stehen kleinteiligere agrari-

21 Die exakte Lesung von mit Großbuchstaben bezeichneten Namen ist noch unklar.

sche Organisationsformen im Süden gegenüber. Ob die Gegend um Dschemdet Nasr bereits um 3000 v. Chr. vorwiegend von Semiten bewohnt wurde, bleibt einstweilen unklar, da die Personennamen der Dschemdet-Nasr-Texte noch nicht zufriedenstellend gelesen werden können.

Während der Dschemdet-Nasr-Zeit gewann der Begräbniskult gegenüber der Uruk-IV-Periode offenbar stark an Bedeutung. Dies zeugt von neuartigen religiösen Vorstellungen, deren Details allerdings unbekannt bleiben.

Uruks Vorherrschaft scheint am Ausgang der Frühdynastisch-I-Zeit langsam an ein Ende gekommen zu sein. Aus dieser Periode stammen die ersten inschriftlichen Hinweise auf die Existenz unabhängiger Fürsten, die andere Stadtstaaten regierten. Die frühesten mesopotamischen Herrscher, die in Originalquellen namentlich genannt werden, sind Me(oder: Ischib)baragesi von Kisch, Akka-Inannaka von Umma und ein gewisser HAR.TU, König des im Diyala-Gebiet gelegenen PA.GAR [Tell Agrab]. Einige der Monarchen dieser Zeit ließen ihre Namen auf Weihstatuen verewigen, womit sie eine in den folgenden Jahrhunderten vielgeübte Praxis begründeten.

Originalquellen aus dem Zeitraum bis zum Ende der frühdynastischen Epoche informieren uns über die größerenteils sumerischen Namen von etwas mehr als 100 Fürsten, die ihre Herrschaft in ca. 35 mesopotamischen Stadtstaaten von sehr unterschiedlichem politischen Gewicht ausübten. Sie hier im einzelnen vorzustellen wäre wenig hilfreich, da über die meisten nichts Näheres bekannt ist. Die wichtigsten sumerischen Herrschertitel der Fürsten waren *en*, *lugal* und *ensi*. Der Titel *en* war vor allem mit Uruk verbunden und wies starke religiöse Konnotationen auf. *Lugal*, wörtlich »großer Mann«, d. h. »König, Herr«, war ein besonders in Kisch, aber auch andernorts gebrauchter Titel. Als *ensi* waren ursprünglich hohe Agrarfunktionäre bezeichnet worden; später wurde der *ensi* zu einer

Art Vizekönig, der die Macht in Stellvertretung des Stadtgottes ausübte, des nominellen Herrschers. Die Titel *lugal* und *ensi* waren miteinander kompatibel – der Stadtfürst konnte gegenüber seiner Bevölkerung als *lugal* auftreten und gegenüber dem Stadtgott als *ensi*. Später bezeichnete der *ensi*-Titel einen von einem zentralen Herrscher abhängigen »Gouverneur«, und es mag sein, dass er auch schon in der frühdynastischen Zeit vereinzelt zur Kennzeichnung eines entsprechenden Abhängigkeitsverhältnisses Verwendung fand.

Neben den genannten Herrschertiteln sind aus der frühdynastischen Zeit zahlreiche Amtstitel administrativer Funktionsträger bezeugt, die erkennen lassen, dass die mesopotamischen Stadtstaaten komplexe politische Gebilde waren. Erstmals finden sich nun auch konkrete Hinweise auf Stadt- und Ältestenversammlungen. Obwohl deren Machtbefugnisse schwer zu bestimmen sind, deuten gewisse Indizien darauf hin, dass die Kluft zwischen Herrschern und Beherrschten zunächst weniger groß war als in späteren Zeiten. So sind etwa die frühesten Herrscherstatuen oft so gut wie gar nicht von den Statuen anderer Personen zu unterscheiden.

Anhaltspunkte für eine zunehmende Erhöhung der Herrschenden finden sich Mitte des dritten Jahrtausends vor allem in der südmesopotamischen Hafenstadt Ur. Diese Stadt hatte von früh an eine wichtige Rolle gespielt. In einer Städteliste der Dschemdet-Nasr-Periode wird sie an erster Stelle genannt, noch vor Larsa, Nippur und Uruk, und eine Reihe in Ur zutage gekommener Wirtschaftsurkunden aus der Zeit um 2700 v. Chr., die unter anderem das Wirken eines Königs erwähnen, illustrieren die fortdauernde Bedeutung der Stadt. Welch gewaltige Macht sich die Eliten von Ur im Laufe der Zeit anzueignen vermochten, zeigen die etwa 200 Jahre jüngeren 16 Königsgrüfte, die der britische Archäologe Leonard Wooley in den zwanziger Jahren des 20. Jahrhunderts in einem ausgedehnten Gräberfeld der Stadt freilegte. In den unterirdischen Grabkammern, in denen Könige, Königinnen und andere Mitglieder der Herrscherfamilie zur letzten Ruhe gebettet waren, fand Wooley zahlreiche Beigaben aus Gold, Silber, Lapislazuli, Karneol und anderen zum Teil von weither importierten wertvollen Materialien, darunter den berühmten Kopfschmuck der Königin Puabum (die einen akkadischen Namen trug) und den Goldhelm eines Herrschers namens Meskalamdug (oder Mesundug). Auch Brettspiele und Musikinstrumente kamen in den Gräbern zutage. Noch bemerkenswerter aber war der Befund, dass die in den Königsgräbern von Ur bestatteten Herrscher und Herrscherinnen ihre Reise in die Unterwelt offenbar nicht alleine antreten mussten. Die archäologische Evidenz lässt wenig Zweifel daran, dass sie von Teilen ihres Gefolges begleitet wurden, von Männern und Frauen, die im Verlaufe eines makabren Rituals über eine Rampe auf den Grund des Grabschachtes geleitet und dort getötet wurden, jüngsten Forschungen zufolge wohl nicht mit Hilfe von Gift, wie man lange glaubte, sondern indem man ihnen ein Loch in den Kopf schlug. In einem der Schächte fanden sich die Überreste von sechs mit Waffen ausgestatteten Männern, offenbar Soldaten, und von nicht weniger als 68 aufwendig geschmückten Mädchen und Frauen, bei denen es sich um Musikantinnen und Dienerinnen handeln dürfte. Sie alle scheinen geopfert worden zu sein, damit es der mächtigen Grabherrin auch im Jenseits nicht an Schutz und Unterhaltung mangele.

Einige Forscher glauben, in einem erst kürzlich publizierten sumerischen Kurzepos über den Tod des Gilgamesch eine literarische Bezugnahme auf die Praxis der Gefolgschaftsbestattung gefunden zu haben. Ihrer Auffassung nach ist an der entsprechenden Stelle davon die Rede, Gilgamesch sei zusammen mit Mitgliedern seiner Familie und seines Hofstaates, die anlässlich seines Todes geopfert worden seien, in einem unterirdischen Grab zur letzten Ruhe gebettet worden, über das man anschließend den Euphrat geleitet habe. Die Deutung der Stelle bleibt jedoch umstritten.[22]

Während Ur den äußersten Süden Mesopotamiens beherrschte, scheint weiter im Norden seit etwa 2700 v. Chr. die Stadt Kisch eine dominierende Rolle gespielt zu haben. Sie kommt in Kischs prominenter Erwähnung in der Sumerischen Königsliste – und in der Erzählung von der »Himmelfahrt« des Etana, eines legendären frühen Herrschers von Kisch – zum Ausdruck, aber auch in dem Umstand, dass der Titel »König von Kisch« von späteren Herrschern im Sinne von »König der gesamten Welt« gebraucht wurde. Kisch dürfte den Höhepunkt seiner Macht in den Jahrzehnten vor 2500 v. Chr. unter einem Herrscher mit dem semitischen Namen Mesalim erreicht haben. Aus Inschriften geht hervor, dass Mesalim an religiösen Ritualen in Adab teilnahm und Tempel in Lagasch und Larsa bauen ließ. Späteren Quellen zufolge amtierte er außerdem als Schiedsrichter in einem Grenzstreit zwischen Lagasch und Umma.

Administrative Texte aus Fara, dem antiken Schuruppak, könnten die Annahme, dass Kisch im 26. Jahrhundert v. Chr. in Mesopotamien eine Vormachtstellung innehatte, indirekt bestätigen. Einige der Texte dokumentieren den Zusammenschluss von sechs der wichtigsten Städte des alten Zweistrom-

22 Gefolgschaftsbestattungen scheinen in Ur bis ins frühe 21. Jahrhundert v. Chr. durchgeführt worden zu sein, ehe sie endgültig aus der Mode kamen. Weder archäologische Zeugnisse noch Texte aus der Zeit danach legen eine Fortdauer der Praxis nahe. Das Motiv des über das Gilgamesch-Grab geleiteten Flusses ruft die von August von Platen popularisierte Legende vom Grab des Gotenkönigs Alarich im Flussbett des Busento ins Gedächtnis.

landes, Uruk, Lagasch, Umma, Adab, Nippur und Schuruppak, in einer Art sumerischen Liga. Da andere Texte aus Schuruppak die Rekrutierung mehrerer hundert Männer erwähnen, die »nach Kisch« bzw. »in die Schlacht« geschickt wurden, und ein weiterer Text eine vom König von Kisch vorgenommenen Zuweisung von Land beurkundet, spricht vieles dafür, dass die sechs fraglichen Städte nicht selbständig, sondern Kisch unterworfen waren. Auffällig ist, dass die Stadt Ur offenbar nicht zu der genannten Städteliga gehörte; sie hatte, so scheint es, ihre Unabhängigkeit von Kisch behaupten können.

Kischs Vorrangstellung scheint kurz nach der Regierungszeit Mesalims an ein Ende gekommen zu sein, und die zuvor der Stadt botmäßigen sumerischen Stadtstaaten gewannen ihre Selbständigkeit zurück. Aus der Zeit zwischen 2500 und 2350 v. Chr. verfügen wir zum ersten Mal über ein Quellenkorpus, das es uns erlaubt, die politische Geschichte zumindest eines dieser Stadtstaaten im Detail nachzuzeichnen. Dieses früheste Korpus im eigentlichen Sinne historiographischer Keilschrifttexte bilden die Inschriften der Herrscher der sogenannten »ersten Dynastie« von Lagasch, die ausführlich, wenn auch einseitig, von einem über mehrere Generationen ausgefochtenen Konflikt zwischen Lagasch und dem benachbarten Stadtstaat von Umma berichten. Hauptgegenstände des Streits, in dem bald die eine und bald die andere Seite die Oberhand innehatte, waren die Kontrolle über fruchtbares Land im Grenzbereich der beiden Stadtstaaten sowie wasserrechtliche Fragen. Die Inschriften der Fürsten von Lagasch thematisieren dabei wiederholt weit in der Vergangenheit liegende militärische und politische Ereignisse, womit sie sich auffällig von späteren Herrscherinschriften unterscheiden, die sich in der Regel fast ausschließlich auf die Geschehnisse der Regierungszeit ihres jeweiligen königlichen Auftraggebers konzentrieren.

Der Stadtstaat von Lagasch umfasste drei an einem Tigriskanal in Südostmesopotamien gelegene Städte: Girsu im Norden, das etwas weiter südlich befindliche Lagasch und NINA am Persischen Golf. Der Begründer des ersten uns bekannten Herrscherhauses von Lagasch war ein gewisser Ur-Nansche, dem acht weitere Monarchen nachfolgten. Besonders ausführliche Informationen über die militärischen und politischen Ereignisse der Zeit enthält die sogenannte »Geierstele« des dritten Fürsten der Dynastie, Eanatum (ca. 2420 v. Chr.). Die Stele, die ihren Namen einer auf ihr angebrachten Darstellung gefallener und von Geiern attackierter Feinde verdankt, berichtet von einem wichtigen Sieg, den Eanatum über Enakale von Umma errungen hatte. Auch auf ein Abkommen über eine neue Grenzziehung zwischen den beiden Stadtstaaten spielt der Text an, womit er den weltweit ältesten Hinweis auf den Abschluss eines Staatsvertrags enthält. Eanatums kriegerische Aktivitäten blieben nicht auf die unmittelbare Nachbarschaft von Lagasch beschränkt; seinen Inschriften zufolge trug der Herrscher auch mit Kisch und Akschak in Nordbabylonien, Elam im Osten und Mari im Westen bewaffnete Konflikte aus, ohne dort freilich eine dauerhafte Herrschaft etablieren zu können. Das Bildprogramm auf der Rückseite der Geierstele zeigt eine vorrückende Hoplitenphalanx und illustriert damit die wichtige Rolle, die der Infanterie im Militärwesen der frühdynastischen Zeit zukam.

Als letzter frühdynastischer Herrscher von Lagasch amtierte um 2350 v. Chr. ein gewisser Urukagina, der die ältesten historisch bezeugten politischen Reformen der Menschheitsgeschichte initiierte. In seinen Reformtexten macht sich Urukagina für den Schutz der sozial Schwachen, Waisen und Witwen stark, rühmt sich des Ausmerzens amtlichen Missbrauchs und annonciert einen Schuldenerlass sowie eine Art Generalamnestie. Daneben regelte der Fürst die Kompetenzen des Tempel- und Palastsektors neu. Obwohl er sich dabei vordergründig an einem theokratischen Modell orientierte und Ländereien, die sich zuvor im Besitz der Herrscherfamilie befunden hatten, formell den Göttern von Lagasch zurückerstattete, blieb Urukagina der eigentliche Entscheidungsträger. Auch seine Frau Sasa scheint erheblichen Einfluss ausgeübt zu haben; viele Dokumente stammen aus dem von ihr kontrollierten Baba-Tempel, dem vormaligen »Frauenhaus«. Urukagina versuchte, neben der Korruption von Amtsträgern auch privatwirtschaftliche Missstände zu bekämpfen, doch lassen Feldkaufverträge aus seiner Zeit keinen Zweifel daran, dass der private Sektor weiterhin eine wichtige Rolle spielte.

Die inneren Reformen, die Urukagina initiierte, können zum Teil als Reaktion auf den zunehmenden politischen Druck von außen interpretiert werden, dem sich Lagasch während seiner Regierung ausgesetzt sah. Lagaschs alter Erzfeind Umma gewann unter der Führung seines Fürsten Lugalzagesi nun immer mehr an Oberwasser. Gegen Ende von Urukaginas Regierung fielen Militärkontingente aus Umma in Lagasch ein, richteten dort gewaltige Verwüstungen an und machten sich den Stadtstaat untertan.

Auch in Obermesopotamien und Syrien etablierte sich in der ersten Hälfte des dritten Jahrtausends eine von südmesopotamischen Vorbildern beeinflusste prosperierende Stadtkultur. So wurden etwa in Assur am mittleren Tigris Reste frühdynastischer Statuen gefunden, die vergleichbaren Statuen aus dem Süden ähneln.

Zu einem der wichtigsten Zentren der Region am mittleren Euphrat entwickelte sich Mitte des dritten Jahrtausends die Stadt Mari. Die Sumerische Königsliste nennt als die frühesten Herrscher von Mari die vier Könige An(u)bu, Anba, Bazi und Zizi, von denen der erste, An(u)bu, auch aus einem Brief aus Ebla bekannt ist; offenbar regierte er während der Frühdynastisch-III-Zeit. König Bazi war ein langes, von eigentümlichen Metamorphosen gekennzeichnetes Nachleben im kulturellen Gedächtnis Mesopotamiens beschieden. In altbabylonischer Zeit wurde er, wie einem erst vor kurzem veröffentlichten Kultlied zu entnehmen ist, als ein Gott des Westlandes verehrt, und später scheint er dem berühmtesten mesopotamischen Dämon des ersten Jahrtausends v. Chr., Pazuzu, zu seinem Namen verholfen zu haben.

Neben Mari fungierten auch Nagar (Tell Brak) und Ebla als bedeutende nordsyrisch-obermesopotamische Zentren. Helles Licht auf die Geschichte und Kultur der Region am Ausgang der frühdynastischen Zeit werfen tausende von Urkunden aus den Archiven von Ebla, die 1975 von italienischen Archäologen entdeckt wurden. Die Urkunden datieren in die Zeit von ca. 2380–2330 v. Chr. und lassen erkennen, dass damals in Syrien und Obermesopotamien zahlreiche kleinere, von städtischen Zentren aus regierte Staaten existierten, die miteinander Verträge abschließen und Handel treiben konnten, nicht selten aber auch in kriegerische Konflikte verwickelt waren. Die im Ebla der ausgehenden frühdynastischen Zeit dokumentierte Schriftkultur war stark von mesopotamischen Vorbildern geprägt, wobei Kisch eine Schlüsselrolle gespielt haben dürfte. Dass die eblaitische Sprache eng mit dem Akkadischen verwandt war, erleichterte den Austausch. Es gab jedoch auch eine Reihe gewichtiger kultureller Unterschiede zwischen Ost und West – die in Ebla verehrten Götter und Göttinnen zum Beispiel waren mit den Gottheiten Mesopotamiens keineswegs identisch.

Um 2333 v. Chr. scheint sich Ebla mit Nagar verbündet und mit der Unterstützung von Kisch Mari besiegt zu haben. Mari nahm bereits drei Jahre nach der Niederlage Rache, indem es nun seinerseits Ebla eroberte und weite Teile der Stadt zerstörte. Doch geschwächt von den beständigen Kriegswirren, wurde Mari nur zehn Jahre später von Sargon von Akkad bezwungen, dessen Herrschaft ein neues Kapitel in der Geschichte Mesopotamiens einleiten sollte.

Während der frühdynastischen Zeit wurden weitere wichtige Grundlagen der mesopotamischen Kultur und Religion geschaffen. Die frühesten bislang bekannten literarischen Keilschrifttexte stammen aus Fara, dem antiken Schuruppak, und aus Abu Salabikh, einem Ort in der Nähe von Nippur, dessen alter Name noch unklar ist. Die vorwiegend in sumerischer Sprache verfassten, wegen ihrer kürzelhaften Schreibweise oft schwer verständlichen Preislieder, Mythen, Weisheitstexte und Beschwörungen dürften in das 26. Jahrhundert v. Chr. datieren. Einige der Texte, zum Beispiel die *Ratschläge des Schuruppak*, eines legendären Königs der gleichnamigen Stadt, sowie eine Hymne auf den Tempel der Muttergöttin in Kesch, sind auch aus späteren Versionen bekannt, während andere offenbar nicht weiterüberliefert wurden. Mehrere Texte sind in einer Art Geheimschrift abgefasst, die als UD-GAL-NUN bezeichnet wird. Ihre genaue Funktion ist noch umstritten. Der Name UD-GAL-NUN geht auf die Zeichenfolge zurück, mit der die fraglichen Texte den Namen des Gottes Enlil wiedergeben, der normalerweise mit den Zeichen DINGIR(Gott)-EN-LÍL geschrieben wird. Auch der älteste bislang bekannte in einer semitischen Sprache abgefasste literarische Text, ein protoakkadischer Hymnus auf den Sonnengott Schamasch, stammt aus dieser Zeit. Die Namen mehrerer Schreiber, die die literarischen Texte aus Abu Salabikh kopierten, sind ebenfalls protoakkadisch – und zeugen von der semitisch-sumerischen Kultursymbiose, die im dritten Jahrtausend v. Chr. für Mesopotamien prägend war.

Neben den literarischen Texten wurden in Fara und Abu Salabikh auch mehrere Götter- und Opferlisten gefunden. Sie vermitteln uns wichtige Einblicke in das Pantheon der frühdynastischen Zeit. Die sogenannte »Große Götterliste« aus Fara listet die Namen von nicht weniger als 295 Gottheiten auf, die zumindest teilweise nach theologischen Kriterien angeordnet sind. Der Anfang der Liste nennt Anu, Enlil, Inanna, Enki, Nanna und Utu, die alle bis in die mesopotamische Spätzeit hinein eine führende Rolle spielten – die Grundlagen der mesopotamischen Mythologie waren also bereits in der frühdynastischen Zeit gelegt. Auch der – nunmehr vergöttlichte – Heros Gilgamesch wird in der Liste genannt. Auffällig ist, dass die Liste eine große Zahl von Götternamen aufführt, die mit NIN beginnen und vermutlich vorwiegend von weiblichen Gottheiten getragen wurden.

Die frühdynastische Bildkunst bediente sich seit dem 26. Jahrhundert v. Chr. bei der Repräsentation von Göttern einer Formensprache, die ebenfalls bis an das Ende der mesopotamischen Kultur Bestand haben sollte. Gottheiten wurden nun menschengestaltig, aber mit einer Hörnerkrone auf dem Kopf dargestellt, die allein ihnen vorbehalten war und durch die sie eindeutig von ihren sterblichen Verehrern zu unterscheiden waren. Ur-Nansche, der um 2500 v. Chr. regierende Begründer der ersten Dynastie von Lagasch, berichtet in seinen Inschriften ausführlich von der Herstellung von Götterbildern, wozu ihn veranlasst haben könnte, dass diese Praxis offenbar relativ neu und entsprechend rechtfertigungsbedürftig war. Der Fürst ließ auch sich selbst sowie Mitglieder seiner Familie auf Weihplatten im Bilde darstellen. Darin kommt ein neues, individuelle Qualitäten betonendes Herrschaftsverständnis zum Ausdruck, das in einem Wechselverhältnis mit dem zunehmenden Götter-Anthropomorphismus der Zeit stehen könnte.

Eine besondere Rolle spielte während der frühdynastischen Zeit – und ebenso in den folgenden Jahrhunderten – die zentral gelegene Stadt Nippur. Obwohl sie offenbar zu keinem Zeitpunkt eine überregionale politische Vorrangstellung besaß, wurden hier mit Enlil, dem König der Götter, und Ninurta, seinem kriegstüchtigen Sohn, die mächtigsten Mitglieder des mesopotamischen Pantheons verehrt. Fürsten von weither brachten Weihgaben nach Nippur, und Götterstatuen aus anderen Orten reisten anlässlich wichtiger religiöser Feste auf Prozessionsschiffen in die Stadt. Nippur, so scheint es, verkörperte für die Mesopotamier – ähnlich wie später Delphi für die Griechen – den Gedanken einer gemeinsamen kulturell-religiösen Identität, die unbeschadet aller politischen Konflikte enge Bande zwischen ihnen schuf.

Akkad-Zeit

Gegen 2350 v. Chr. hatte sich die Auseinandersetzung um die territoriale Vorherrschaft über Mesopotamien dramatisch zugespitzt. Zunächst schien es, als würde Lugalzagesi, der seine Karriere als Stadtfürst von Umma begonnen hatte, aus den Kämpfen als Sieger hervorgehen. Ihm war es gelungen, Urukagina von Lagasch, Enschakuschana von Uruk, Ur-Zababa von Kisch sowie zahlreiche weitere mesopotamische Fürsten zu bezwingen und damit das gesamte Territorium Südmesopotamiens unter seine Kontrolle zu bringen. Am Ende aber sollte ein anderer Herrscher triumphieren, ein Mann namens Sargon (akkadisch eigentlich: Scharrum-kin), der ca. 2325 v. Chr. Lugalzagesi militärisch besiegte, womit ihm die von letzterem eroberte und geeinte Region wie eine reife Frucht in die Hände fiel.

Sargons familiäre Wurzeln lagen in der bis dahin gänzlich unbedeutenden, semitisch gepägten Stadt Akkad, die der König zu einer glanzvollen Kapitale ausbauen ließ. Akkad ist noch nicht eindeutig lokalisiert, wird aber aus guten Gründen im Gebiet nordöstlich des heutigen Bagdad vermutet. Der gleichsam aus dem Nichts erfolgte rasante Aufstieg Sargons und seines Reiches, ein Triumph des Nordens über den Süden, übte auf Zeitgenossen und Nachwelt eine enorme Faszination aus, und bald begann sich um den König, ähnlich wie später um Alexander den Großen, einen anderen herausragenden Eroberer, ein ganzer Kranz von Legenden zu etablieren. Neben der bereits in Kapitel IV erwähnten Geburtslegende Sargons verdienen dabei besonders die Geschichten von Sargons Aufstieg am Hofe König Ur-Zababas von Kisch und seinen unter enormen Strapazen und mit geradezu übermenschlichem Behauptungswillen durchgeführten Eroberungszügen in Anatolien Erwähnung. Die Sargon-Legenden zirkulierten, in immer neuen Varianten, bis in die mesopotamische Spätzeit hinein, und Sargon blieb für zahllose spätere Könige ein Vorbild, dem es nachzueifern galt.

Der moderne Historiker sieht sich bei der Beschäftigung mit den Legenden über Sargon (und den späteren Akkad-König Naram-Sin) mit einem grundsätzlichen methodischen Problem konfrontiert. Soll er aufgrund des vielfach phantastischen Charakters der Geschichten, die zudem lediglich in Manuskripten des zweiten und ersten Jahrtausends v. Chr. überliefert sind, ganz davon absehen, sie für die historische Darstellung der Akkad-Zeit zu verwerten, oder soll er sich bemühen, aus ihnen eine Art ›historischen Kern‹ herauszuschälen? Obwohl letzteres verführerisch ist, nicht zuletzt deswegen, weil insbesondere für die Frühphase des Reiches von Akkad nur relativ wenige zeitgenössische Quellen zur Verfügung stehen, dürfte es ratsamer sein, von den Legenden, wenn überhaupt, nur spärlichen Gebrauch zu machen. Die folgende Rekonstruktion der Akkad-Periode beruht daher primär auf einer Auswertung von Wirtschaftsurkunden und vor allem Königsinschriften der Zeit – die nunmehr zu einem guten Teil nicht mehr auf Sumerisch, sondern auf Akkadisch abgefasst sind, der von den Akkad-Königen gesprochenen semitischen Sprache. Die Königsinschriften behandeln relativ ausführlich die politisch-militärischen

Ereignisse der Zeit. Viele von ihnen sind lediglich in Form von Jahrhunderte jüngeren Kopien aus Nippur und Ur bekannt, doch scheinen diese sehr zuverlässig zu sein.

Wie lange Sargon die Geschicke des neuen Staates lenkte, ist unklar. Die Sumerische Königsliste schreibt ihm je nach Fassung 40, 55 oder 56 Regierungsjahre zu, doch da wir nicht wissen, welches Ereignis diese Zählung einleitet, ist damit wenig gewonnen. Wenn wir hier für Sargons Herrschaft die Jahre 2343 bis 2314 v. Chr. ansetzen, so ist dies rein konventionell; auch Datierungen von 2307 bis 2253 bzw. von 2288 bis 2235 v. Chr. sind vorgeschlagen worden. Unstrittig ist jedoch, dass Sargon im Zuge einer Reihe von Feldzügen in den Osten, Norden und Westen, die ihn weit über das mesopotamische Kernland hinausführten, das erste – freilich noch sehr fragile – »Großreich« des Alten Orients schuf, ein Reich, das neben Mesopotamien und der Dschesira auch die südwestlichen Teile Irans umfasste. Der Zustrom reicher Beute erlaubte Sargon eine aufwendige Hofhaltung. Angeblich speisten an seiner Tafel täglich nicht weniger als 5400 Mann.

Glaubt man seinen Inschriften, so sicherte sich Sargon die Herrschaft über Südmesopotamien, indem er die ehemals unabhängigen Stadtstaaten dieser Region zu Provinzen machte und ihre Fürsten durch gebürtige »Söhne von Akkad« ersetzte. Letzteres geschah allerdings nicht überall – in vielen Fällen scheint sich der König damit zufriedengegeben zu haben, Mitglieder der alteingesessenen Fürstenhäuser zu Gouverneuren zu ernennen und ihnen akkadische Beamte zur Seite zu stellen.

Die Macht der großen Tempel der sumerischen Stadtstaaten suchte Sargon dadurch zu kontrollieren, dass er weibliche Mitglieder seiner Familie als Priesterinnen ihrer Hauptgötter einsetzte. Eine besonders wichtige Rolle spielte dabei die Sargon-Tochter Enheduanna, die auf Geheiß des Königs in Ur das Amt der Hohepriesterin des Mondgottes Nanna bekleidete. Enheduanna ist die weltweit erste namentlich bekannte Persönlichkeit, der die Schaffung literarischer Texte zugeschrieben werden kann. Sie verfasste eine Reihe sumerischer Tempelhymnen und wohl auch andere Dichtungen, darunter das Poem *Ninmescharra*, ein Preislied auf die Göttin Inanna, das in subtiler Weise auch auf politische Sachverhalte anspielt. Das Lied thematisiert Enheduannas Konflikt mit Lugal-Ane, dem Lokalfürsten von Ur, der sich weigerte, den Primat der Priesterin anzuerkennen.

Tatsächlich scheint es, als habe Lugal-Ane mehr als einmal gegen die Vorherrschaft der Akkad-Dynastie rebelliert. Damit stand er nicht allein. Im Laufe der Regierungszeit Sargons und seiner drei Nachfolger kam es in Südmesopotamien immer wieder zu Aufständen, die alle mit größter Brutalität niedergeschlagen wurden. Feindliche Krieger, welche die Kampfhandlungen überlebt hatten, wurden von den Akkad-Königen ebenso wie gefangengenommene Zivilisten in Arbeitslager gesperrt, in denen viele von ihnen umkamen.

Wie wenig wir noch immer über die Akkad-Zeit wissen, geht aus der Tatsache hervor, dass die Abfolge der beiden Nachfolger Sargons, die von ca. 2313 bis 2292 v. Chr. (?) im Amt waren, unklar ist. Möglicherweise regierte zuerst Sargons Sohn Manischtusu und nicht etwa, wie man lange Zeit geglaubt hat, dessen Bruder Rimusch. Dies wird durch die erst vor kurzem veröffentlichte älteste – und daher vermutlich zuverlässigste – Version der Sumerischen Königsliste nahegelegt. Aus der Zeit Manischtusus stammt ein großer Steinobelisk, dessen Inschrift den Ankauf umfangreicher Ländereien in Nordbabylonien dokumentiert. Man darf annehmen, dass dieses Land verdienten Offizieren und anderen Stützen des Herrscherhauses zur Verfügung gestellt wurde.

Obwohl Manischtusu und Rimusch die Herrschaft der Akkad-Dynastie durch Militäraktionen im Inneren und Äußeren konsolidieren konnten, spielen sie in der späteren mesopotamischen Überlieferung keine große Rolle. Ganz anders verhält es sich in dieser Hinsicht mit ihrem Nachfolger Naram-Sin, einem Sohn Manischtusus, der vermutlich 54 ½ oder sogar 56 Jahre lang, von ca. 2291 bis 2236 v. Chr. (?), die Herrschaft ausübte. Zahlreiche spätere Legenden handeln von den Taten dieses Königs. Zumeist präsentieren sie ihn als eine Art Unheilsherrscher, was der historischen Sachlage jedoch nur unvollkommen gerecht wird. Naram-Sin war ein überaus tatkräftiger und innovativer Monarch. Er unternahm eine Schrift- und Verwaltungsreform, legte neue metrologische Standards fest und sorgte mit diesen und anderen Maßnahmen dafür, dass sich reichsweit eine genuin akkadische Kultur etablierte. Seine Feldzüge führten ihn bis in den Libanon, an die Quellen von Euphrat und Tigris und weit in das Zagros-Gebirge im Osten. Dabei spielten Bogenschützen eine immer wichtigere Rolle, während die alte Hoplitenphalanx an Bedeutung verlor. Auch durch Diplomatie suchte der König seine außenpolitischen Interessen zu fördern. Eine seiner Töchter heiratete in die Königsfamilie von Urkesch in Nordsyrien ein, was Naram-Sin einen gewissen Einfluss in dieser zunehmend hurritisch geprägten Region sicherte.

Dramatischer Höhepunkt der langen Regierungszeit Naram-Sins und Gegenstand mehrerer späterer Legenden war der Kampf des Königs gegen eine innermesopotamische Aufstandsbewegung, an der sich unter anderem die Städte Kisch im Norden und Uruk im Süden beteiligten. Die Revolte brachte Naram-Sin an den Rand einer Niederlage, ehe er, nachdem er angeblich 120 000 Feinde getötet oder gefangengenommen hatte, doch noch den Sieg über die Aufständischen davontrug. Beflügelt von diesem Triumph, tat Naram-Sin etwas bis dahin in Mesopotamien ganz und gar Beispielloses: Er ließ sich auf Ersuchen der Bewohner Akkads zum Gott ernennen. Fortan wurde der Name des Königs mit dem Gottesdeterminativ geschrieben, auf Bilddarstellungen trug er die Hörnerkrone, und in einem in Akkad errichteten Tempel wurde ein ihm gewidmeter Kult etabliert. Die Praxis der Vergöttlichung des Königs, die an entsprechende ägyptische Traditionen erinnert, fand ihre Fortsetzung in der Ur-III- und der Isin-Larsa-Zeit, ehe sie langsam aus der Mode kam.

Wie schon angemerkt, lässt die spätere Legendentradition wenig von den Erfolgen Naram-Sins ahnen. Die sumerische Dichtung *Fluch über Akkad* macht den König sogar für den Untergang des Akkad-Reiches verantwortlich. Nachdem er, unter Missachtung göttlicher Botschaften, den Enlil-Tempel zu Nippur geschändet habe, so die Dichtung, seien auf Befehl Enlils wilde Bergvölker in die mesopotamischen Ebenen hinabgestiegen, um dem Reich den Todesstoß zu versetzen. In Wirklichkeit erfolgte die Auflösung des von Sargon gegründeten Staates erst später – und wurde im *Fluch über Akkad* lediglich um des dramatischen Effekts willen in die Zeit Naram-Sins projiziert.[23] Die Dynastie von Akkad fand nach Naram-Sins Ableben ihre Fortsetzung unter seinem Sohn Scharkalischarri (ca. 2235–2211 v. Chr.?), der den Enlil-Tempel restaurieren ließ, neuerlich zu den Quellen von Euphrat und Tigris zog und im Gebirge Baschar, dem modernen Jebel Bischri in Syrien, gegen amurritische Halbnomaden kämpfte. Die semitischen Amurriter sollten in den folgenden Jahrhunderten die Geschicke Mesopotamiens entscheidend prägen.

Während es Scharkalischarri gelang, seine Gegner im Westen zumindest vorübergehend in Schach zu halten, kam es im Osten zu ersten Auflösungserscheinungen. Gegen die aus dem

23 In ganz ähnlicher Weise sollte im ersten Jahrtausend v. Chr. die Sardanapalos-Legende den Untergang Assyriens dem großen Assurbanipal und nicht etwa dem tatsächlich letzten assyrischen Herrscher, Sin-scharru-ischkun, anlasten.

Zagros-Gebirge nach Mesopotamien einsickernden Gutäer fand der König kein geeignetes Mittel, obwohl er eine Reihe von Militäraktionen gegen sie unternahm. Aufschlussreich ist ein akkadischer Brief aus Adab, der berichtet, die Gutäer eigneten sich das Kleinvieh mesopotamischer Hirten an, ohne dass die Behörden dagegen vorgingen. Auch weiter im Süden scheint Scharkalischarri kaum mehr über Autorität verfügt zu haben. Die zunehmend chaotische Lage wurde verschärft durch die Nachfolgestreitigkeiten, die nach dem Tode Scharkalischarris ausbrachen. Innerhalb von nur drei Jahren bestiegen vier Könige den Thron von Akkad. Ihnen folgten zwei weitere Herrscher nach, Dudu und dessen Sohn Schudurul, die der Sumerischen Königsliste zufolge 36 Jahre lang herrschten, ehe die Dynastie von Akkad um 2172 v. Chr. (vielleicht aber auch erst ca. 60 Jahre später) endgültig an ein Ende kam. Da Dudu und Schudurul außerhalb der Königsliste nur sehr dürftig bezeugt sind, darf man annehmen, dass sie nur noch einen kleinen Teil des von ihren Vorvätern geschaffenen Reiches kontrollierten.

Die entscheidenden Gründe für den Niedergang der Akkad-Dynastie bleiben vorerst umstritten. Imperiale Überdehnung, die internen Unstimmigkeiten am Hofe und die zunehmende Entfremdung der sumerischen Stadtstaaten im Süden – alle diese Faktoren dürften eine Rolle gespielt haben. Wichtiger aber war möglicherweise, dass gegen Ende des 23. Jahrhunderts v. Chr. eine längere Trockenperiode einsetzte, die vom Mittelmeer bis zum Indus zur Versteppung weiter Gebiete und zu erheblichen Ernteausfällen führte. In Mesopotamien scheinen diese Entwicklungen die »Völkerwanderungen« der späten Akkad-Zeit ausgelöst zu haben, in Ägypten trugen sie zum Untergang des Alten Reiches bei, und in Nordsyrien kam es in ihrem Gefolge zu einem Teilzusammenbruch der altangestammten Stadtkultur und zur Etablierung neuer halbnomadischer Lebensformen.

Mit dem Ende der Vormacht von Akkad in den letzten Jahren der Regierung Scharkalischarris setzte in Mesopotamien eine von politischen Zerfallserscheinungen gekennzeichnete Übergangsperiode ein, deren Dauer, je nachdem, welchem chronologischen System man folgt, auf zwischen 40 und 100 Jahre geschätzt werden kann. Die wichtigsten politischen Akteure dieser Zeit waren die Gutäer, die sich, obwohl in der späteren Überlieferung als Barbaren verunglimpft, offenbar darum bemühten, an die Traditionen der Akkad-Könige anzuknüpfen. Der Gutäerherrscher Erridupizir brachte dem Gott Enlil von Nippur eine Weihstatue dar und hinterließ Königsinschriften in akkadischer Sprache. Einige Herrscher, die in späteren Fassungen der Sumerischen Königsliste als Gutäer bezeichnet werden, firmieren in der ältesten Version der Liste als Könige von Adab, was dafür sprechen könnte, dass ihnen diese Stadt als Regierungssitz diente.

Gegen Ende der Gutäerzeit herrschte im Stadtstaat von Lagasch ein Fürst namens Gudea, der kürzlich erschlossenen Quellen zufolge vermutlich bis weit in die Ur-III-Zeit hinein im Amt blieb. Größere politisch-militärische Ambitionen scheint er nicht entwickelt zu haben, doch in zwei umfangreichen sumerischen Inschriften auf Tonzylindern beschreibt er in literarisch höchst ambitionierter Form den Bau eines dem Gott Ningirsu geweihten Tempels in der Stadt Girsu.

Nicht nur auf politischem, sondern auch auf kulturellem Gebiet war die Akkad-Zeit eine Periode bedeutender Neuerungen. Von besonderer Tragweite war, dass sich das semitische Akkadisch nun auf breiter Front auch als Schriftsprache etablierte – zunächst in Königsinschriften, doch bald auch in Wirtschaftsurkunden und Briefen. Außerdem schuf die von Naram-Sin durchgeführte Schriftreform ein Zeicheninventar, das in ästhetischer Hinsicht höchsten Ansprüchen genügte und die Monu-

Siegesstele des Akkad-Königs Naram-Sin
(23. Jh. v. Chr.), gefunden in Susa

mentalschrift mesopotamischer Denkmäler für Jahrhunderte prägen sollte.

Auch die bildende Kunst erreichte unter den Akkad-Königen hohe Standards. Glyptik, Rundplastik und Reliefkunst der Zeit zeichnen sich durch handwerkliche Qualität, neuartige Darstellungskonventionen, dynamische Komposition und einen ausgeprägten Naturalismus aus, der dem von der klassisch-antiken Kunst geprägten abendländischen Geschmack stark entgegenkommt. Aus der Akkad-Zeit stammen mehrere Hauptwerke des mesopotamischen Kunstschaffens, darunter der später nach Ninive transferierte und dort gefundene Bronzekopf eines nicht eindeutig identifizierbaren Akkad-Königs und die in Bassetki im Nordirak zutage gekommene, mit einer Inschrift Naram-Sins versehene Kupferstatue eines nackten Helden. Kunsthistorisch noch bedeutender ist eine ca. zwei Meter hohe Sandsteinstele Naram-Sins, die den König und seine Krieger beim Ersteigen eines hohen Gebirges und im Kampf mit niederstürzenden Feinden zeigt. Die Stele, ein Musterbeispiel für den dynamischen Charakter der Akkad-Kunst, wurde Mitte des zwölften Jahrhunderts v. Chr., mehr als tausend Jahre nach ihrer Fertigstellung, von elamischen Truppen von Sippar nach Susa verschleppt, wo sie französische Archäologen 1898 ausgruben.

In Südmesopotamien war die Bereitschaft, sich die zahlreichen kulturellen Innovationen der von vielen als Feinde betrachteten Akkad-Könige zu eigen zu machen, verständlicherweise eher gering. Hier herrschten konservative Strömungen vor, denen die Pflege der altehrwürdigen sumerischen Tradition am Herzen lag. Es ist bezeichnend, dass selbst die Sargon-Tochter Enheduanna, nachdem sie ihr Priesteramt in Ur angetreten hatte, religiöse Texte in sumerischer Sprache verfasste. Noch konservativer sind die Bauinschriften Gudeas von Lagasch, die zu den längsten sumerischen Texten gehören und

Dioritstatue Gudeas, des Stadtfürsten von Lagasch, aus Girsu (ca. 2100 v. Chr.)

eine der wichtigsten Grundlagen für unser Verständnis der sumerischen Grammatik bilden.

Auch die Bildkunst der Gudea-Zeit stellt in stilistischer Hinsicht so etwas wie eine Antithese zur Kunst der Akkad-Könige dar. Die zahlreichen Dioritstatuen Gudeas, die den Fürsten teilweise stehend und teilweise sitzend abbilden, zeichnen sich durch eine ausgeprägte Schwere und Bewegungslosigkeit aus. Doch obwohl sie Zeugnisse einer bewussten ästhetischen Abgrenzung von den Hauptwerken der Akkad-Kunst sein mögen, haben die Gudea-Statuen mit diesen eines gemeinsam: Sie überdauerten den Lauf der Zeiten und faszinierten die Bewohner des alten Zweistromlandes bis in die mesopotamische Spätzeit hinein. Noch im zweiten Jahrhundert v. Chr. waren die Statuen in Girsu zugänglich und wurden von einem hellenisierten Lokalherrscher namens Adad-nadin-ahi in seinem Palast ausgestellt.

Die Zeit der dritten Dynastie von Ur

Ihrem Status in der Sumerischen Königsliste entsprechend gelten die fünf Könige, die zwischen 2110 und 2003 v. Chr. von Ur aus ein neuerliches großes Reich regierten, als Vertreter der »dritten Dynastie von Ur«. Aus den nicht viel mehr als hundert Jahren ihrer Herrschaft sind ca. 90 000 Wirtschaftsurkunden bekannt, die vor allem aus Umma und Girsu sowie aus Puzrisch-Dagan bei Nippur stammen, wo sich ein Büro zur Kontrolle des staatlichen Viehbesitzes befand; sie datieren größtenteils in die letzten zwei Drittel der Ur-III-Zeit. Die Urkunden zeugen vom Bemühen der Könige, eine Art zentrale Planwirtschaft zu etablieren, und erlauben es uns, typische Formen des Güteraustauschs, die Strukturen wichtiger Institutionen und das Opferwesen der Zeit oftmals bis ins kleinste Detail zu rekonstruieren. Unser Verständnis der politischen Geschichte des 21. Jahrhunderts v. Chr. wird durch die Urkunden jedoch nur in begrenztem Maße gefördert, und da auch andere Quellen, etwa die nunmehr anders als unter den Akkad-Herrschern fast ausschließlich auf den Tempelkult fokussierten Königsinschriften, in dieser Hinsicht wenig hilfreich sind, bleiben manche Aspekte der Ereignisgeschichte der Zeit vorerst im Dunkeln. Eine gewisse Abhilfe schaffen die Jahresnamen, die für die Ur-III-Zeit fast vollständig bekannt sind und uns über besonders wichtige historische Begebenheiten informieren. Doch wegen ihrer knappen, stichwortartigen Form vermitteln diese Namen, die zudem niemals politische oder militärische Rückschläge thematisieren, ein nur sehr ausschnitthaftes Bild von den Geschehnissen.

Ebenso wie die Epoche der Akkad-Könige wurde auch die Ur-III-Zeit zum Gegenstand einer späteren historischen Überlieferung. Diesmal waren es jedoch nicht in erster Linie populäre historische Erzählungen, welche die Erinnerung an die Vergangenheit wachhielten, sondern Briefe, in denen sich einzelne Ur-III-Herrscher mit ihren Staatsbeamten und Statthaltern austauschen. Kopiert und studiert wurden diese Briefe in den Schreiberschulen der altbabylonischen Zeit. Ihre Authentizität ist umstritten. Einerseits finden sich in ihnen Hinweise auf Personen, die in der Ur-III-Zeit nachweislich eine Rolle spielten, andererseits enthalten sie Elemente, die eindeutig späteren Ursprungs sein müssen. Als Quellen für die Rekonstruktion der Geschichte der Zeit taugen die Briefe, deren Überlieferung mit dem Ende der altbabylonischen Periode abbrach, also nur bedingt. Besonders jene Briefe, die den Verfall und Untergang des Ur-III-Staates thematisieren, zeugen aber auf eindrucksvolle Weise von der Fähigkeit der mesopotamischen Gelehrten, vergangene Ereignisse vermittels eines vielstimmigen Chors historischer Antagonisten zu reflektieren.

Gegen Ende des 22. Jahrhunderts v. Chr. schien es zunächst, als würde sich nicht etwa Ur, sondern Uruk als Zentrum eines neuen Reiches etablieren. Nachdem Utu-hegal, ein Fürst von Uruk, den Gutäerkönig Tirigan besiegt und, einer längeren Inschrift zufolge, die gutäischen »Kinderräuber« aus Mesopotamien vertrieben hatte, nahm er den Titel eines »Königs der vier Weltgegenden« an, der von seinen weitreichenden Ambitionen zeugt. Doch Utu-hegal erging es ebenso wie 250 Jahre früher Lugalzagesi von Umma: Von seinem Vereinigungswerk profitierte am Ende ein anderer. Es war Ur-Namma (2110–2093 v. Chr.), ein General Utu-hegals und möglicherweise dessen Bruder, der sich schließlich zum Herrscher ganz Mesopotamiens aufschwang und in der südlich von Uruk gelegenen Stadt Ur eine neue Dynastie begründete.

Der von Ur-Namma und seinem Nachfolger Schulgi aufgebaute Staat, der nicht ganz so groß war wie das Reich von Akkad, aber im Osten immer noch bis nach Susa reichte, umfasste mindestens 20 Provinzen, die in vielen Fällen mit den frühdynastischen Stadtstaaten identisch waren. Sie wurden größtenteils von *ensis* verwaltet, bei denen es sich nun nicht mehr um autonome Herrscher handelte, sondern um von den Königen in Ur abhängige Gouverneure. Den *ensis* standen Militärkommandanten (*schagina*) zur Seite, die lokale Unabhängigkeitsbestrebungen unterbinden sollten. Unter Schulgi musste jede der Provinzen der Krone, in der Regel pro Jahr jeweils einen Monat lang, die sogenannte *bala*-Abgabe zahlen, eine der wichtigsten Steuern des Ur-III-Staates. In den östlichen Randzonen des Reiches regierten entweder Militärkommandanten oder Vasallenherrscher, die einen jährlichen Tribut zu entrichten hatten. Eine weitere bedeutende Einnahmequelle der Ur-III-Könige bildete der Fernhandel über den Persischen Golf. Das am Meer gelegene Ur war Anlaufstation von Kupfer aus Magan, dem modernen Oman, und von Waren verschiedener Art aus Melucha im Indusgebiet.

Als Initialzündung für den Wirtschaftsaufschwung, der in

den ersten Jahrzehnten der Ur-III-Zeit einsetzte und einen nochmaligen Bevölkerungszuwachs ermöglichte, erwies sich die massive Bautätigkeit Ur-Nammas. Der König unternahm in mehreren Städten Rekonstruktionsarbeiten an wichtigen Tempelkomplexen und ließ überall in Südmesopotamien Straßen bauen, Kanäle sanieren und Sumpfgebiete trockenlegen.

Ur-Namma scheint auf einem Feldzug gegen elamische und gutäische Truppen im Osten gefallen zu sein. Der Schlachtentod des so überaus erfolgreichen und tatkräftigen Herrschers wurde, anders als im Falle vieler weiterer gewaltsam umgekommener mesopotamischer Monarchen, von den Zeitgenossen nicht etwa verdrängt, sondern zum Gegenstand einer literarischen Komposition gemacht, die unter dem modernen Namen *Ur-Nammas Tod* bekannt ist und das Ende des Königs als Ausdruck unvollkommener göttlicher Gerechtigkeit interpretiert.

Während der langen Herrschaft von Ur-Nammas Sohn und Nachfolger Schulgi (2092–2045 v. Chr.) erlebte Ur den Höhepunkt seiner Macht. Schulgi, der sich von seinem zwölften Regierungsjahr an vergöttlichen ließ, setzte die umfangreiche Bautätigkeit Ur-Nammas fort und sorgte dafür, dass überall, selbst in Susa, neue Tempel errichtet wurden. Auch das Kanal- und Wegenetz ließ er weiter ausbauen. Nachdem Schulgi die 200 Kilometer lange Straße zwischen Ur und Nippur ausgebessert hatte, behauptete er, es sei ihm gelungen, innerhalb eines einzigen Tages zwischen den beiden Städten hin- und herzulaufen – eine sportliche Leistung, deren Historizität natürlich stark zu bezweifeln ist. In seinem 21. Regierungsjahr initiierte Schulgi eine umfangreiche Verwaltungsreform, die mit der Einführung eines Reichskalenders und einer Standardisierung von Maßen und Gewichten einherging. Auch die Schrift wurde vereinheitlicht, und der König rief eine Reihe von Akademien ins Leben, deren Aufgabe es war, die sumerische Literatur zu pflegen. Alle diese Maßnahmen sollten die mesopotamische Zivilisation für Jahrhunderte prägen. Die zentrale Planung des Wirtschaftslebens erreichte unter Schulgi ihren Höhepunkt, doch spielte der Privatsektor auch weiterhin eine nicht zu vernachlässigende Rolle.

Von der zweiten Hälfte der Regierungszeit Schulgis an finden sich in den Jahresnamen vermehrt Hinweise auf Feldzüge in den Zagrosraum, die von einer zunehmenden Gefährdung der Ostgrenzen des Reiches zeugen. Auch die vornehmlich von Westen her nach Mesopotamien vordringenden halbnomadischen Amurriter stellten eine Bedrohung dar. In seinem 37. Jahr begann Schulgi mit dem Bau einer Mauer gegen den amurritischen Stamm der Tidnum, womit er das langsame Einsickern der neuen Volksgruppe jedoch nur vorübergehend aufhalten konnte.

Als Schulgi 2045 v. Chr. starb, glaubten die Menschen, ihr göttergleicher König sei in den Himmel aufgefahren, und nannten einen Stern nach ihm. Solcher Ruhm war kaum zu überbieten, und daher verwundert es nicht, dass Schulgis Sohn und Nachfolger Amar-Sin (2044–2036 v. Chr.) sich niemals wirklich aus dem Schatten seines Vaters lösen konnte. Obwohl er erfolgreiche Feldzüge gegen Urbilum (Erbil) und das im Nordiran gelegene Schemschara unternahm und keinerlei größere Krisen zu verantworten hatte, galt Amar-Sin in der späteren Überlieferung Mesopotamiens als wenig erfolgreicher König.

Amar-Sins Sohn und Nachfolger Schu-Sin (2035–2027 v. Chr.) ist der erste Ur-III-Herrscher, der einen akkadischen Namen trägt. Die Königsfamilie scheint sich also – trotz aller besonders von Schulgi ostentativ zur Schau gestellten ›Sumerizität‹ – mehr und mehr akkadisiert zu haben. Schu-Sin ließ mehrere Tempel errichten, die dem Kult seiner eigenen Person gewidmet waren, und unternahm eine Reihe von Feldzügen in den Norden und Osten des Reiches, die offenbar mit großer

Grausamkeit geführt wurden. Gefangengenommene Männer ließ der König, seinen eigenen Inschriften zufolge, blenden und zur Zwangsarbeit im Bewässerungswesen abkommandieren, während die Frauen als Sklavinnen in den Mühlen arbeiten mussten. Will man Schu-Sins Hang, sich selbst zu erhöhen und seine Gegner brutal zu erniedrigen, psychologisch deuten, so kann man darin eine Reaktion auf die zunehmend krisenhafte Lage im Reich sehen. Während im Osten Gutäer und Elamer für Unruhe sorgten, gelangten von Westen her allen Abwehrversuchen zum Trotz immer größere Gruppen von Amurritern nach Mesopotamien.

Zur Katastrophe kam es jedoch erst während der Regierungszeit von Schu-Sins Nachfolger Ibbi-Sin (2026–2003 v. Chr.), unter dem das Reich von Ur innerhalb weniger Jahre kollabierte. Zwischen 2024 und 2019 v. Chr. fielen nacheinander die Provinzen Eschnunna, Susa, Umma, Girsu und Nippur von Ur ab und machten sich selbständig. Später folgten ihnen weitere Provinzen nach. Das Ausbleiben der gewohnten Getreidelieferungen führte in Ur zu einer Hungersnot und zu einem Ansteigen des Gerstepreises um das Fünfzehnfache.

Politischer Hauptnutznießer der Situation war ein gewisser Ischbi-Erra, der aus Mari stammte und ursprünglich ein General Ibbi-Sins gewesen war. Nachdem er sich 2019 v. Chr. zum König der ca. 30 Kilometer südlich von Nippur gelegenen Stadt Isin aufgeschwungen hatte, erklärte sich Ischbi-Erra bereit, Getreide nach Ur zu liefern, verlangte dafür jedoch, wie wir aus der Korrespondenz Ibbi-Sins erfahren, massive politische Zugeständnisse. Ibbi-Sin wusste sich nicht anders zu helfen, als seinen einstigen Untergebenen mit Schätzen aus den Tempeln von Ur zu entlohnen, was ihn auch ideologisch diskreditierte. Massiv geschwächt, wurde Ur 2003 v. Chr. zur leichten Beute einer elamischen Invasionstruppe unter Kindattu von Schimaschki, der die Stadt zerstörte. Ibbi-Sin wurde zusammen mit der Statue des Mondgottes Nanna-Sin nach Anschan im Osten verschleppt. Die Konkursmasse des Reiches eignete sich Ischbi-Erra an.

Urs Untergang blieb im kulturellen Gedächtnis Mesopotamiens noch lange präsent: in der sumerischen *Klage über die Zerstörung von Sumer und Ur*, der bereits erwähnten, von späteren Generationen kopierten Königskorrespondenz und in literarischen Bezugnahmen auf den »Unheilsherrscher« Ibbi-Sin. Noch im ersten Jahrtausend v. Chr. studierten mesopotamische Gelehrte ein »Prodigienbuch«, das die fatalen Zeichen auflistet, die angeblich Ibbi-Sins Ende angezeigt hatten: Ein abgeschlagener Kopf habe gelacht, eine bärtige Frau sei in der Stadt gesehen worden, ein Hund habe sich geschlechtlich mit einem Schwein vereinigt, und Sterne seien vom Himmel gefallen …

Obwohl die Herrscher der dritten Dynastie von Ur anders als die Akkad-Könige eine eher restaurative Kulturpolitik betrieben, kam es im Bereich von Literatur, Gelehrsamkeit und Kunst auch unter ihnen, besonders unter Ur-Namma und Schulgi, zu bedeutenden Neuerungen. So ist mit Ur-Nammas Namen die weltweit erste Rechtssammlung verbunden, die uns überliefert ist. Der in sumerischer Sprache verfasste Text entstand mehr als 300 Jahre vor dem berühmten »Codex Hammurapi«, mit dem ihn verbindet, dass seine Rechtssätze kasuistisch formuliert und von einem Prolog und einem Epilog umrahmt sind. Inhaltlich gibt es zwischen den beiden Texten jedoch bedeutende Unterschiede. Obwohl der erste Rechtssatz des »Codex Ur-Namma« lautet: »Wenn ein Mann einen Mord begeht, so wird er getötet«, dominiert hier, anders als in den Gesetzen Hammurapis, nicht der Talionsgedanke, der dem Prinzip »Auge für Auge« folgt. Körperverletzungsdelikte werden von Ur-Namma vielmehr mit Geldstrafen geahndet – so hat etwa, wer einem anderen Menschen das Augenlicht nimmt,

30 Schekel Silber zu zahlen. Auch sklaven- und eherechtliche Fragen behandelt der Text, der unter anderem festlegt: »Wenn ein Sklave eine Sklavin seiner Wahl heiratet und dieser Sklave (später) freigelassen wird, dann bedeutet dies nicht, dass (auch die Sklavin) den Haushalt verlassen darf.«

Eine weitere wichtige Neuerung Ur-Nammas war die ›Erfindung‹ des *Ziqqurrat* genannten klassischen mesopotamischen Tempelturms. Obwohl es Vorläufer gab, kann die dreistufige Ziqqurrat, die Ur-Namma in der Stadt Ur errichten ließ, als Prototyp dieser Bauform gelten. Das auch heute noch gut erhaltene und umfassend restaurierte Bauwerk, das außen über eine dreistufige Freitreppenanlage verfügt, misst 62,50 × 43 Meter an der Basis; seine erste Plattform (in der ca. 7,6 Millionen große Ziegel verbaut sind) hat eine Höhe von 11 Metern. Auch in Eridu, Nippur und Uruk ließ Ur-Namma vergleichbare Tempeltürme bauen.

Ur-Nammas Nachfolger Schulgi kann neben dem assyrischen König Assurbanipal als der wohl gelehrteste Herrscher der mesopotamischen Geschichte gelten. Er rühmte sich, zahlreiche fremde Sprachen, darunter das Amurritische, Elamische und sogar die Sprache der Melucha genannten Induszivilisation beherrscht zu haben und ein begnadeter Mathematiker, Omensachverständiger und Musikant gewesen zu sein. In die Zeit Schulgis fällt, wie schon ausgeführt, die Gründung einer Reihe literarischer ›Akademien‹, die den Namen *é-dub-ba-a* (wörtlich: »Haus, in dem Tontafeln ausgeteilt werden«) trugen.

Zu den durchweg sumerischen Texten, die Schreiberschüler und Gelehrte in diesen Akademien studierten, gehörten die bereits unter Ur-Namma bezeugten Königshymnen, die dem Lobpreis der Ur-III-Herrscher gewidmet waren, sowie zahlreiche Mythen und Epen, die unter Schulgi, so ist vermutet worden, erstmals verschriftlicht oder in neuen Fassungen ediert wurden. Besonders der Sagenzyklus über die legendären Herrscher von Uruk erfreute sich offenbar großer Beliebtheit. Durch die Anlehnung an Gilgamesch, den Schulgi (wie zuvor bereits Ur-Namma und möglicherweise Gudea) in einigen seiner Hymnen als seinen »Bruder« bezeichnet, scheint der König für seine Dynastie Legitimität in der sumerischen Frühgeschichte gesucht und sich zugleich um Abgrenzung von den Akkad-Herrschern bemüht zu haben. Der von Schulgi in das *é-dubba-a*-Curriculum aufgenommene Textbestand sollte den mesopotamischen Schulunterricht für 400 Jahre prägen.

VIII. Das Zeitalter der Amurriter: Das zweite Jahrtausend bis 1595 v. Chr.

Man kann sich fragen, ob das Ende der Ur-III-Zeit in der Geschichte des alten Mesopotamien wirklich eine Zäsur markiert oder ob man zu einer solchen Einschätzung nicht vor allem dadurch veranlasst wird, dass dieses Ende aus moderner Sicht mit dem Abschluss eines Jahrtausends zusammenfällt. Mit guten Gründen ist darauf verwiesen worden, dass es, etwa mit Blick auf die Herrscherideologie oder die Bedeutung des Sumerischen als Kult- und Literatursprache, in den Jahrhunderten, die dem Untergang der dritten Dynastie von Ur folgten, ein beträchtliches Maß an Kontinuität gab.

Zugleich aber ist nicht zu übersehen, dass die erste Hälfte des zweiten Jahrtausends v. Chr. durch eine Reihe einschneidender Neuerungen gekennzeichnet ist, darunter der komplette Austausch der staatlichen Führungsschichten und die Etablierung des Babylonischen als Sprache der Diplomatie und Kultur. Was die politischen Strukturen anbetrifft, so stellt die Epoche zunächst eher eine Art Rückschritt dar – bis in die erste Hälfte des 18. Jahrhunderts v. Chr. erinnert sie mit ihren in beständige Kämpfe verwickelten Kleinreichen weniger an die Akkad- oder Ur-III-Zeit als an die frühdynastische Periode. Doch seit dem

Vereinigungswerk König Hammurapis (1792–1750 v. Chr.) gehörte die innermesopotamische Staatenvielfalt endgültig der Vergangenheit an.

Die Epoche von 2002 bis 1595 v. Chr. ist allgemein als die »altbabylonische Zeit« bekannt. Wenn wir sie hier, unter Rückgriff auf ein ethnisches Kriterium, zusätzlich als das »Zeitalter der Amurriter« bezeichnen, so geschieht dies im Einklang mit historischen Vorstellungen, die im alten Mesopotamien selbst gepflegt wurden. In dem astronomischen Traktat *Mul-apin*, der aus dem späten zweiten Jahrtausend v. Chr. stammt, rahmen eine »Ära Schulgis« – die Ur-III-Zeit – und eine spätere »Ära der Kassiten« die »Ära der Amurriter« ein, jene Zeit, die wir in diesem Kapitel beschreiben wollen.

Wie bereits ausgeführt, hatten die Amurriter im 23. Jahrhundert v. Chr. damit begonnen, aus den Steppen Syriens gen Osten zu wandern. Bereits vor dem Ende des dritten Jahrtausends waren sie bis an die Ausläufer des Zagros-Gebirges und weit nach Südmesopotamien gelangt. Die konventionelle Kriegsführung der traditionellen Stadtstaaten versagte im Kampf gegen diese halbnomadischen Krieger, und so gelang es den amurritischen Stammesfürsten, bis 2000 v. Chr. überall am mittleren Euphrat und in fast ganz Mesopotamien die Herrschaft zu erringen.

Die Amurriter teilten sich in zwei Großgruppen, die Bensim'aliten (»Söhne des Nordens«) und die Benjaminiten (»Söhne des Südens«). Vertreter der erstgenannten Gruppe sicherten sich unter anderem in Mari und Larsa die Macht, solche der letztgenannten in Babylon und Uruk. Die amurritischen Führer, die sich in den alten urbanen Zentren als Könige etablierten, passten sich binnen kurzer Zeit an viele der dort vorherrschenden Sitten und Gebräuche an. Sie machten sich die lokalen Götterkulte zu eigen und bedienten sich in ihrem Schriftverkehr nicht etwa des Amurritischen, sondern des Akkadischen in seiner nun dominierenden babylonischen Ausprägung. Allerdings trugen zahlreiche Fürsten bis ins 17. Jahrhundert v. Chr. hinein amurritische Namen und pflegten enge Beziehungen mit den Stammesverbänden, denen sie angehörten. Auch die von ihnen traditionell mit großer Emphase betriebene Ahnenverehrung blieb ein charakteristisches Element ihrer Kultur. Die altangestammten Bevölkerungsgruppen Mesopotamiens scheinen ihre neuen Herrscher und deren Entourage im großen und ganzen respektiert zu haben. Denjenigen Amurritern, die auch weiterhin in Zelten in der Steppe lebten, unterstellten sie dagegen, sie äßen rohes Fleisch und pflegten auch sonst alle nur erdenklichen barbarischen Sitten.

Die ethnolinguistische Situation Mesopotamiens war in der ersten Hälfte des zweiten Jahrtausends also durch die Dominanz einer amurritischen Herrschaftsschicht, eine babylonisch geprägte Stadtkultur und die Präsenz amurritischer Halbnomaden in den Steppengebieten gekennzeichnet. Sumerische Muttersprachler gab es offenbar immer weniger, doch fällt es schwer, das Aussterben des Sumerischen als lebendige Sprache exakt zu datieren. Als Kult- und Literatursprache blieb es auch weiterhin bedeutsam. Am mittleren Tigris um Assur lebten Sprecher des Assyrischen, eines weiteren akkadischen Dialekts. In Obermesopotamien spielten die bereits in der Akkad-Zeit bezeugten hurritischen Bevölkerungsgruppen eine immer größere Rolle.

Das Zeitalter der Amurriter war von einer ausgeprägt agonalen, vom Prinzip des Wettkampfs dominierten, Grundstimmung gekennzeichnet. Die Herrscher der verschiedenen Kleinstaaten waren beständig darum bemüht, ihre Macht zu mehren, sowohl durch eine nicht selten machiavellistisch anmutende Bündnispolitik als auch durch Krieg. Die nahezu ohne Unterlass geführten militärischen Auseinandersetzungen, die einen hohen Blutzoll forderten, hatten einen entscheidenden Anteil an dem Bevölkerungsrückgang, der in Mesopotamien nach dem Ende der Herrschaft der Ur-III-Könige einsetzte. Das Kampfgeschehen wurde dominiert von Lanzenträgern und Bogenschützen. Auch Pferde kamen erstmals verstärkt zum Einsatz. Beim Sturm auf feindliche Städte fanden Belagerungstürme und Rammwidder Verwendung. Als außerordentlich verheerend erwiesen sich neue Formen der ›hydraulischen‹ Kriegsführung, die darauf abzielten, durch das Umleiten von Flüssen und Kanälen umfangreiche Territorien im Feindesland entweder zu überschwemmen oder der Verödung anheimzugeben. Besonders Südmesopotamien war von diesem ökologischen Terror betroffen.

Über die wechselvolle Geschichte des amurritischen Zeitalters unterrichtet uns eine Fülle unterschiedlicher Quellen. Zu ihnen gehören die Königsinschriften, die zahlreich, historisch jedoch nur eingeschränkt aussagekräftig sind, die für chronologische Fragen wichtigen Königs- und Eponymenlisten sowie Jahresnamen und Eponymenchroniken. Das ereignisgeschichtliche Skelett, das sich mit Hilfe der genannten Quellengattungen erstellen lässt, kann für einige Perioden mit dem Fleisch tausender von Keilschriftbriefen angereichert werden, die eine Fülle von Informationen enthalten und es erlauben, bestimmte historische Komplexe bis in das kleinste Detail zu studieren. Besonders die politische Korrespondenz aus Mari erweist sich dabei als aufschlussreich. Über die Ereignisse der zweiten Hälfte der Regierungszeit Hammurapis wissen wir dank der Mari-Briefe sowie hunderter von Briefen aus Larsa vermutlich mehr als über jede andere Periode der mesopotamischen Geschichte. Auch die etwa 40 000 bislang bekannten Wirtschaftstexte der altbabylonischen Zeit stellen eine wichtige historische Quelle dar.

Isin und Larsa

Mit dem Untergang der dritten Dynastie von Ur treten in Mesopotamien neue städtische Zentren in den Mittelpunkt. Nicht mehr Schuruppak, Kisch, Akkad, Umma und Lagasch spielen fortan die Hauptrollen, sondern Städte wie Larsa im mesopotamischen Süden und Isin, Babylon und Eschnunna weiter nördlich. Am mittleren Tigris avanciert Assur zu einer wichtigen Handelsmetropole, während im Westen, der nun als Folge der amurritischen Wanderungen noch enger mit Mesopotamien verbunden ist, Mari, Aleppo und Qatna an Bedeutung gewinnen. Im Osten firmiert Elam, das seine politische Unabhängigkeit zurückgewonnen hat, als vorherrschende Regionalmacht.

Wie bereits ausgeführt, war es Ischbi-Erra von Isin (2019–1987 v. Chr.), der nach und nach zur beherrschenden Figur der Zeit um 2000 v. Chr. aufgestiegen war. Um als legitimer Erbe der Ur-III-Könige auftreten zu können, ließ er sich wie diese vergöttlichen und im Medium sumerischer Königshymnen verherrlichen. Durch die Vertreibung der elamischen Besatzer aus Ur im Jahre 1995 v. Chr. verlieh er seinen Ambitionen machtpolitische Substanz. Am Ende seiner Regierung kontrollierte Ischbi-Erra eine Region, die von Ur und Eridu im Süden bis nach Borsippa im Norden reichte.

Doch schon unter Ischbi-Erras Nachfolgern Schu-ilischu (1986–1977 v. Chr.) und Iddin-Dagan (1976–1956 v. Chr.) musste Isin empfindliche Rückschläge hinnehmen. Das ideologisch so bedeutende Nippur geriet zeitweilig unter die Kontrolle Uruks, das den Hegemoniebestrebungen Isins widerstanden hatte. Ischme-Dagan (1955–1937 v. Chr.), der eine literarische Blütezeit begründete, vermochte die Herrschaft über Nippur zwar zurückzugewinnen und darüber hinaus eine seiner Töchter als Hohepriesterin des Mondgottes in Ur einzusetzen, doch unter Lipit-Eschtar (1936–1926 v. Chr.) verlor Isin erneut an politischem Einfluss.

Als wichtigster Konkurrent Isins firmierte von früh an die unweit von Uruk im mesopotamischen Süden gelegene Stadt Larsa. Dort war Anfang des 20. Jahrhunderts v. Chr. eine amurritische Dynastie, die sich auf einen gewissen Naplanum zurückführte, an die Macht gekommen und hatte begonnen, eine aggressive Expansionspolitik zu verfolgen. Schon unter König Samium (1977–1943 v. Chr.) scheint Larsa die Region von Lagasch im Osten kontrolliert zu haben. Samiums Sohn und Nachfolger Zabaya (1942–1934 v. Chr.) weitete das Herrschaftsgebiet Larsas nach Norden hin aus, und als der Larsa-König Gungunum (1933–1907 v. Chr.) 1926 v. Chr. Ur eroberte, fand sich Isin auf sein Kerngebiet reduziert und seines direkten Zugangs zum Persischen Golf beraubt. Auch Nippur scheint von Gungunum kontrolliert worden zu sein. Die Stadt Kisurra nahe Isin ging ebenfalls kurzzeitig in den Besitz von Larsa über, wurde jedoch von Ur-Ninurta von Isin (1925–1898 v. Chr.) zurückerobert.

Anfang des 19. Jahrhunderts v. Chr. herrschte zunächst ein politisch-militärisches Patt zwischen Larsa und Isin. In der Folgezeit aber gewann Larsa allmählich immer mehr die Oberhand. Hierzu trug entscheidend bei, dass es dem Larsa-König Sumu'el (1894–1866 v. Chr.) gelang, einen Euphratarm, der bis dahin Isin mit Wasser versorgt hatte, in das Umland seiner eigenen Hauptstadt umzuleiten. Die daraus resultierende Wirtschaftskrise scheint in Isin innere Spannungen ausgelöst zu haben, die in einem irregulären Thronwechsel kulminierten. Eine spätere Überlieferung berichtet, der seit 1870 v. Chr. amtierende Isin-Herrscher Erra-imitti sei 1863 v. Chr. beim Hinunterschlürfen einer heißen Suppe zu Tode gekommen und von Enlil-bani ersetzt worden, einem Gärtner, der zum Todeszeitpunkt seines Vorgängers als dessen »Ersatzkönig« amtiert habe.[24] In Wirklichkeit dürfte Enlil-bani (1862–1839 v. Chr.) ein

24 Wenn ein Herrscher im alten Mesopotamien glaubte, ein negatives Omen, etwa eine Mondfinsternis, künde ihm Unheil

Usurpator gewesen sein und die Anekdote von seinem Ersatzkönigtum eine Legende. Enlil-bani nahm Ausbesserungsarbeiten an den Mauern von Isin vor, was darauf hindeutet, dass er mit der Möglichkeit eines baldigen Angriffs auf seine Stadt rechnete.

Unter der vermutlich aus der Stadt Maschkan-schapir stammenden Kudur-Mabuk-Dynastie, deren Gründer sowohl elamische als auch amurritische Wurzeln besessen zu haben scheint, setzte sich Larsa schließlich gegen alle seine Widersacher im mesopotamischen Süden durch. Kudur-Mabuk hatte 1836 v. Chr. den Larsa-Herrscher Silli-Adad nach nur neunmonatiger Regierungszeit abgesetzt, den Thron jedoch nicht selbst bestiegen, sondern seinen Sohn Warad-Sin (1835–1823 v. Chr.) zum König von Larsa gemacht. Diesem folgte ein weiterer Sohn Kudur-Mabuks namens Rim-Sin nach, der die Herrschaft für 60 Jahre, von 1822 bis 1763 v. Chr., und damit länger als jeder andere historische König Mesopotamiens innehaben sollte.

Rim-Sin regierte zunächst ein Territorium, das von Ur im Süden bis nach Nippur und Maschkan-schapir reichte und an die unabhängigen Stadtstaaten von Uruk, Isin und Babylon angrenzte. Anfänglich musste er eine Reihe von Rückschlägen hinnehmen, insbesondere den Verlust von Nippur, das unter den Einfluss Isins geriet. Doch es gelang ihm schon bald, Nippur zurückzuerobern, was ihm als Anlass diente, sich hinfort als Gott verehren zu lassen. 1803 v. Chr. bezwang Rim-Sin Nabi-ilischu von Uruk und verleibte die Stadt dem Königreich von Larsa ein. Nabi-ilischu war der letzte Herrscher einer Dynastie, die Uruk seit ca. 1860 v. Chr. regiert und unter ihrem Hauptvertreter, dem großen Bauherrn Sin-kaschid, zu neuer

an, konnte er einen »Ersatzkönig« einsetzen, der für ihn pro forma eine gewisse Zeit lang die Herrschaft ausübte, um das angekündigte Unglück auf sich zu ziehen, ehe er anschließend getötet wurde.

Blüte geführt hatte. Ninschatapada, eine Tochter Sin-kaschids und Priesterin des Gottes Meslamtaea, schrieb Rim-Sin, kurz nachdem dieser Uruk erobert hatte, einen kunstvoll gestalteten sumerischen Brief, in dem sie dem neuen König ihre Verehrung bekundete und ihn, offenbar erfolgreich, um Gnade für sich und ihre Heimatstadt ersuchte.

Nach mehreren Scharmützeln mit den Truppen Sin-muballits von Babylon (1812–1793 v. Chr.), die wiederholt weit in den Süden vorgerückt waren, gelang Rim-Sin 1794 v. Chr. sein größter Coup: die Eroberung von Isin. Welche Bedeutung dieses Ereignis für den König besaß, geht aus der Tatsache hervor, dass alle seine folgenden Jahresnamen auf Isins Unterwerfung Bezug nehmen (»n-tes Jahr, nachdem Isin erobert worden war«). Mit der Ausschaltung der alten Rivalin hatte Rim-Sin das gesamte Territorium Südbabyloniens erneut in einer Hand vereint. Der reiche Zufluss von Beute und Abgaben leitete in Larsa eine Periode großer wirtschaftlicher Prosperität ein, was unter anderem daran abzulesen ist, dass die Häuser der führenden Männer der Stadt nun Grundflächen von bis zu tausend Quadratmetern aufweisen konnten.

Nordbabylonien und Obermesopotamien bis 1776 v. Chr.

Während der mesopotamische Süden um 1790 v. Chr. allein von Larsa dominiert wurde, war die politische Situation im Norden komplexer. Hier standen sich zum selben Zeitpunkt drei größere Staaten gegenüber, die alle über beträchtliche Ressourcen verfügten: Babylon, Eschnunna und das von Samsi-Addu begründete Königreich von Obermesopotamien. Die Hintergründe ihres Aufstiegs sollen im folgenden knapp skizziert werden.

Über die Geschichte Nordbabyloniens im 20. Jahrhundert v. Chr. ist im einzelnen wenig bekannt. Fest steht, dass die Region während dieser Zeit in zahlreiche Klein- und Kleinststaaten zersplittert war. In Babylon, Kazallu, Damrum, Kisch und Sippar hatten sich unabhängige amurritische Königsdynastien etabliert, die zunächst nur sehr bescheidene Territorien kontrollierten.

Babylon ist bereits in Texten der frühdynastischen, Akkad- und Ur-III-Zeit bezeugt, spielte damals aber politisch noch keine Rolle. Der eigentliche Aufstieg der Stadt begann, als im 19. Jahrhundert v. Chr. ein Amurriter namens Sumula'el (ca. 1880–1845 v. Chr.) die sogenannte »erste Dynastie von Babylon« begründete.[25] Der neue König eroberte die wichtigsten benachbarten Städte, baute ihre Befestigungen aus und verfügte einen allgemeinen Schuldenerlass (*mischarum*). Von seinen überregionalen Ambitionen zeugt sein Bündnis mit Sinkaschid von Uruk, dem er eine seiner Töchter zur Frau gab. Nach Sumula'els Tod konsolidierten seine Nachfolger Sabium (1844–1831 v. Chr.) und Apil-Sin (1830–1813 v. Chr.) das zu Babylon gehörige Territorium. Der letztgenannte schob die Grenzen bis an den Tigris vor und eroberte die dort gelegene Stadt Upi (Opis).

Auch im Diyala-Gebiet im Nordosten Babyloniens existierten bis in die erste Hälfte des 19. Jahrhunderts v. Chr. mehrere kleine Stadtstaaten, darunter Eschnunna, Tutub, Nerebtum und Schadlasch. Im Gefolge eines allmählichen Konzentrationsprozesses etablierte sich schließlich Eschnunna als führende Regionalmacht. König Ipiq-Adad II. (ca. 1862–1818 v. Chr.) gelang es während seiner langen Regierungszeit, sämtliche der genannten Nachbarstädte zu erobern. Auch das nördlich gelegene Arrapcha, das moderne Kirkuk, wurde Teil des Territori-

25 Eine spätere Königsliste nennt als seinen Vorgänger einen gewissen Sumuabum, einen weiteren amurritischen Warlord, doch diese Angabe ist nach dem derzeitigen Stand der Forschung irreführend.

ums von Eschnunna, während es im Osten zu Auseinandersetzungen mit den Elamern kam. Ipiq-Adads Nachfolger Naram-Sin unternahm eine Reihe von Feldzügen in das Gebiet am mittleren Tigris und sogar in die Habur-Region. Kurzfristig reichte der Einfluss Eschnunnas bis nach Mari, dessen König Yachdun-Lim eine von Eschnunna inspirierte Schriftreform durchführen ließ. Naram-Sins politischer Ehrgeiz ist unter anderem daran abzulesen, dass er den Titel eines »Königs der Gesamtheit« annahm.

Bis in das frühe 19. Jahrhundert v. Chr. hinein war Eschnunna formal ein theokratisch regierter Staat. Den Königstitel hatte nicht etwa der regierende Fürst, sondern der Stadtgott inne. Eine ganz ähnliche Staatsverfassung war auch in der Stadt Assur am mittleren Tigris in Kraft. Als »König« (*scharrum*) galt dort der mit der Stadt namensgleiche Gott Aschur,[26] während der weltliche Herrscher, der irdische Stellvertreter des Gottes, lediglich als »Fürst« (*ruba'um*) apostrophiert wurde. Auch realpolitisch war die Macht der Fürsten von Assur begrenzt. Sie firmierten als Primi inter pares und mussten sich die Herrschaft mit einer sehr einflussreichen städtischen Ratsversammlung teilen.

Assurs erste Fürstendynastie war im ersten Drittel des 20. Jahrhunderts v. Chr. von einem gewissen Puzur-Aschur (I.) begründet worden und fand im späten 19. Jahrhundert mit Irischum II. ihr Ende. Da uns aus dieser Periode aus Assur selbst kaum Schriftquellen zur Verfügung stehen, ist über die politische Geschichte der Dynastie nur relativ wenig bekannt. Unstrittig ist aber, dass es unter ihrer Herrschaft *stricto sensu* noch kein »Assyrien« gab. Assur war ein kleiner Stadtstaat, dessen

26 Um Verwechslungen vorzubeugen, verwenden wir in diesem Büchlein für die Stadt den Namen »Assur«, während wir den Gott als »Aschur« bezeichnen.

spätere imperiale Ambitionen sich lediglich indirekt andeuteten, darin nämlich, dass der Ort als wichtige Handelsdrehscheibe fungierte und in einer ganzen Reihe weit entfernter Städte halbautonome Kaufmannssiedlungen (akkadisch *karum*) unterhielt. Die assyrischen Kaufleute tauschten in diesen Siedlungen, von denen sich die meisten in Anatolien befanden, aus dem Osten importiertes Zinn gegen Silber und Gold ein und trieben darüber hinaus einen regen Handel mit – aus Babylonien eingeführten oder in Assur hergestellten – Textilien. Mehr als 20 000 Tontafeln aus dem anatolischen Kültepe, dem antiken Kanesch (das gut 1000 km von Assur entfernt lag), erlauben detaillierte Einblicke in die Handelsgeschäfte, welche die Kaufleute tätigten, und die von ihnen praktizierte Selbstverwaltung. Die Tafeln sind in assyrischer Sprache verfasst, einem akkadischen Dialekt, der bis zum Untergang der assyrischen Zivilisation eines ihrer entscheidenden Identitätsmerkmale blieb.

Weiter im Westen, am mittleren Euphrat nahe der heutigen syrisch-irakischen Grenze, lag die Stadt Mari. Hier hatte im 23. Jahrhundert v. Chr. ein von den altakkadischen Königen eingesetzter Militärgouverneur (*schakkanakku*) nach dem Gewinn der Unabhängigkeit eine eigene Dynastie begründet, die sich bis in das späte 20. Jahrhundert hinein an der Macht hielt, ehe sie unter ungeklärten Umständen an ein Ende kam. Ein »dunkles Zeitalter« setzte ein, das seinen Abschluss fand, als sich ein gewisser Yachdun-Lim, Sohn des Yagid-Lim und Angehöriger der amurritischen Bensim'aliten, als König etablierte. Er herrschte von ca. 1810 bis 1794 v. Chr. über ein Gebiet, das nicht nur Mari, sondern auch die benachbarten Städte Terqa und Tuttul umfasste.

Yachdun-Lim unterhielt zunächst enge diplomatische Beziehungen mit dem mächtigen Stadtstaat von Aleppo. Doch als er sich entschloss, ein Bündnis mit Eschnunna einzugehen, kündigte ihm Aleppo, besorgt um die unliebsame politische Konkurrenz aus dem Osten, die Freundschaft und unterstützte die benjaminitischen Nomaden, die eine Rebellion gegen den Mari-König angezettelt hatten. Yachdun-Lim sah sich gezwungen, gegen die Nomaden eine Reihe von Feldzügen zu unternehmen, die ihn bis zum Mittelmeer führten. Erholung von den Härten des Kriegerdaseins fand er in seinem prächtigen Palast in Mari, wo er sich ausweislich eines nach seinem Tode abgefassten Briefes ungehemmt mit seinen Favoritinnen vergnügte, nachdem er seine Hauptgemahlinnen genötigt hatte, in auswärtige Residenzen umzuziehen.

Einiges spricht dafür, dass das Leben Yachdun-Lims ca. 1794 v. Chr. durch einen Anschlag seines Sohnes Sumu-Yamam ein Ende fand. Sumu-Yamam regierte Mari zwanzig Monate lang (ca. 1793–1792 v. Chr.), ehe er seinerseits getötet wurde, offenbar von seinen eigenen Dienern. Nutznießer dieses Königsmordes – und womöglich die treibende Kraft im Hintergrund – war ein amurritischer *homo novus* namens Samsi-Addu, dessen Karriere einige ausführlichere Bemerkungen verdient.

Samsi-Addu und seine beiden Söhne Ischme-Dagan und Yasmach-Addu gehören zu den faszinierendsten – und bestdokumentierten – Persönlichkeiten der altorientalischen Geschichte. Zeitweilig herrschten sie über ein gewaltiges Territorium, das von den Zagros-Bergen im Osten bis an den Balich-Fluss im Westen reichte. Doch mehrfach fanden sie sich, all ihrer Macht beraubt, auch auf der Flucht und im Exil.

Einer Eponymenchronik aus Mari zufolge hatte Samsi-Addu ca. 1833 v. Chr. »den Thron seines Vaters«, eines gewissen Ila-kabkabu, bestiegen. Leider lässt uns die Chronik im unklaren darüber, wo Ila-kabkabu residierte – in Frage kommen die Stadt Ekallatum in der Nähe von Assur und das altehrwürdige Akkad, aber auch eine Reihe anderer Orte. Kurz nachdem er die Nachfolge seines Vaters angetreten hatte, musste Samsi-Addu seinen

Herrschaftssitz infolge der Expansionsaktivitäten Naram-Sins von Eschnunna verlassen und sich ins Exil nach Babylon begeben. Der dortige Herrscher, Apil-Sin, gehörte demselben amurritischen Stamm an wie er selbst und war bereit, ihm Schutz zu gewähren. Lange hielt es den überaus tatkräftigen Samsi-Addu in Babylon jedoch nicht. Nachdem er eine schlagkräftige Truppe ihm ergebener Soldaten um sich geschart hatte, verließ er die Stadt, zog nordwärts und eroberte zunächst Ekallatum und anschließend, im Jahre 1808 v. Chr., Assur, wo er der Puzur-Aschur-Dynastie den Todesstoß versetzte und den Titel eines »Stellvertreters Aschurs« annahm.

Bald danach dehnte Samsi-Addu seinen Herrschaftsbereich nach Westen in das Gebiet des Habur-Dreiecks aus, nahm die dort gelegene Stadt Schechna ein und machte sie unter einem neuen Namen, Schubat-Enlil, zu seiner persönlichen Residenz. Vermutlich im Jahre 1792 v. Chr. übernahm er auch in Mari die Macht und konnte sich, als Herrscher ganz Obermesopotamiens, fortan mit einigem Recht »Vereiniger aller Länder zwischen Tigris und Euphrat« nennen. Der Herausforderung, ein so gewaltiges Reich auf effektive Weise zu regieren, versuchte Samsi-Addu dadurch Rechnung zu tragen, dass er seinen älteren Sohn Ischme-Dagan zum Vizekönig von Ekallatum und Sachwalter seiner Interessen im Osten machte, während er seinen jüngeren Sohn, Yasmach-Addu, 1785 v. Chr. oder ein wenig früher als Vizekönig von Mari einsetzte, um so den Südwesten seines Reiches in Schach zu halten.

Über die Ereignisse der Folgejahre informiert uns eine große Zahl in Mari gefundener Keilschriftbriefe, die eine Fülle teilweise sehr intimer Details enthalten. So erfährt man etwa, dass Samsi-Addu seinem Sohn Yasmach-Addu vorwarf, seine Zeit statt mit politischen Geschäften lieber mit seinen Haremsgespielinnen zu verbringen, oder dass Yasmach-Addus junge Gattin Dam-hurasi, eine Tochter des Königs von Qatna, während der Siesta-Zeit im Hofe des Palastes zu Mari wild herumzutanzen pflegte – eine Ruhestörung, die man wohl nur deswegen in Kauf nahm, weil die Allianz mit Qatna zur Schwächung des politischen Konkurrenten Aleppo beitrug.

Auch auf die Geschehnisse im Osten wirft die Königskorrespondenz aus Mari helles Licht. Nachdem sich Samsi-Addu mit seinem einstigen Gegner Daduscha von Eschnunna ausgesöhnt hatte, unternahm er zusammen mit diesem und mit seinem Sohn Ischme-Dagan eine Reihe von Kriegszügen in das östliche Tigrisgebiet. Samsi-Addu eroberte die Stadt Qabra, während Ischme-Dagan 1781 v. Chr. mit einer gewaltigen, womöglich 60 000 Mann umfassenden Armee die zum Königreich Nurrugum gehörige Stadt Ninet bezwang, das spätere Ninive. Unbotmäßige Angehörige des Volkes der Turukkäer, die in Dörfern am Fuße des Zagros wohnten, wurden nach Qabra und Arrapcha umgesiedelt. Samsi-Addus Versuch, einzelne Turukkäergruppen auch in der Habur-Region anzusiedeln, scheiterte jedoch. Die Deportierten rebellierten und flohen, eine Spur der Verwüstung hinterlassend (und allzu schwache Mitflüchtlinge tötend), ostwärts zurück in ihre alte Heimat, von wo aus sie in den folgenden Jahren Ischme-Dagan wiederholt massiv unter Druck setzen sollten.

Die Flucht der Turukkäer und ein Aufstand verarmter Halbnomaden im Habur-Gebiet, der nur mit Mühe unterdrückt werden konnte, waren Warnzeichen, dass Samsi-Addus obermesopotamischem Reich die Gefahr der Überdehnung drohte. Samsi-Addu selbst blieb kaum mehr Zeit, nachhaltige Gegenmaßnahmen zu treffen. Ende 1776 v. Chr. starb der alte Krieger an einer Krankheit. Von nun an waren seine Söhne Ischme-Dagan und Yasmach-Addu auf sich allein gestellt.

Das Zeitalter Zimri-Lims von Mari und Hammurapis von Babylon

Die politischen Herausforderungen, denen sich die beiden Brüder gegenübersahen, waren enorm. Überall strebten nach dem Ableben Samsi-Addus die Nachkommen der von ihm abgesetzten Kleinkönige zurück an die Macht. Einer dieser Thronprätendenten war ein gewisser Zimri-Lim, ein Abkömmling des vormaligen Mari-Herrschers Yachdun-Lim. Er hatte sich nach Samsi-Addus Machtergreifung in Mari ins Exil nach Aleppo begeben, wo ihn die Nachricht von Samsi-Addus Tod erreichte. In der Absicht, den Thron seiner Vorväter zurückzugewinnen, etablierte sich Zimri-Lim mit Hilfe aleppinischer Truppen zunächst in Tuttul und eroberte schließlich 1775 v. Chr. auch Mari. Yasmach-Addu verschwand von der Bildfläche, wobei unklar bleibt, ob er starb oder ob ihm die Flucht gelang. Sein Harem und seine Archive fielen dem neuen König in die Hände.

Samsi-Addus älterer Sohn Ischme-Dagan vermochte sich deutlich länger als sein Bruder an der Macht zu halten. Doch seine Herrschaft über Assur und Ekallatum hing seit dem Tode seines Vaters an einem seidenen Faden. Gleich drei Mal wurde Ischme-Dagan aus seinem Königreich vertrieben: zunächst 1772 v. Chr., als eschnunnäische Truppen Ekallatum besetzten, dann neuerlich 1765 v. Chr., als der König kurzzeitig von den Elamern gefangengenommen wurde und nur durch eine hohe Lösegeldzahlung freikam (worauf ihm ein Prophet des Marduk vorwarf, durch die Zahlung sei der elamische Feind gestärkt worden), und schließlich nochmals 1763 v. Chr., nach dem Zusammenbruch seines Bündnisses mit Eschnunna und dem Scheitern seiner Bemühungen, sich mit den Turukkäern auszusöhnen. Ischme-Dagan verdankte sein politisches Überleben nach diesem letzten Schlag allein Hammurapi von Babylon, der ihn zunächst kurzzeitig als Gouverneur von Tutub einsetzte und 1762 v. Chr. erneut zum König von Assur und

Ekallatum machte. Eigenmächtig handeln konnte Ischme-Dagan zu diesem Zeitpunkt schon lange nicht mehr.

Die führenden Männer der außergewöhnlich gut dokumentierten Jahre, die dem Tod Samsi-Addus folgten, waren andere. Ein oft zitierter Brief des Diplomaten Itur-Asdu aus Mari bringt die politischen Kräfteverhältnisse der Zeit auf den Punkt:

> Kein König ist für sich allein wirklich mächtig. Zehn oder fünfzehn Könige folgen Hammurapi von Babylon, ebenso viele Rim-Sin von Larsa, ebenso viele Ibal-pi-El von Eschnunna und ebenso viele Amud-pi-El, dem Herrn von Qatna; zwanzig Könige aber folgen Yarim-Lim, dem Herrn von Yamhad [Aleppo].[27]

Den hier genannten Mächten ist noch das im Osten gelegene Elam an die Seite zu stellen – und natürlich Mari selbst. Dort konsolidierte Zimri-Lim seine Stellung, indem er nach seiner Machtergreifung eine Tochter des aleppinischen Königs namens Schibtu heiratete und so seine engen Bande mit dem Herrscherhaus von Aleppo nochmals verstärkte. Auch mit dem gleichfalls im Westen gelegenen Qatna pflegte Zimri-Lim freundschaftliche Kontakte. Noch vor seiner Eheschließung mit Schibtu hatte er Dam-hurasi, die ursprünglich mit Yasmach-Addu verheiratete Tochter des Königs von Qatna, zu seiner eigenen Gemahlin gemacht.

Zimri-Lims frühe Jahre waren geprägt von siegreich bestrittenen Kämpfen mit benjaminitischen Halbnomaden und dem nördlich von Mari gelegenen Kleinstaat von Aschlakka. Sehr viel bedrohlicher für den jungen König waren die Bemühungen von Eschnunna, sich ebenso wie er selbst die Konkursmasse

27 D. Charpin / N. Ziegler, *Mari et le Proche-Orient à l'époque amorrite*, Paris 2003, S. 206.

von Samsi-Addus verblichenem Königreich von Obermesopotamien anzueignen. 1772 v. Chr. entsandte der eschnunnäische Herrscher Ibal-pi-El II. seine Truppen in das Gebiet am mittleren Euphrat, doch zum Glück für Mari zogen die Soldaten nach einer Weile wieder ab. 1770 v. Chr. schloss Zimri-Lim einen förmlichen Frieden mit Ibal-pi-El, obwohl ihn eine Prophetin mit der sprichwörtlichen Wendung »Unter dem Stroh fließt Wasser« davor gewarnt hatte, dem neuen Partner zu trauen.

Verrat an dem Bündnis sollte schließlich jedoch nicht etwa Eschnunna üben, sondern vielmehr Mari selbst. Als einige Jahre nach dem Vertragsschluss eine elamische Streitmacht Eschnunna belagerte, unternahm Zimri-Lim nichts, um seinem Amtskollegen Ibal-pi-El zu helfen. Stattdessen unterstützte er, ebenso wie Hammurapi von Babylon, die elamischen Aggressoren, die Eschnunna, entweder 1767, 1766 oder 1765 v. Chr., schließlich einnahmen und Ibal-pi-El töteten. Hammurapi errang im Gefolge dieser Ereignisse die Kontrolle über die zwischenzeitlich von Eschnunna beherrschten Städte Mankisum und Upi zurück, während Zimri-Lim die vermeintliche Atempause, die ihm Eschnunnas Drangsal bot, für eine Reise ans Mittelmeer nutzte. In der Hafenstadt Ugarit, in der er sich mehr als einen Monat lang aufhielt, traf er mit Kaufleuten aus Kreta zusammen und bemühte sich um Handelskontakte mit Zypern.

Doch noch während seines Aufenthaltes in Ugarit erreichten Zimri-Lim erneut beunruhigende Nachrichten aus dem Osten: Die elamischen Truppen, die der Mari-König soeben noch unterstützt hatte, rückten nach dem erfolgreichen Abschluss ihrer Kampagne gegen Eschnunna plötzlich in seinen eigenen Herrschaftsraum vor. Die Situation drohte außer Kontrolle zu geraten, als ein Elamer namens Kunnam die Herrschaft über Schubat-Enlil übernahm und aufständische Truppen Sammetar, den König von Aschnakkum, einen Schwager und Verbündeten Zimri-Lims, töteten und seinen Leichnam in einem Sack den Elamern überstellten.

Mari und Babylon, die beide von der elamischen Offensive gefährdet waren, schlossen angesichts der bedrohlichen Lage 1765 v. Chr. einen Pakt, in dem sie sich verpflichteten, keinen Sonderfrieden mit den Elamern einzugehen. Auch Aleppo trat dem antielamischen Bündnis bei. Zimri-Lim ließ darüber hinaus große Teile seiner Bevölkerung einen feierlichen Treueid schwören. Tatsächlich gelang es den vereinten Streitkräften der amurritischen Staaten in den folgenden Monaten, die Elamer zurückzuschlagen und aus Obermesopotamien und Babylonien zu vertreiben. Die von den Elamern in Obermesopotamien eingesetztenMarionettenherrscher fielen der Rache der Sieger anheim – mindestens einer von ihnen wurde geköpft. Das Hauptresultat der Kämpfe war, dass fortan weder Eschnunna noch Elam eine entscheidende politische Rolle in Mesopotamien mehr spielte.

Am meisten profitierte von der neuen Situation Hammurapi von Babylon (1792–1750 v. Chr.), der sich in den ersten 25 Jahren seiner Herrschaft zumeist in der Defensive befunden hatte. Nun sah er seine Chance gekommen, endlich selbst die Initiative zu ergreifen. Zwischen 1764 und 1759 v. Chr. gelangen Hammurapi eine Reihe spektakulärer Eroberungen. Zunächst zog der babylonische Monarch gegen Larsa, das zu diesem Zeitpunkt ganz Südmesopotamien beherrschte. Als Anlass für seine Attacke dienten ihm die Vorstöße, die Larsas König Rim-Sin während der elamischen Invasion gegen babylonisches Staatsgebiet unternommen hatte. Nachdem Hammurapi, offenbar ohne auf nennenswerten Widerstand zu stoßen, zunächst die Stadt Maschkan-schapir erobert hatte, machte er sich an die Einnahme von Larsa selbst. Dabei wurde er von Truppen aus Mari unterstützt, die Zimri-Lim in Erfüllung des kurz zuvor geschlossenen Bündnisvertrages mit Babylon in den Süden geschickt hatte. Nach sechsmonatiger Belagerung gelang es Hammurapi, Larsa 1763 v. Chr. zu erobern. Der greise König Rim-Sin wurde abgesetzt und nach Babylon geschafft. Hammurapi ließ Larsas Mauern schleifen, sah von einer weiteren Zerstörung der Stadt jedoch ab, da diese ihm hinfort als seine südliche Machtbasis dienen sollte. Er teilte das Staatsgebiet von Larsa in zwei Provinzen auf und verkündete, um das Wirtschaftsleben zu beleben, einen allgemeinen Schuldenerlass. Hohe babylonische Beamte wurden mit der Reorganisation der Landwirtschaft Südmesopotamiens betraut, ein Projekt, das dem König offenbar besonders am Herzen lag. Zahlreiche in Larsa gefundene Briefe Hammurapis zeugen davon, dass er immer wieder persönlich intervenierte, um bei der Lösung lokaler Probleme zu helfen.

Zimri-Lim bat derweilen immer nachdrücklicher um die Rücksendung der Soldaten, die er Hammurapi geschickt hatte. Doch Hammurapi wies dieses Ersuchen unter dem Vorwand fortdauernder Unruhen in Südmesopotamien zurück. Politischer Verrat war Zimri-Lim nicht unbekannt, und daher beunruhigte ihn Hammurapis Verhalten – so sehr, dass er dem Orakel die Frage stellte: »Wird dieser Mann (Hammurapi) womöglich heraufziehen und uns belagern?«

Zimri-Lims böse Vorahnungen waren, wie sich bald herausstellen sollte, nur allzu berechtigt. 1762 v. Chr. rückte Hammurapi mit einer großen Armee in das Gebiet am mittleren Euphrat vor und eroberte binnen kurzem sowohl Tuttul als auch Mari. Letzterem war ein trauriges Schicksal beschieden. Babylonische Truppen schafften sämtliche Wertgegenstände sowie Teile der königlichen Korrespondenz aus dem Palast Zimri-Lims nach Babylon fort, um schließlich, knapp zwei Jahre nach ihrer Eroberung, die Stadt und ihre Mauern vollständig zu zerstören. Die Sieger waren überaus stolz auf die Trophäen, die sie in Mari erbeutet hatten. Drei alte Königsstandbilder aus

Zimri-Lims Palast wurden in Babylon noch im ersten Jahrtausend öffentlich ausgestellt. Zwischen 750 und 650 v. Chr. versahen babylonische Künstler sie mit Hörnerkronen und verwandelten sie so in Götterstatuen.

Nachdem Hammurapi neben Mari auch noch das am Tigris gelegene Malgium besiegt und zerstörte hatte, war er der Herr ganz Mesopotamiens, das damit erstmals seit dem Untergang der dritten Dynastie von Ur wieder in einer Hand vereinigt war. Lediglich das weit im Westen gelegene Aleppo sowie Elam im Osten vermochten sich als konkurrierende politische Größen zu behaupten. Hammurapi feierte seine Vormachtstellung in seiner berühmten Gesetzesstele, in der er sich der Gunst aller Götter rühmt, deren Städte sich unter seiner Kontrolle befanden. Kopien der Stele wurden in mehreren Städten des Reiches aufgestellt.

1750 v. Chr., in seinem 43. Regierungsjahr, starb Hammurapi an einer Krankheit. Sein Name blieb im kulturellen Gedächtnis Mesopotamiens eine wichtige Größe, und seine Gesetze wurden zu einem klassischen Text, den noch Jahrhunderte später babylonische und assyrische Schreiberschüler und Gelehrte studierten und kommentierten.

Babylonien unter Hammurapis Nachfolgern

Mit dem Untergang Maris und seiner Archive versiegt die reichhaltigste Quelle für die politische Geschichte der Zeit. Die nachfolgende Periode ist sehr viel dürftiger bezeugt. In Grundzügen lassen sich die Ereignisse aber auch weiterhin nachzeichnen.

Hammurapis Sohn und Nachfolger Samsu-iluna (1749–1712 v. Chr.) mühte sich nach Kräften, das Großreich seines Vaters zusammenzuhalten, doch vollständig gelang ihm dies nicht. Schon früh musste sich der neue Herrscher mit einer massiven ökologischen Krise auseinandersetzen. Nordbabylonien wurde von mächtigen Hochfluten bedroht, die Samsu-iluna veranlassten, Euphratwasser über einen neuen Kanal in eine große Senke abzuleiten. Dies führte dazu, dass nicht mehr genug Bewässerungswasser nach Südmesopotamien gelangte, wo es infolgedessen zu Missernten und schließlich zu einer Schuldenkrise kam. In den Jahren 1742 bis 1740 v. Chr. brachen daraufhin im Süden mehrere Aufstände los. In Uruk übernahm ein gewisser Rim-Anum die Macht, in Larsa ein Mann namens Rim-Sin II., und mit ihnen rebellierten zahlreiche weitere Städte. Um das Maß voll zu machen, fielen zugleich Kassiten aus dem Osten in Babylonien ein – der erste historisch greifbare Auftritt dieser später politisch so bedeutenden ethnischen Gruppe. Samsu-iluna brachte es innerhalb relativ kurzer Zeit fertig, die Aufständischen zu bezwingen, doch der Preis, den alle Beteiligten für diesen Sieg zu zahlen hatten, war hoch. Schon wenige Monate, nachdem der babylonische Monarch Südmesopotamien zurückerobert hatte, kam das städtische Leben dort weitgehend zum Erliegen. Die Archive von Ur, Uruk und Larsa brechen alle vor dem Ende des Jahres 1739 v. Chr. ab, offenbar deswegen, weil die fraglichen Städte, militärisch besiegt und unzureichend mit Wasser versorgt, einen massiven Exodus erlebten. Beträchtliche Teile ihrer Eliten scheinen nach Kisch und Babylon ausgewandert zu sein, unter Mitnahme ihrer in der sumerischen Literatur und Religion verwurzelten alten Kultur, die von nun an in Nordbabylonien eine größere Rolle zu spielen begann.

Rebellionen brachen wenig später auch in den Städten Isin, Kisurra und Sippar aus. Nachdem Samsu-iluna sie niedergeschlagen hatte, gewann er für einige Jahre seine Handlungsfreiheit zurück und unternahm Feldzüge in die Habur-Region und in die Gegend am mittleren Euphrat. Doch die Lage in Mesopotamien, wo es erneut zu Hungersnöten kam, blieb angespannt. Zwischen dem 28. und dem 30. Regierungsjahr Samsu-ilunas brechen auch die Archive von Isin, Lagaba und Nippur ab – offenbar erlebte nun auch der nördliche Teil des alten Sumer einen massiven Niedergang, in dessen Folge er aus dem babylonischen Herrschaftsbereich ausschied. Als neue politische Vormacht etablierte sich im Süden ein in späteren Königslisten als »erste Dynastie des Meerlandes« bezeichnetes Herrschergeschlecht, dessen Geschichte trotz einiger erst kürzlich veröffentlichter, vielleicht aus der Umgebung von Nippur stammender Wirtschaftstexte nach wie vor weitgehend unbekannt ist. Die hochartifiziellen sumerisierenden Namen, die Meerlandkönige wie Peschgaldaramesch und Ayadaragalama trugen, scheinen aber darauf hinzudeuten, dass die neue Dynastie die altehrwürdige Kultur Südmesopotamiens trotz aller Schwierigkeiten zu bewahren suchte.

Als Samsu-iluna 1712 v. Chr. starb, war das große Reich, das sein Vorgänger Hammurapi geschaffen hatte, stark geschrumpft. Südmesopotamien war nicht mehr Teil des babylonischen Staatsverbandes, und in anderen Regionen, etwa am mittleren Euphrat, konnte die babylonische Vorherrschaft nur mühsam aufrechterhalten werden. Zugleich muss man jedoch konstatieren, dass die zentrale Stellung, welche Babylon unter Hammurapi errungen hatte, unter Samsu-iluna und seinen Nachfolgern trotz der Aktivitäten der Meerlandkönige weitgehend unangefochten blieb. Wer von nun an – und dies änderte sich erst mit dem Sieg der Perser über Nabonid 539 v. Chr. – die Vorherrschaft über Zentralmesopotamien für sich beanspruchen wollte, musste, woher auch immer er kam, Babylons dominierende Rolle respektieren.

Die »erste Dynastie von Babylon«, der Hammurapi und Samsu-iluna angehörten, blieb nach dem Tod des letzteren noch 116 Jahre an der Macht. Vier Herrscher, Abieschuch, Ammiditana, Ammisaduqa und Samsu-ditana, folgten einander, offenbar in reibungsloser Abfolge, auf dem babylonischen Thron. Über die politischen Ereignisse dieser »spätaltbabylonischen« Epoche sind wir weit weniger detailliert informiert als über die vorangehenden Jahrhunderte. Aus den Jahresnamen erfahren wir, dass die babylonischen Könige auch weiterhin Tempel bauten und Kanäle gruben. Nur selten ist in ihnen dagegen von Kriegen die Rede, was darauf hindeutet, dass die Zeit der großen Eroberungszüge für Babylon nun der Vergangenheit angehörte. Der Versuch Abieschuchs, Südmesopotamien und die Marschen durch das Abdämmen des Tigris von einer geregelten Wasserzufuhr abzuschneiden und dadurch die Meerlandkönige zu schwächen, scheint ohne nachhaltige Wirkung geblieben zu sein. Das Hauptaugenmerk galt nun der Verteidigung des Kernlandes. Hiervon zeugen die zahlreichen Festungen, welche die spätaltbabylonischen Könige an Euphrat und Tigris errichten ließen. Auf dem Land vermischten sich die Nachfahren der in früheren Zeiten nach Babylonien deportierten Völkerschaften mit Flüchtlingen aus dem Süden und den nun verstärkt aus dem Diyala-Raum von Osten her nach Babylonien einsickernden Kassiten. Einige Angehörige dieser offenbar überaus kriegerischen Völkergruppe wurden von den babylonischen Königen als Söldner angeworben, andere jedoch ließen sich in eigenständigen Siedlungen nieder, welche die Zentralmacht in Babylon nur schwer zu kontrollieren vermochte.

Inflation, periodisch wiederkehrende Schuldenkrisen und räuberische Attacken unbekannter Aggressoren gegen einzelne Städte des Reiches beschleunigten den schleichenden Autoritätsverlust der in Babylon residierenden Könige. Am Ende waren es jedoch nicht die inneren Spannungen, es war eine Intervention von außen, die den Untergang der ersten Dynastie von Babylon besiegelte. Im 17. Jahrhundert v. Chr. war in Zentralanatolien unter Hattuschili I. ein neuer Staat entstanden, das Reich des indoeuropäischen Volks der Hethiter. Noch während der Regierungszeit Hattuschilis begannen die Hethiter, regelmäßige Raubzüge nach Nordsyrien zu unternehmen. Unter Hattuschilis Nachfolger Murschili I. gelang es ihnen, die syrische Kapitale Aleppo zu erobern. Seiner eigenen Stärke gewiss, richtete Murschili wenig später sein Augenmerk auf Babylonien, wo kassitische und elamische Aufrührer eine offenbar chaotische Situation herbeigeführt hatten. Im Jahr 1595 v. Chr. zog Murschili mit seinen Truppen den Euphrat hinab bis nach Babylon. Die Hethiter zerstörten Teile der Stadt und plünderten sie, wobei sie offenbar auch vor einer Verschleppung der Statue des Gottes Marduk nicht zurückschreckten. König Samsu-ditana verschwand von der Bildfläche, und für Babylonien begann ein »dunkles Zeitalter«.

Anders als das Ende der Reiche von Akkad und Ur wurde der Untergang der ersten Dynastie von Babylon nicht zum Kristallisationspunkt wirkmächtiger historisch-literarischer Reminiszenzen. Man sollte deswegen die Tragweite der Ereignisse, die sich zu Beginn des 16. Jahrhunderts abspielten, jedoch nicht unterschätzen. Das Schweigen der Überlieferung ist vermutlich gerade darauf zurückzuführen, dass der Einschnitt so massiv war.

Wirtschaft, Kultur und Religion im Zeitalter der Amurriter

Während der Ur-III-Zeit hatte sich der Staat wie in keiner anderen Epoche der mesopotamischen Geschichte darum bemüht, das Wirtschaftsleben unter seine Kontrolle zu zwingen. Beträchtliche Teile der arbeitsfähigen Bevölkerung standen im Dienste der Krone oder eines Tempels und erhielten statt eines Lohnes Rationen in Gestalt von Naturerzeugnissen. Nach dem Ende der dritten Dynastie von Ur fand diese Form des Wirtschaftens eine gewisse Fortsetzung, allerdings lediglich auf lokaler Ebene, da die politische Zersplitterung keine reichsweite Planwirtschaft mehr zuließ. Das sogenannte »Handwerkerarchiv von Isin« zeugt davon, dass Holz-, Leder- und Textilarbeiter in dieser Stadt auch weiterhin unter der Oberaufsicht des Palastes standen.

Solange sie die vom König angeforderten Fertigprodukte lieferten, durften die Handwerker von Isin zusätzlich aber auch auf eigene Rechnung produzieren, womit sich ein Trend zur Privatisierung abzeichnet, der für die altbabylonische Zeit insgesamt charakteristisch ist. Die großen Institutionen gaben ihre Felder und Viehbestände nun immer öfter in die Hand von Unternehmern, die ihnen bestimmte Quoten der land- und viehwirtschaftlichen Erträge abliefern mussten, darüber hinaus gehende Einkünfte jedoch für sich behalten durften. Auch Aufgaben wie das Eintreiben von Steuern und Abgaben wurden in verstärktem Maße Privatleuten übertragen. Die ökonomischen Konsequenzen dieser Politik waren, nicht anders als in moderneren Zeiten, keineswegs nur positiv. Bauern, die infolge von Missernten außerstande waren, die Forderungen der privaten Steuereintreiber zu erfüllen, sahen sich nicht selten gezwungen, bei diesen Kredite aufzunehmen, für die sie kurzfristige Zinsen von bis zu 20 % im Falle von Silberdarlehen und 33 % im Falle von Getreidedarlehen zahlen mussten. Dies führte mehrfach zu massiven Schuldenkrisen, welche die Krone, ohne das Problem damit dauerhaft aus der Welt schaffen zu können, mit landesweiten Schuldenerlassen zu bewältigen suchte.

Das private Unternehmertum gedieh während der altbabylonischen Zeit nirgends besser als in Assur, dessen Kaufleute durch den Fernhandel mit Zinn und Textilien jährliche Profitmargen von 50 oder sogar 100 % erzielten. Die Waren wurden von Assur aus mit Eselskarawanen nach Anatolien befördert, wobei ein einzelner Esel etwa 75 Kilogramm Zinn und 30 Textilien zu transportieren hatte. Um die Zölle zu umgehen, die lokale Fürsten den Karawanen auf ihrem Weg durch Anatolien auferlegten, bedienten sich viele der Handelsreisenden geheimer Schmuggelrouten. Eine typische Karawane benötigte für den Weg von Assur in die assyrische Kaufmannssiedlung in Kanesch etwa 50 Tage. Es war üblich, dass die Söhne und jüngeren Brüder wichtiger in Assur ansässiger Kaufleute sich jahrelang in Kanesch aufhielten, um dort im Auftrag des Familienoberhaupts Geschäfte zu tätigen. Oftmals ehelichten sie während dieser Zeit anatolische Zweitfrauen. Ihre mit den Kindern in Assur zurückgebliebenen Hauptgemahlinnen fühlten sich, wie man den Briefen entnehmen kann, die sie nach Kanesch schickten, nicht selten stark vernachlässigt.

Das kulturelle Leben der altbabylonischen Zeit weist gegenüber der vorangegangenen Epoche Kontinuitäten, aber auch Brüche auf. Wie schon angedeutet, spielte das Sumerische in der Herrscherpanegyrik, im Kult und in der Schulausbildung auch weiterhin eine entscheidende Rolle. Die Könige von Isin ließen sich in Hymnen feiern, die denjenigen der Zeit Schulgis oftmals Wort für Wort entsprechen, bestimmte Themen aber deutlicher herausarbeiten, als dies in den Lobgesängen der Ur-III-Zeit der Fall ist. So nimmt etwa eine Hymne des Isin-Herrschers Iddin-Dagan sehr explizit auf das Motiv der »Heiligen Hochzeit« Bezug, der rituellen Vereinigung des Königs mit der Göttin Inanna. Ob dabei ein reales Geschehen beschrieben wird, die tatsächlich vollzogene sexuelle Verbindung des Herrschers mit einer Repräsentantin der Göttin, oder ob die »Heilige Hochzeit« im wesentlichen ein ideologisches Konstrukt darstellte, ist in der Forschung umstritten.

Die sumerischen Königshymnen, aber auch andere sumerische Texte wie etwa Mythen und Epen, Rangstreitdichtungen oder Sprichwortsammlungen, bildeten eine zentrale Komponente des Schulunterrichts der altbabylonischen Zeit, obwohl die Muttersprache der Schüler nunmehr in aller Regel das Babylonische war. Die Institution der von Schulgi begründeten, *é-dub-ba-a* genannten Akademien überlebte die Ur-III-Zeit nicht – die Schüler wurden stattdessen in den privaten Domizilen gelehrter Priester unterwiesen. Doch ganz in Vergessenheit gerieten die Akademien nicht. Ihre Unterrichtspraktiken waren Gegenstand einer Reihe sumerischer Texte, die zum altbabylonischen Schulcurriculum gehörten.

Etwas gänzlich Neues entwickelte sich in altbabylonischer Zeit mit der babylonischsprachigen schönen Literatur. Stoffe wie die Gilgamesch-Legende oder die Sintflutgeschichte wurden nun nicht mehr nur in sumerischen, sondern auch in babylonischen Versionen tradiert, die sie oftmals in größere Erzählzusammenhänge stellten. Die Nähe zwischen Alltagsidiom und literarischer Sprache war dabei größer als in anderen Perioden, was die große Anschaulichkeit und Direktheit vieler altbabylonisch-akkadischer Literaturwerke erklären mag.

Eine weitere Neuerung der altbabylonischen Zeit war das Aufkommen gelehrter Prosatraktate, in denen, ebenfalls auf Babylonisch, die Erkenntnisse verschiedener Wissensgebiete ausgebreitet wurden. Besonders die Omenkunde war nun Gegenstand einer umfassenden Verschriftlichung. Im Mittelpunkt stand dabei die Eingeweideschau, die sich nicht zuletzt bei den Staatenlenkern der Zeit großer Wertschätzung erfreute. Kein Feldzug wurde begonnen und kein hoher Beamter ernannt, ohne dass Omenexperten die inneren Organe eines Opferlamms inspiziert hätten. Die Voraussagen der Eingeweideomina nahmen aber nicht nur auf politische und militärische Ereignisse Bezug, sondern auch auf private Begebenheiten. So heißt es etwa in einer der Omensammlungen: »Wenn die *naplastum*-Markierung (auf dem linken Leberlappen) wie (das Keilschriftzeichen) BAD aussieht, so wird die Gattin des Mannes (für den die Leberschau durchgeführt wurde) unerlaubten Geschlechtsverkehr haben.«[28] Hintergrund dieser Aussage dürfte sein, dass das BAD-Zeichen aus einem horizontalen

28 E. Frahm, »Reading the Tablet, the Exta, and the Body«, in: A. Annus (Hrsg.), *Divination and Interpretation of Signs in the Ancient World*, Chicago 2010, S. 93–141 (S. 100).

Keil besteht, der in einem lochartigen Winkelhaken endet, ein Schriftbild, das zu Assoziationen mit dem im Omen beschriebenen sexuellen Akt einlädt.

Die kasuistische Struktur babylonischer Omeneinträge erinnert an die Formulierung von Rechtssätzen in mesopotamischen Gesetzessammlungen, wie sie uns in Gestalt des sogenannten »Codex Ur-Namma« bereits aus der Ur-III-Zeit bekannt sind. Aus dem Zeitalter der Amurriter stammen drei weitere entsprechende Sammlungen: die sumerisch abgefassten Gesetze Lipit-Eschtars von Isin sowie die in babylonischer Sprache überlieferten Gesetze König Daduschas von Eschnunna und Hammurapis von Babylon. Hammurapis berühmter »Codex« übertraf alle früheren Rechtssammlungen an Bedeutung und wurde zu einem der wichtigsten klassischen Texte des babylonischen Schrifttums. Auf die konkrete Rechtspraxis hatte er jedoch kaum Einfluss.

Zu den Wissensgebieten, die während der altbabylonischen Periode hoch im Kurs standen, gehören des weiteren die Mathematik und die Grammatik. Beide besaßen nicht bloß theoretische, sondern auch praktische Dimensionen. Zahlreiche mathematische Texte der Zeit beschäftigen sich mit anwendungsbezogenen Problemen, indem sie etwa die Neigungswinkel von Kanälen und Rampen, den Erdaushub bei Schachtarbeiten oder das Gewicht und die Belastbarkeit von Ziegelmauerwerk berechnen. Auch der Gebrauch von Ingenieurskonstanten ist in den Texten bezeugt. Die grammatischen Traktate, die darauf abzielten, die Struktur des Sumerischen zu erhellen, erlaubten es den altbabylonischen Gelehrten, auf Sumerisch abgefasste alte Texte besser zu verstehen, und halfen ihnen bei der Anfertigung neuer sumerischer Hymnen und Königsinschriften.

Die altbabylonische Religion knüpfte in vielerlei Hinsicht an die Traditionen des ausgehenden dritten Jahrtausends an. Nippur fungierte auch weiterhin als wichtige überregionale Kultmetropole, und Enlil blieb das Oberhaupt des Pantheons. Als Samsi-Addu die Stadt Assur eroberte, etablierte er den dort verehrten Aschur, der ursprünglich nicht in die mythischen Konstellationen der mesopotamischen Götterwelt eingebunden war, als zentrale Gottheit, indem er ihn mit Enlil identifizierte. Der Aufstieg Babylons unter Hammurapi brachte es mit sich, dass auch der Gott Marduk an Bedeutung gewann, doch überregionale Verehrung blieb ihm zunächst verwehrt. Erst in späteren Jahrhunderten gelangte Marduk auch außerhalb Babylons zu größerer Popularität.

Zahlreiche Briefe und andere Texte der altbabylonischen Zeit verweisen auf das Auftreten von Propheten und Prophetinnen, die unter Verwendung sprichwörtlicher Redensarten und kühner Bilder ihnen zuteil gewordene göttliche Botschaften übermittelten. Hinweise auf das Wirken prophetisch begabter Individuen sind vor allem aus Mari, aber auch aus Babylon, Eschnunna und Uruk überliefert. Prophetie war also kein spezifisch syro-palästinisches Phänomen, wie es die prophetischen Bücher der Bibel nahelegen könnten.

Wenn die bildende Kunst der altbabylonischen Zeit weniger reichhaltig erscheint als die Textüberlieferung dieser Epoche, so mag dies zum Teil an den Tücken des Fundzufalls liegen. Dennoch befindet man sich wohl nicht völlig im Irrtum, wenn man behauptet, dass es in diesem Bereich keine wirklich bahnbrechenden Neuerungen gab. Die aus Diorit gefertigte Gesetzesstele Hammurapis stellt ein gutes Beispiel für die konservative Kunstauffassung der Zeit dar. Die in ihrem oberen Teil angebrachte Reliefdarstellung, die den König stehend vor dem auf einem Thron sitzenden Sonnengott zeigt, ist ebenso wie die archaisierende Schrift der Stele an älteren Vorbildern orientiert.

Als bedeutendstes Zeugnis der altbabylonischen Architektur darf der Palast Zimri-Lims in Mari gelten. Er erstreckte sich über eine Fläche von 120 × 200 Metern und umfasste ca. 260

Plan des Palastes König Zimri-Lims in Mari, Erdgeschoss (18. Jh. v. Chr.)

Höfe, Räume und Korridore. Der Haremsbezirk war durch drei hintereinanderliegende Torsysteme gesichert. In einem der Raumkomplexe fanden sich in warmen Brauntönen gehaltene Fresken, die eine königliche Investitur abbilden und zu den wichtigsten Zeugnissen der altorientalischen Malerei zählen. Zimri-Lims Palast scheint den Status einer touristischen Sehenswürdigkeit besessen zu haben. In einem seiner Briefe teilte der aleppinische König seinem Amtskollegen in Mari mit, der König von Ugarit habe von der wunderbaren Schönheit des Gebäudes gehört und den Wunsch geäußert, es persönlich zu besuchen.

IX. Aufstieg und Krise der Territorialstaaten: Kassiten, Babylonier und Assyrer in der zweiten Hälfte des zweiten Jahrtausends v. Chr.

Während man darüber streiten kann, ob der Übergang von der Ur-III- zur Isin-Larsa-Zeit einen wirklichen Epochenbruch darstellte, steht dies mit Blick auf die Jahre, die dem Untergang der Hammurapi-Dynastie folgten, wohl außer Frage. Sowie sich der historische Nebel lichtet, der, aus den Trümmern des Vergangenen aufsteigend, über dem ersten Jahrhundert der neuen Ära liegt, blicken wir auf eine politische Landschaft, die grundlegend anders ist als zuvor. Die unabhängigen Stadtstaaten sind endgültig von der historischen Bühne verschwunden. Ihre Stelle nehmen nun drei verhältnismäßig stabile Territorialstaaten ein: das Kassitenreich, Mittani und Assyrien. Die Bevölkerungszahl in Mesopotamien ist geringer als in der altbabylonischen Zeit, während sich der geographische Horizont weitet – Kontakte mit Ägypten und dem in Anatolien beheimateten Reich der indoeuropäischen Hethiter sind hinfort an der Tagesordnung. Der Gebrauch eines leichten, von Pferden gezogenen Streitwagens revolutioniert die Kriegsführung, und auch auf kulturellem Gebiet kommt es zu grundlegenden Veränderungen.

Die Quellenlage für die Spätbronzezeit, wie die in diesem Kapitel behandelte, von 1600 bis 1000 v. Chr. reichende Periode von Archäologen genannt wird, ist sehr uneinheitlich. Für das 14., 13. und zum Teil auch noch für das zwölfte Jahrhundert stehen zahlreiche zeitgenössische Quellen zur Verfügung – allein aus Nippur sind aus diesem Zeitraum mehr als 10 000 Urkunden überkommen (die freilich aufgrund ihres schlechten Erhaltungszustandes in englischsprachigen Fachkreisen nicht ohne Grund zuweilen pietätlos als *Kassite trash* bezeichnet werden). Etwa 3000 Dokumente kamen bei Ausgrabungen in Assyrien zutage. Aus dem von Mittani kontrollierten Osttigrisland, vor allem aus Nuzi, stammen knapp 4500 Urkunden, die in die Zeit von der Mitte des 15. bis zur Mitte des 14. Jahrhunderts datieren. Hinzu kommt die internationale Korrespondenz aus dem ägyptischen Tell-el-Amarna und dem hethitischen Hattuscha. Für die Zeit von 1600 bis 1450 sowie für das elfte Jahrhundert verfügen wir dagegen nur über wenige Quellen. Ein weiteres Handicap für den modernen Historiker ergibt sich aus der Tatsache, dass die durchaus zahlreichen Königslisten und Chroniken, die Informationen zur politischen Geschichte der Spätbronzezeit enthalten, größerenteils aus dem ersten Jahrtausend stammen und zum Teil unzuverlässig sind. Die Historizität einer Reihe auf Tontafeln des ersten Jahrtausends überlieferter, angeblich von Königen der Spätbronzezeit verfasster Briefe ist ebenfalls nicht immer über alle Zweifel erhaben.

Die Kassiten in Babylonien und das Mittani-Reich

Das 16. Jahrhundert v. Chr. ist eine der dunkelsten Perioden der mesopotamischen Geschichte – wir wissen kaum etwas über die Geschehnisse dieser Zeit. Neue Textfunde aus Tell Mohammed im Diyala-Gebiet werfen jedoch zumindest ein wenig Licht auf die historischen Verhältnisse. Die Urkunden enthalten Datierungen des Typs: »Jahr n, nachdem Babylon (wieder) besiedelt wurde« (belegt sind die Jahre 36 bis 41) und nennen daneben in Jahresnamen zwei auch aus der Synchronistischen Königsliste bekannte frühe kassitische Könige, Hurbazum und Schiptaulzi. Die in der babylonischen »Königsliste A« gebotenen Informationen werden damit im wesentlichen bestätigt: Offensichtlich haben relativ bald nach dem hethitischen Feldzug von 1595 v. Chr.,[29] vielleicht nach einem kurzen Inter-

29 Es sei erneut daran erinnert, dass die hier zugrunde gelegte »mittlere Chronolgie« umstritten ist und Murschilis Feldzug auch einige Jahrzehnte später stattgefunden haben könnte.

regnum der Meerlanddynastie, kassitische Eroberer die Königsherrschaft in Babylon angetreten.

Die Kassiten, deren schlecht dokumentiertes Idiom mit keiner anderen bekannten Sprache verwandt ist, waren in altbabylonischer Zeit aus dem Zagros-Gebirge im Osten nach Mesopotamien und in die Region am mittleren Euphrat vorgedrungen. Unter den letzten Königen der Hammurapi-Dynastie hatten sie hier wie dort eine Reihe von Lokalherrschaften begründet. Eine dieser kassitischen Lokalherrschaften scheint sich im Bereich der Städte Padan und Halman am Oberlauf des Diyala-Flusses etabliert zu haben. Offenbar waren es die ebendort ansässig gewordenen Kassiten, die nach dem Zusammenbruch der Hammurapi-Dynastie weiter nach Südwesten zogen und schließlich Babylon einnahmen, wobei nach wie vor unklar ist, unter welchem kassitischen König dies geschah.

Die neuen Herrscher verstanden es, die Sympathien ihrer mesopotamischen Untertanen zu gewinnen, indem sie sich mit großem Enthusiasmus Kernelemente der babylonischen Kultur zu eigen machten. Sie ließen Königsinschriften in einem zuweilen hochelaborierten artifiziellen Sumerisch abfassen, förderten keilschriftliche Texteditionen und verehrten neben ihren eigenen auch babylonische Gottheiten, insbesondere den alten Götterkönig Enlil von Nippur. Der vermutlich gegen Ende des 16. Jahrhunderts herrschende Kassitenkönig Agum II. ging besonders weit in dem Bemühen, sich von seinen offenbar als barbarisch empfundenen Ursprüngen zu distanzieren. In einer Inschrift (deren Authentizität freilich nicht ganz gesichert ist) nahm er auf seine Herrschaft über die kassitische Urheimat im Zagros-Gebirge mit dem Titel »König des Landes der Gutäer, der dämlichen Leute« Bezug.

Zunächst kontrollierten die Kassitenkönige von Babylon aus lediglich Nord- und Nordostbabylonien. Südmesopotamien befand sich weiterhin in der Hand der Meerlanddynastie, und auch das Euphrattal gehörte noch nicht zum kassitischen Staat. Doch im späten 16. und frühen 15. Jahrhundert vermochte dieser seine Herrschaft in die genannten Richtungen hin immer weiter auszuweiten. Unter König Ulamburiasch eroberten die Kassiten das Meerland, und selbst das im Persischen Golf gelegene Dilmun, das moderne Bahrein, gelangte nun unter kassitische Kontrolle.

Im Norden firmierte während des 16. und 15. Jahrhunderts als gewichtigster politischer Konkurrent der Kassiten das Land Mittani, das auch unter dem Namen Hanigalbat bekannt war. Das Zentrum dieses vornehmlich von Hurritern getragenen, relativ lose organisierten Staatsgebildes lag im oberen Habur-Gebiet. Dort befand sich die Mittani-Hauptstadt Waschukanni, die unter dem modernen Ruinenhügel von Tell Fecheriye vermutet wird und noch nicht archäologisch erschlossen ist. Hurritische Bevölkerungsgruppen hatten im Zuge der Ausdehnung des Mittani-Reiches Mitte des zweiten Jahrtausends überall in Nordsyrien und auch im Osttigrisland Fuß gefasst und zur ethnischen Diversifizierung dieser bis dahin vornehmlich semitisch geprägten Regionen beigetragen. Auch Assyrien geriet unter hurritischen Einfluss. Unter König Sauschtatar (ca. 1450–1410 v. Chr.), der um 1421 v. Chr. die Stadt Assur (oder eine nahegelegene andere assyrische Stadt) eroberte und dabei eine mit kostbaren Beschlägen versehene Tür raubte, reichte die Macht des Mittani-Reiches von Kilikien im Westen bis nach Arrapcha, dem modernen Kirkuk, im Osten. Nach Syrien vorstoßende ägyptische Invasionstruppen unter Thutmosis III. und die Armee des Hethiterkönigs Tudchalia I., die ca. 1445 v. Chr. Aleppo zerstörte, vermochten Sauschtatar nur vorübergehend zu schwächen.

Die Mittani-Hurriter wurden von Königen regiert, die in zahlreichen Fällen indoarische Namen trugen und Gottheiten verehrten, die auch aus den indischen Veden bekannt sind. Der historische Hintergrund dieser Völkersymbiose ist noch ungeklärt. Für die militärischen Erfolge Mittanis entscheidend war der Gebrauch neuartiger Streitwagen, die von *mariannu* genannten Kriegeraristokraten gestellt wurden. Andere Staaten Vorderasiens machten sich diese Streitwagenkultur und das mit ihr einhergehende ›Ritterethos‹ später ebenfalls zu eigen.

In den Jahrzehnten um 1400 v. Chr. erfuhr das nun als »Karduniasch« bezeichnete Kassitenreich einen beträchtlichen Aufschwung. König Kurigalzu I. gelang es, wie wir einem in einer späten Chronik zitierten historischen Epos entnehmen können, den Truppen Hurbatilas von Elam eine empfindliche militärische Niederlage zuzufügen und weit in elamisches Territorium vorzudringen.[30] Die von nun an in Elam regierende, möglicherweise von Kurigalzu etablierte Dynastie der Igihalkiden unterhielt freundschaftliche Beziehungen mit den Kassitenkönigen und war mit ihnen durch eine Reihe politischer Heiraten verbunden. Nach Westen hin erweiterte Kurigalzu seinen Einfluss, indem er diplomatische Kontakte mit Ägypten pflegte, das sich zu dieser Zeit auf dem Höhepunkt seiner Macht befand und weite Teile Palästinas und Westsyriens kontrollierte. Vermutlich waren es ägyptische Goldlieferungen, die es Kurigalzu ermöglichten, nördlich von Babylon eine neue Hauptstadt zu errichten, das nach ihm selbst benannte Dur-Kurigalzu. Auch dass Gold im kassitenzeitlichen Babylonien zumindest zeitweise Silber als Wertmesser und ›Hauptwährung‹ verdrängte, ein in der mesopotamischen Wirtschaftsgeschichte einmaliger Vorgang, dürfte auf den Zufluss des ägyptischen Edelmetalls zurückzuführen sein.

Die aufschlussreichste Quelle für die Kontakte, die Mitte des

30 Ob der Feldzug wirklich unter Kurigalzu I. oder nicht vielleicht doch eher unter Kurigalzu II. (1333–1309 v. Chr.) erfolgte, ist jedoch noch umstritten.

14. Jahrhunderts zwischen Mesopotamien und Ägypten bestanden, stellt die berühmte Königskorrespondenz von Amarna dar, ein Konvolut von 350 auf Tontafeln niedergeschriebenen Keilschriftbriefen, das lokale Bauern 1887 auf dem Gelände der von dem ägyptischen »Sonnenkönig« Echnaton errichteten altägyptischen Stadt Achet-Aton, dem modernen Tell-el-Amarna, entdeckten. Die meisten der größtenteils in babylonischer Sprache abgefassten Briefe stammen von ägyptischen Vasallenherrschern in der Levante, unter ihnen Abdi-Hepa von Jerusalem, und behandeln die politischen und militärischen Schwierigkeiten, denen sich die besagten Kleinkönige in ihrem jeweiligen Herrschaftsbereich gegenübersahen. Etwa vierzig Amarna-Briefe jedoch erweitern den geographischen Rahmen der Korrespondenz erheblich – in ihnen wenden sich verschiedene unabhängige Könige der altvorderasiatischen Welt an den ägyptischen Pharao. Der von diesen Königen gebildete »Klub der Großmächte«, in dem man einander als »Bruder« anzureden pflegte, umfasste neben Ägypten das kassitische Babylonien, das in Zentralanatolien gelegene Hethiterreich, Mittani, Assyrien sowie die weniger bedeutenden Staaten Alaschia (Zypern) und Arzawa (ein in Westanatolien gelegenes Land).

Ein wichtiges Thema der Briefe ist der Geschenkaustausch zwischen den genannten Ländern, der zum einen die beständige Zufuhr wertvoller Luxusgüter garantierte und zum anderen geeignet war, herzliche Beziehungen zwischen ihren Herrschern zu befördern. Die ägyptischen Pharaonen wurden immer wieder um Gold gebeten, da dieses, wie der Mittanikönig Tuschratta mutmaßte, in Ägypten »ebenso reich vorhanden sei wie Staub«. Die anderen Herrscher sandten im Gegenzug Kupfer, Lapislazuli oder Pferde nach Ägypten, und nicht selten auch ihre Töchter, von denen sie hofften, dass sie zu Hauptgemahlinnen des Pharaos aufsteigen würden. Dies freilich scheint nie geschehen zu sein, und mehrere Könige klagten, ihre Gesandten hätten die Prinzessinnen bei späteren Besuchen am pharaonischen Hofe überhaupt nicht mehr ausfindig machen können. Auch waren die Könige wenig angetan von der Weigerung des ägyptischen Herrschers, ihnen seine eigenen Töchter zur Frau zu geben. In einem der Briefe schlägt ein vorderasiatischer König, vermutlich der bis 1361 v. Chr. regierende Kassitenherrscher Kadaschman-Enlil I., seinem ägyptischen Kollegen vor, sich mit einem Trick zu behelfen, um ein heiratspolitisches Gleichgewicht zwischen den Mächten herzustellen:

> (Du (Pharao) hattest geschrieben:) »Seit ewigen Zeiten ist keine ägyptische Königstochter irgendjemandem (im Ausland zur Frau) gegeben worden.« Warum denn nicht? Du bist der König und kannst tun, wie Dir beliebt. Wer würde etwas sagen, wenn Du (eine Tochter) hergäbest? Nachdem ich von dieser (Deiner) Mitteilung unterrichtet wurde, habe ich meinem Bruder (d. h. dem Pharao) wie folgt geschrieben: »Es muss doch (bei Dir) erwachsene Töchter [von irgendjemand anderem] geben. Schicke mir also (einfach) eine schöne Frau, so als ob sie Deine eigene Tochter wäre.«[31]

Der Pharao, vermutlich Amenophis III., scheint von diesem Vorschlag wenig begeistert gewesen zu sein. Sein babylonischer Kollege musste auch weiterhin auf eine ägyptische Gemahlin verzichten.

Der Aufstieg Assyriens

Die kassitischen Könige waren auch noch aus einem anderen Grund mit ihren pharaonischen Amtsgenossen unzufrieden. Sie verübelten ihnen, dass sie den assyrischen Fürsten Aschur-

31 W. Moran, *The Amarna Letters*, Baltimore/London 1992, S. 8–10.

uballit I. (1363–1328 v. Chr.) als unabhängigen König anerkannten. Der Kassite Burna-Buriasch II. (1360–1334 v. Chr.) schrieb dem Pharao – entweder Echnaton oder Tutanchamun –, er solle mit den Assyrern, die Vasallen Babyloniens seien, keine eigenständigen Geschäfte machen, sondern sie »mit leeren Händen davonjagen«.

Wie hatten es die Assyrer dazu gebracht, im Mächtekonzert der Amarna-Zeit eine zwar noch umstrittene, aber doch zunehmend wichtige Rolle zu spielen? Leider lässt sich ihr Aufstieg bislang nur sehr begrenzt historisch rekonstruieren. Ungefähr im Jahre 1650 v. Chr. war der Assyrischen Königsliste zufolge in Assur mit dem Herrschaftsantritt eines gewissen Adasi eine neue Dynastie an die Macht gekommen. Die 117 Könige, die ihr angehörten, sollten, auch wenn sich die Thronfolge bei verschiedenen Gelegenheiten schwierig gestaltete, für mehr als tausend Jahre die Geschicke Assyriens lenken. Über die ersten 250 Jahre der Adasi-Dynastie ist kaum etwas bekannt, nicht zuletzt deswegen, weil so gut wie keine assyrischen Königsinschriften aus dieser Zeit überliefert sind. Assur, das nach wie vor wenig mehr als ein Stadtstaat war, erlebte offenbar eine massive Schwächeperiode und war, von kurzen Phasen größerer Selbständigkeit abgesehen, weitgehend von Mittani abhängig.

Im zweiten Drittel des 14. Jahrhunderts jedoch setzten nach der Ermordung König Artaschumaras in Mittani heftige interne Machtkämpfe ein, die das Reich in seinen Grundfesten erschütterten. In dieser Situation gelang es den Assyrern, sich nicht nur dauerhaft aus der Abhängigkeit von ihren vormaligen Oberherren zu befreien, sondern sich darüber hinaus nach und nach Teile des Mittani-Staates einzuverleiben, unter anderem die Stadt Arrapcha und das sie umgebende Gebiet im Osttigrisland. Assyrien entwickelte sich nun zu einem veritablen Territorialstaat, dessen Kernbereich das Städtedreieck Assur – Arbela – Ninive bildete. Der neue Status des Landes kommt nicht zuletzt darin zum Ausdruck, dass Aschur-uballit als erster assyrischer Herrscher den Königstitel *scharru* führte.[32]

Die neuen politischen Kräfteverhältnisse bargen für die Assyrer freilich auch Gefahren, trugen sie doch zu Spannungen mit dem Hethiterreich und dem kassitischen Babylonien bei, die es ebenfalls auf die Konkursmasse von Mittani abgesehen hatten. Vermutlich um sicherzustellen, dass die nach wie vor sehr viel mächtigeren Kassiten ihn nicht angreifen würden, gab Aschur-uballit dem babylonischen König Burna-Buriasch seine Tochter Muballitat-Scherua zur Frau – was Burna-Buriasch veranlasst haben dürfte, den Assyrer in dem erwähnten Amarna-Brief einen Vasallen zu nennen.

Der ›Vasall‹ erwies sich jedoch nicht nur mit Blick auf die Beziehungen mit Ägypten schon bald als wenig folgsam. Nach dem Tod Burna-Buriaschs im Jahr 1334 v. Chr. und der Ermordung von dessen Nachfolger Karaindasch II. – der ein Sohn der Muballitat-Scherua war – durch die kassitische Armee entsandte Aschur-uballit assyrische Truppen nach Babylonien, die den inzwischen auf den Thron gelangten ›Usurpator‹ Nazi-Bugasch aus dem Feld räumten, um an seiner Stelle einen anderen Sohn Burna-Buriaschs, Kurigalzu II. (1333–1309 v. Chr.), als babylonischen König einzusetzen. Dieser zeigte sich für die geleistete Unterstützung allerdings wenig erkenntlich. Wenige Jahre nach seiner Thronbesteigung nahm er die unter assyrischer Oberhoheit stehende Stadt Arrapcha ein und rückte sogar gegen das im assyrischen Kernland gelegene Kilizi vor. Erst nach einer Niederlage bei Sugagu südlich von Assur fand Kurigalzu sich zur Aufnahme von Friedensverhandlungen mit den Assyrern bereit.

32 Diesen Titel hatte in altbabylonischer Zeit auch bereits Samsi-Addu für sich beansprucht, der jedoch nicht in erster Linie König von Assur gewesen war.

Auch unter Kurigalzus Nachfolger Nazi-Maruttasch (1308–1283 v. Chr.) hielten die Kassiten den Druck gegen ihren nördlichen Nachbarn zunächst aufrecht. Doch nachdem assyrische Truppen unter Adad-narari I. (1305–1274 v. Chr.) die kassitische Armee in der Nähe von Sugagu ein weiteres Mal zurückgeschlagen hatten, kam es zu einem neuerlichen Friedensschluss, der eine Linie knapp südlich des Unteren Zab als assyrisch-babylonische Grenze festlegte. Damit hatten die Assyrer die existentielle Bedrohung einer kassitischen Invasion endgültig abgewehrt. Sie hatten fortan, nicht zuletzt, weil das Kassitenreich unter der Herrschaft einer Reihe minderjähriger Könige nur wenig auszurichten vermochte, freie Hand, langsam aber stetig in Richtung Westen und Norden vorzustoßen und dort nach Jahrhunderten des Abwehrkampfes erstmals eine aggressive Expansionspolitik zu verfolgen. Neben den Fernhandel, den die Assyrer seit der altassyrischen Zeit praktizierten, traten nun ausgedehnte Raubzüge und die Unterjochung fremder Länder, beides gerechtfertigt durch neuartige theologische und königsideologische Vorstellungen. »Erweitere Dein Land« (*matka rappisch*), rief ein hoher Priester im Namen des Gottes Aschur dem assyrischen Herrscher im mittelassyrischen Krönungsritual zu.

Adad-narari I. ist der erste assyrische König, der in seinen Inschriften ausgiebig von seinen Kriegstaten berichtet. Er rühmt sich, den Mittani-Herrscher Schattuara gefangengenommen und erst wieder freigelassen zu haben, nachdem ihm dieser vertraglich zugesichert hatte, fortan regelmäßigen Tribut zu zahlen. Als Schattuaras Sohn Wasaschatta, in der vergeblichen Hoffnung, Unterstützung von den Hethitern zu erhalten, diese Zahlungen einstellte, zog Adad-narari in die Habur-Region, annektierte mehrere wichtige Städte und ließ in Taidu, einer der Hauptresidenzen der Mittani-Könige, einen assyrischen Palast errichten. Assyrische Razzien bis an den Euphrat im

Westen trugen zur weiteren Schwächung des Mittani-Reiches bei. Ihre Rechtfertigung fanden alle diese Aktionen darin, dass Wasaschatta den zwischen Adad-narari und Schattuara geschlossenen Vertrag gebrochen hatte – Staatsverträge hatten nunmehr, anders als noch in altbabylonischer Zeit, über den Tod eines der Vertragspartner hinaus Gültigkeit. Trotz seiner militärischen Erfolge vermochte Adad-narari den hethitischen König Murschili II. nicht von seiner Gleichrangigkeit zu überzeugen. Letzterer antwortete auf einen Brief des Assyrerkönigs mit der spöttischen Bemerkung: »Was redest Du andauernd von Bruderschaft? … Du und ich, wurden wir etwa von derselben Mutter geboren?«

Endgültig Teil des assyrischen Reiches wurde das Habur-Dreieck erst unter Adad-nararis Nachfolger Salmanassar (assyrisch: Salmanu-aschared) I. (1273–1244 v. Chr.), der nach einem Feldzug gegen das im Norden gelegene Uruatri, das spätere Urartu, dem Mittani-Herrscher Schattuara II. in dessen Land eine vernichtende Niederlage zufügte. Auch die Unterstützung von seiten der Hethiter und der Achlamu, eines Aramäerstamms, der im 14. Jahrhundert die Bühne der Geschichte betreten hatte, konnte Schattuara nicht retten. Salmamassar schuf eine Reihe neuer assyrischer Provinzen, und ein von ihm in der Stadt Dur-Katlimmu am Habur eingesetzter »Großwesir« und »(Vize-)könig von Hanigalbat« kontrollierte von nun an das gesamte Habur-Gebiet bis hin zur Mündung des Flusses in den Euphrat.

Salmanassar behauptet, im Verlauf seines Feldzugs 14400 Gefangene geblendet und nach Assyrien verschleppt zu haben,[33] womit die für die assyrische Kriegsführung so charakte-

33 Die historische Zuverlässigkeit dieser Angabe ist allerdings eher fragwürdig. 14400 ist das Vierfache der sexagesimalen Grundzahl 3600 und damit eine verdächtig runde Zahl.

ristische Deportationspraxis ihren Anfang nahm. Diese diente zum einen der Zerschlagung des ethnischen Zusammenhalts besiegter Regionen, zum anderen hatte sie die Gewinnung von Arbeitskräften für das assyrische Kernland oder andere unter assyrischer Kontrolle stehende Gegenden zum Ziel.

Salmanassars Nachfolger Tukulti-Ninurta I. (1243–1207 v. Chr.) war eine der schillerndsten Gestalten der assyrischen Geschichte. Nachdem er in Kämpfen mit hethitischen Truppen die entlang des Euphrat verlaufende Grenze zum Hethiterreich konsolidiert hatte, konnte er seine ganze Aufmerksamkeit der Auseinandersetzung mit dem Kassitenreich im Süden widmen. Die genaue Rekonstruktion der Ereignisse bleibt vorerst schwierig, klar ist aber, dass Tukulti-Ninurta ca. 1226 v. Chr. einen spektakulären Erfolg feiern konnte: die vermutlich im Zuge von Kämpfen im Osttigrisland erfolgte Gefangennahme des Kassitenkönigs Kaschtiliasch IV. Der assyrische Herrscher ließ dieses Ereignis in einem literarisch hochambitionierten Epos feiern, das Kaschtiliasch als eidbrüchigen Missetäter und Gottesfeind schmäht. Doch ein Brief aus der Provinzhauptstadt Dur-Katlimmu deutet an (auch wenn die Interpretation des Schreibens umstritten bleibt), dass Tukulti-Ninurta den gefangenen König unbeschadet solcher Hassbekundungen keineswegs schlecht behandelte – Kaschtiliasch scheint zusammen mit einer Reihe kassitischer Damen eine Delegation des assyrischen Hofes bei einem Besuch von Dur-Katlimmu begleitet zu haben. Die politisch-literarische ›Propaganda‹ zeichnet also offenbar ein stark verzerrtes Bild des tatsächlichen Geschehens.

Dies trifft auch auf die weiteren Ereignisse in Babylonien zu. Tukulti-Ninurtas Inschriften zufolge war die assyrische Invasion ein großer Erfolg. Tatsächlich aber führte sie zu einem jahrelangen Chaos. Der von Tukulti-Ninurta in Babylon eingesetzte Marionettenherrscher, ein gewisser Enlil-nadin-schumi, wurde im Zuge einer Intervention der Elamer, welche die Entstehung eines einheitlichen babylonisch-assyrischen Machtblocks mit allen Mitteln zu verhindern suchten, bereits nach einem Jahr wieder seines Amtes enthoben und durch einen Kassiten ersetzt, der seinerseits nach nicht viel mehr als einem Jahr einem weiteren Kandidaten Tukulti-Ninurtas weichen musste. Nachdem auch dieser dem elamischen Druck nicht hatte standhalten können, scheint Tukulti-Ninurta für einige Jahre selbst die Herrschaft über Babylonien übernommen zu haben. Nach seinem Einzug in Babylon, vermutlich im Jahre 1218 v. Chr., verschleppte der assyrische König, wenn man einem späten Chronikeintrag trauen darf, die Statue des Gottes Marduk und setzte damit die von den Hethitern 1595 v. Chr. begonnene Tradition des *Godnapping* der Hauptgottheit der Stadt fort.

Die Kassiten waren jedoch keineswegs vollständig von der Bildfläche verschwunden. Sie hatten sich in ihren Stammlanden am oberen Diyala gegen die Assyrer behaupten können und harrten darauf, eine neuerliche Schwächephase Assyriens für eine Rückkehr nach Babylon nutzen zu können. Ihr Warten sollte nicht vergeblich sein. Tukulti-Ninurta scheint im Verlauf seiner Regentschaft immer mehr den Sinn für Realitäten verloren und sich seiner näheren Umgebung zunehmend entfremdet zu haben. Besonders der mit Hilfe babylonischer Kriegsgefangener unternommene Bau einer neuen Hauptstadt, des nach dem König selbst benannten, ca. drei Kilometer nördlich von Assur gelegenen Kar-Tukulti-Ninurta, das auch als neues Kultzentrum des Gottes Aschur dienen sollte, dürfte bei den noch immer sehr mächtigen großen Familien von Assur auf wenig Gegenliebe gestoßen sein. So verwundert es nicht, dass Tukulti-Ninurta im Jahre 1207 v. Chr. von einem seiner Söhne getötet wurde. Unter den drei nur kurz regierenden Nachfolgern des Königs, unter denen Assur seine zentrale politische und religiöse Stellung zurückgewann, herrschten in Assyrien starke innere Spannungen, die darin kulminierten, dass oppositionelle

Kreise 1192 v. Chr. den assyrischen Herrscher Enlil-kudurri-usur an den Kassitenkönig Adad-schuma-usur (1217–1188 v. Chr.) auslieferten. Dieser nutzte die Lage, um den namentlich nicht bekannten letzten assyrischen Vasallenherrscher aus Babylon zu vertreiben und dort selbst den Thron zu besteigen.

Damit war das alte Kräfteverhältnis zwischen Babylonien und Assyrien wiederhergestellt. Ninurta-tukulti-Aschur, der zeitweilig für den offenbar regierungsunfähigen assyrischen König Aschur-dan I. (1178–1133 v. Chr.) die politischen Geschäfte führte, ließ die von Tukulti-Ninurta entführte Marduk-Statue nach Babylon zurückschaffen, was eine dauerhafte Aussöhnung zwischen den beiden Mächten hätte ermöglichen können. Doch der symbolische Akt trug nur sehr kurzfristig zur Verbesserung ihrer Beziehungen bei.

Das Ende der Kassitenherrschaft, die »zweite Dynastie von Isin« und die Krise des elften Jahrhunderts v. Chr.

Sowohl Assyrien als auch das kassitische Babylonien gingen aus den langjährigen Kriegen, die sie miteinander geführt hatten, geschwächt hervor. Dies war um so bedenklicher, als sich nun auch im Westen neues Unheil zusammenbraute. Um 1200 v. Chr. führten die Attacken der sogenannten Seevölker im östlichen Mittelmeerraum im Zusammenspiel mit einer lange währenden Dürreperiode und politischen und ökonomischen Desintegrationsprozessen zum Zusammenbruch zahlreicher levantinischer Kleinstaaten, unter ihnen Ugarit, und zum Fall des Hethiterreiches, das bis dahin das Territorium westlich des Euphrat beherrscht hatte. Auch Ägypten fehlte es fortan an Mitteln, sich in Westasien politisch zu engagieren. Das so entstandene Machtvakuum ermöglichte den Aufstieg neuer ethnischer Gruppen, etwa der Philister und Israeliten in Palästina und der Phryger in Anatolien. Für Assyrien und Babylonien erwies sich besonders das Erstarken der Aramäer, semitischer

Halbnomaden, die bis dahin die Ränder des Fruchtbaren Halbmondes bewohnt hatten, als gefährlich. Im zwölften Jahrhundert begannen die Aramäer, ähnlich wie tausend Jahre zuvor die Amurriter, in immer größerer Zahl in das Land zwischen Euphrat und Tigris einzusickern. Gleichzeitig gründeten einige der assyrischen Provinzgouverneure im Westen, insbesondere im Habur-Gebiet, eigene Lokaldynastien. Nach außen hin verhielten sie sich Assyrien gegenüber zwar weiterhin loyal, doch innerhalb ihrer Herrschaftsgebiete verfolgten sie eine weitgehend autonome Politik und nahmen sogar den Königstitel für sich in Anspruch.

Die assyrische Königsfamilie vermochte es, sich ungeachtet all dieser Probleme zumindest im assyrischen Kernland weiterhin an der Macht zu halten. Die Herrschaft der Kassiten über Babylonien jedoch fand Mitte des zwölften Jahrhunderts ein gewaltsames Ende – wobei der todbringende Schlag, ähnlich wie beim Untergang der dritten Dynastie von Ur, jedoch nicht von Westen her geführt wurde, sondern aus dem Osten, von Elam her kam. In Elam war es Brauch, die Erbfolge über die weibliche Linie zu regeln, und da einst eine kassitische Prinzessin in das elamische Königshaus eingeheiratet hatte, glaubten der elamische Herrscher Schutruk-Nachunte und sein Nachfolger Kutir-Nachunte, Anspruch auf den babylonischen Thron anmelden zu können. 1159 v. Chr. gelang es Schutruk-Nachunte, Babylon zu erobern. Kutir-Nachunte besiegelte das Geschick der Kassitendynastie, indem er drei Jahre später deren letzten Vertreter, Enlil-nadin-achi, gefangennahm und nach Susa verschleppte. Die Kassiten überlebten als Volkgruppe in ihren schwer zugänglichen Ursprungsgebieten im Zagros-Gebirge, wo sie noch der neuassyrische König Sanherib und sogar Alexander der Große bekämpften, doch politisch spielten sie fortan keinerlei Rolle mehr.

Die Elamer plünderten zahlreiche babylonische Tempel, erbeuteten berühmte Monumente – darunter die Siegesstele des Akkad-Königs Naram-Sin und mehrere Gesetzesstelen Hammurapis, die bis zu ihrer Wiederauffindung durch französische Archäologen in Susa verblieben – und verschleppten, *horribile dictu*, erneut auch die Statue des Gottes Marduk. Unter Kutir-Nachuntes Nachfolger Schilchak-Inschuschinak dehnten die Elamer ihre Eroberungszüge auf assyrisches Territorium aus und gelangten bis an das Ufer des Unteren Zab.

Dennoch waren es nicht die Elamer, die sich in Babylonien dauerhaft als neue Macht etablieren konnten, sondern die Könige der sogenannten »zweiten Dynastie« von Isin, jener südbabylonischen Stadt, die schon nach dem Untergang der Ur-III-Könige eine dominierende Rolle gespielt hatte. Da der Begründer dieser Dynastie, Marduk-kabit-acheschu (1155–1138 v. Chr.), offenbar zeitgleich mit Kutir-Nachunte herrschte, kann man vermuten, dass er mit den Elamern gemeinsame Sache gemacht und womöglich als Sachwalter elamischer Interessen in Babylonien fungiert hatte. Nach und nach aber erstritten die Isin-Könige, die schon bald in Babylon residierten, ihre Unabhängigkeit. Spätestens unter Nebukadnezar I. (1123–1102 v. Chr.) hatten sich die Machtverhältnisse so entscheidend gewandelt, dass die Babylonier zum Angriff übergehen konnten. Der Feldzug, den Nebukadnezar gegen die Elamer unternahm, endete mit einem triumphalen Sieg über die Armee des elamischen Königs Hutelutusch-Inschuschinak. Die babylonischen Truppen eroberten Susa und führten die Marduk-Statue nach Babylon zurück. Nebukadnezar feierte diese Erfolge in zahlreichen historisch-literarischen Texten, in denen er sich als Held und Befreier Babyloniens präsentiert. Auch das berühmte babylonische Weltschöpfungsepos (*Enuma elisch*), das Marduks Götterkönigtum und Babylons Rolle als Zentrum und Nabel der Welt theologisch-ätiologisch begründet, könnte in dieser Zeit entstanden sein.

An der assyrisch-babylonischen Feindschaft änderte sich

während all dieser Jahre nichts. Verschiedene Könige der Isin-II-Dynastie entsandten Truppen gegen Assyrien, die mehrfach bis in das assyrische Kernland vordrangen. Einer dieser Könige, vermutlich Itti-Marduk-balatu (1137–1130 v. Chr.), half einem aufrührerischen assyrischen Prinzen, Mutakkil-Nusku, auf den assyrischen Thron, was ihn indes durchaus nicht davon abhielt, seinem Schützling in einem Brief mit den Worten »[Die Männer] von Assyrien sind Weiber« seine Verachtung zu bekunden.[34] Unter Marduk-nadin-ache (1097–1080 v. Chr.), der im Jahre 1089/1088 v. Chr. die unweit von Assur gelegene assyrische Stadt Ekallate eroberte und ihre Götterstatuen entführte, setzte sich die Phase babylonischer Überlegenheit zunächst fort. Doch dann wendete sich das Blatt wiederum. Nachdem der assyrische Herrscher Tiglatpileser I. (1114–1076 v. Chr.) seinem babylonischen Gegenspieler in der Nähe des späteren Samarra eine vernichtende Niederlage zugefügt hatte, stieß er entlang des Tigris nach Süden vor und besetzte vorübergehend erneut die Stadt Babylon.

In seinen Inschriften, die sich erstmals der für spätere assyrische Königsinschriften so charakteristischen Annalenform bedienen, rühmt sich Tiglatpileser, auch an anderen Fronten große Erfolge erzielt zu haben. Der König bekämpfte zunächst eine Reihe von Bergvölkern im Norden, wobei er ausgiebig Geiseln nahm und Götterstatuen verschleppte, ehe er nach erfolgreichen Schlachten gegen aramäische Stämme im Habur-Gebiet und weiter westlich gelegenen Regionen als erster assyrischer Herrscher bis ans Mittelmeer vorstieß. Dort überbrach-

34 Bemerkenswerterweise wurde eine Kopie dieses Briefes in Assurbanipals berühmter Bibliothek in Ninive gefunden. Warum der ansonsten so stolze Assurbanipal dieses Schreiben, ebenso wie einen Brief des Kassitenherrschers Adad-schuma-usur, in dem assyrische Könige als Trunkenbolde diffamiert werden, seiner Tafelsammlung einverleibte, bleibt unklar.

ten ihm Abgesandte der phönizischen Kleinstaaten von Byblos, Sidon und Arwad reichen Tribut, und auch ein in den entsprechenden Inschriften leider namenlos bleibender ägyptischer König ließ ihm landestypische Gaben zukommen, ein Krokodil und eine Äffin. Unter Aschur-bel-kala (1073–1056 v. Chr.) gelangten assyrische Heeresverbände ein weiteres Mal bis an die Mittelmeerküste.

Man sollte sich von diesen vermeintlichen Triumphen Tiglatpilesers und Aschur-bel-kalas jedoch nicht täuschen lassen. Es war allein den chaotischen Zuständen in Syrien zu verdanken, dass die assyrischen Könige zwischenzeitlich nochmals so weit nach Westen vordringen konnten. Dauerhaft beherrschen konnten sie die von ihnen dabei durchquerten Landstriche schon lange nicht mehr. Diese waren nun weitgehend schutzlos den Verheerungen durch die Aramäer ausgesetzt, vor denen selbst das assyrische Kernland nicht mehr sicher war – aramäische Razzien fanden bereits unter Tiglatpileser auch gegen Ninive und Kilizi statt. Babylonien blieb ebenfalls nicht verschont. Unter König Adad-apla-iddina (1066–1045 v. Chr.) attackierten aramäische Sutäer die Städte Nippur, Sippar, Der und Dur-Kurigalzu, wobei sie, ein barbarischer Frevel, auch vor der Zerstörung von Tempeln nicht zurückschreckten. Adad-apla-iddinas Bemühungen, in Babylon und Borsippa das traditionelle Schrifttum Babyloniens sammeln und in neuen Ausgaben edieren zu lassen, können als ein Versuch gewertet werden, sich dem vor diesem Hintergrund drohenden Verlust zentraler Bestände der babylonischen Kultur entgegenzustemmen.

Die großräumigen Herrschaftsstrukturen, die ein halbes Jahrhundert lang den Vorderen Orient geprägt hatten, brachen in der Folgezeit weitgehend zusammen. Assyrien sah sich bis weit in das zehnte Jahrhundert hinein auf sein Kerngebiet reduziert, während in Syrien neue, neo-hethitisch und aramäisch geprägte Kleinstaaten entstanden. Die in Babylon residierenden Könige scheinen zwar weiterhin die Diyala-Region kontrolliert zu haben, ansonsten aber verfügten sie, besonders im Süden, wo sich nach und nach kaldäische Proto-Staaten etablierten, kaum noch über Autorität. Doch anders als das Hethiterreich verschwanden weder der assyrische noch der babylonische Staat vollständig von der historischen Bühne. Ihre größten Triumphe standen beiden vielmehr erst bevor.

Wirtschaft, Kultur und Religion in der zweiten Hälfte des zweiten Jahrtausends

Mit der Etablierung relativ stabiler Territorialstaaten entstanden in der zweiten Hälfte des zweiten Jahrtausends neue politische und ökonomische Strukturen. Sowohl das Kassitenreich als auch Assyrien gliederten sich in eine Reihe von Provinzen, deren Gouverneure im Auftrag der Zentralmacht für die Eintreibung von Steuern und die Organisation öffentlicher Arbeiten, etwa an Kanälen oder Straßen, zuständig waren. Tausende Verwaltungsurkunden, die im babylonischen Nippur gefunden wurden, und hunderte entsprechender Texte aus dem assyrischen Dur-Katlimmu zeigen uns, wie die Wirtschaftsverwaltung in den Provinzen im einzelnen organisiert war, während Urkunden aus Assur Licht auf die Rolle des Königspalastes und seiner Administration werfen. Aus dem kassiten- und Isin-II-zeitlichen Babylonien sind darüber hinaus zahlreiche monumentale Landschenkungserlasse bekannt, die in der modernen Forschung, in Anlehnung an das akkadische Wort für »Grenzstein«, nicht ganz akkurat als *Kudurrus* bezeichnet werden. Kudurrus sind bis zu einem Meter hohe, oftmals eiförmige, mit Göttersymbolen dekorierte Steinstelen, die in babylonischen Tempeln aufgestellt waren; von dort verschleppte Kutir-Nachunte 1156 v. Chr. einige von ihnen nach Elam. Die

Kudurrus stellen steinerne Besitzurkunden dar – sie dokumentieren vom König verfügte Schenkungen ausgedehnter Ländereien an Mitglieder der Herrscherfamilie, hohe Militärs sowie Priester bzw. Tempel. Oft legen sie darüber hinaus fest, dass den Beschenkten Steuerfreiheit und eine Befreiung vom staatlichen Arbeitsdienst zu gewähren sei.

Viele der in den Kudurrus erwähnten Liegenschaften befanden sich im Osttigrisgebiet sowie im südlichen Meerland, also in eher peripheren Regionen, was darauf hindeutet, dass die Könige mit ihren Schenkungen vor allem die agrarische Nutzung bis dahin weitgehend brachliegenden Landes fördern wollten. Die Schenkungen, die bis zu tausend Hektar große Ländereien umfassten und in mancher Hinsicht an das mittelalterliche Lehnswesen erinnern, dürften gleichwohl nachhaltige ökonomische Konsequenzen gehabt haben – der im ersten Jahrtausend nachweisbare üppige Latifundienbesitz babylonischer Tempel könnte zu einem guten Teil auf sie zurückgehen.

Einen wichtigen ökonomischen Faktor stellte auch weiterhin der Fernhandel dar, der nun jedoch zunehmend unter staatlicher Kontrolle stand und vor allem der Beschaffung kriegswichtiger Ressourcen (besonders Metalle und Pferde) sowie verschiedener Luxusgüter diente. Einige dieser Luxusgüter legten gewaltige Strecken zurück. Schmucksteine, die aus Afghanistan oder von der arabischen Halbinsel nach Mesopotamien importiert und dort bearbeitet und mit Inschriften versehen worden waren, gelangten im Zuge von Handelsaktivitäten bis in das griechische Theben und nach Tas-Silg auf Malta.

Auch kulturell war die Spätbronzezeit, wie schon angedeutet, eine Epoche intensiven Austausches. Der Gebrauch der Keilschrift und der babylonischen Sprache im internationalen Schriftverkehr brachte es mit sich, dass im 14. und 13. Jahrhundert v. Chr. zahlreiche babylonische Schriftgelehrte in Syrien,

Ägypten und im Hethiterreich ihr Auskommen fanden. Am Hethiterhof zu Hattuscha scheint ferner eine beträchtliche Zahl ägyptischer und babylonischer Ärzte präsent gewesen zu sein. Das Wirken eines dieser reisenden Doktoren, eines gewissen Raba-scha-Marduk, ist in Texten aus gleich drei verschiedenen Ländern dokumentiert.[35] Verwaltungsurkunden aus dem babylonischen Nippur zeugen davon, dass Raba-scha-Marduk Anfang des 13. Jahrhunderts in ebendieser Stadt seine Karriere als Arzt begann. Ein Brief aus Hattuscha dokumentiert, dass er noch als junger Mann in das Hethiterreich zog, zu einem der Leibärzte des hethitischen Herrschers avancierte und eine Frau aus der Königsfamilie heiratete; er sollte nie mehr in seine Heimat zurückkehren. Schließlich ist auch noch eine von Raba-scha-Marduk abgefasste Sammlung von Rezepten gegen Kopfschmerzen bekannt, die in Assur gefunden wurde. Der Text, den Raba-scha-Marduk im Zuge seiner Ausbildung in Babylonien geschrieben haben dürfte, gelangte aller Wahrscheinlichkeit nach im Zuge der von Tukulti-Ninurta I. im letzten Viertel des 13. Jahrhunderts in Babylonien unternommenen Beutezüge in die assyrische Hauptstadt.

Auch zahlreiche außerhalb von Mesopotamien zutage gekommene literarische, religiöse und wissenschaftliche Keilschrifttexte zeugen von der Strahlkraft der babylonischen Kultur. Im ägyptischen Amarna fanden sich nicht nur die bereits öfter erwähnten Keilschriftbriefe, sondern auch mehrere Tafeln mit babylonischen Mythen und Epen. Im israelischen Megiddo kam ein Fragment des Gilgamesch-Epos zutage. In Hattuscha, Ugarit und im syrischen Emar wurden ganze Bibliotheken mit babylonischen Texten entdeckt. Alle diese Funde sind

35 N. Heeßel, »The Babylonian Physician Rabâ-sha-Marduk«, in: A. Attia / G. Buisson (Hrsg.), *Advances in Mesopotamian Medicine*, Leiden/Boston 2009, S. 13–28.

für unser Verständnis der Zeit nicht zuletzt auch deswegen wichtig, weil in Babylon selbst, dem mutmaßlichen kreativen Zentrum der babylonischen Textproduktion, aufgrund des dort vorherrschenden hohen Grundwasserspiegels nur relativ wenige Texte aus dem zweiten Jahrtausend ausgegraben wurden, die zudem oftmals noch unpubliziert sind.

Auffällig ist, dass viele der in altbabylonischer Zeit noch intensiv studierten sumerischen Texte, besonders die Königshymnen und eine Reihe von Mythen und Epen, in den Wirren des »Dunklen Zeitalters« nach dem Untergang der Hammurapi-Dynastie offenbar in Vergessenheit geraten waren; ihre Überlieferung brach ab. Andere sumerische Texte, zum Beispiel das Ninurta-Epos *Lugal-e* und mehrere Sprichwortsammlungen, wurden dagegen weitertradiert, wenn auch in der Regel in modifizierten Versionen und mit babylonischen Übersetzungen versehen. Zugleich entstanden, oft unter königlichem Patronat, neue babylonischsprachige Texte, so etwa eine von Nazi-Maruttasch geförderte Edition von Traktaten zur Tagewählerei. Eine Reihe pessimistisch grundierter »weisheitlicher« Texte, die sich dem Thema des »Leidenden Gerechten« und der Theodizeeproblematik widmen, zeugen von sozialen und politischen Entfremdungsprozessen, die unter anderem mit der zunehmenden Distanz zwischen der Bevölkerung und dem Herrscher zusammenhängen könnten.

Viele literarische Neuschöpfungen der Zeit, zum Beispiel der weisheitliche Dialog *Ludlul bel nemeqi*, weisen einen ausgesprochen gelehrten Charakter auf. Durchsetzt mit seltenen Worten, die einer nur noch von Kennern zu entschlüsselnden poetischen Verrätselung dienen, lassen sie nicht selten die Frische und Unmittelbarkeit vermissen, die der akkadischen Literatur in ihrer ersten Blütezeit in der altbabylonischen Periode noch zu eigen war. Dies trifft auch auf das möglicherweise unter Nebukadnezar I. entstandene babylonische Weltschöpfungsepos zu, dessen auf Marduk von Babylon fokussierte Theologie dennoch von nachhaltiger Wirkung war. Das Epos wurde im ersten Jahrtausend v. Chr. sowohl in Babylonien als auch in Assyrien – und wohl auch jenseits der mesopotamischen Grenzen – intensiv rezipiert. Von nicht minderer Bedeutung für spätere Zeiten waren die von König Adad-apla-iddina geförderten Editionsprojekte, die der aus Borsippa stammende Gelehrte Esagil-kin-apli Mitte des elften Jahrhunderts unternahm. Seine Neuausgaben zahlreicher medizinischer, divinatorischer und religiöser Texte erlangten einen nahezu kanonischen Status, blieben für Jahrhunderte in Gebrauch und wurden Gegenstand einer umfangreichen Kommentarliteratur.

Charakteristisch für die literarische Welt des spätbronzezeitlichen Mesopotamien sind ferner eine Reihe von Königsepen, die im *genus sublime* ein heroisches Bild vom kriegerischen Mut und den militärischen Erfolgen ihrer Protagonisten zeichnen. Das bedeutendste Werk dieser Gattung ist das Tukulti-Ninurta-Epos, das zugleich ein Beispiel assyrischen Literaturschaffens darstellt. Grundsätzlich blieb Assyrien auf kulturellem Gebiet jedoch stark von Babylonien abhängig. Seit der Zeit Aschur-uballits I. erfreute sich der babylonische Gott Marduk auch in assyrischen Städten religiöser Verehrung, und die in Assyrien gepflegte Literatur und Wissenschaft war zu einem guten Teil aus Babylonien importiert. Auch das Tukulti-Ninurta-Epos ist bezeichnenderweise in babylonischer Sprache abgefasst.

Assyrischsprachig sind dagegen die für die altorientalische Rechts- und Sozialgeschichte bedeutsamen »mittelassyrischen Gesetze« sowie die sogenannten »Haremserlasse«, die das Leben von Frauen am assyrischen Königshof regeln. Beide Textgruppen sehen zum Teil drastische Körperstrafen vor. So wurde etwa Palastbeamten, die einem Nichteunuchen Zugang zum Harem gewährten, in spiegelbildlicher Entsprechung zu dem Vergehen ein Fuß abgeschnitten.

Da nur wenige Tempel und Paläste der mesopotamischen Spätbronzezeit ausgegraben worden sind, bleibt die bildende Kunst dieser Epoche vorerst schwer fassbar. Zahlreiche elaborierte Siegeldarstellungen zeugen jedoch von hohen ästhetischen Standards. Aus Assur und Ninive sind ferner eine Reihe früher Beispiele der assyrischen Reliefkunst überliefert, einer Gattung, die im ersten Jahrtausend v. Chr. eine überaus bemerkenswerte Entwicklung durchlaufen sollte. Besondere Hervorhebung verdienen die aus dem elften Jahrhundert stammenden, möglicherweise von ägyptischen Vorbildern inspirierten assyrischen Obelisken. Die Reliefbänder, die auf ihnen angebracht sind, bilden vor allem Tributszenen ab, aber auch andere Motive wie etwa die königliche Jagd.

X. Das Zeitalter der Imperien: Assyrer, Babylonier und Perser in der ersten Hälfte des ersten Jahrtausends v. Chr.

Die ökologische, ökonomische und politische Krise, die seit ca. 1200 v. Chr. überall im Vorderen Orient ihren Tribut forderte, hatte Ägypten, Babylonien und Assyrien auf ihre Kerngebiete zurückgeworfen. Das Hethiterreich war zusammengebrochen, und gleiches galt für die bis dahin von den großen Mächten abhängigen Vasallenstaaten in Palästina und Syrien, deren Palastzentren mit ihrer ägyptisch und babylonisch beeinflussten hohen Kultur nicht wiedererstehen sollten. An ihre Stelle traten nach und nach ›ethnisch-tribal‹ geprägte Kleinstaaten mit einer zunächst relativ egalitären Gesellschaftsordnung. In Israel waren es Hebräer, in Syrien Aramäer und neo-hethitische Luwier, die diese Staaten trugen. Auf der arabischen Halbinsel und in der syrischen Wüste begannen im Gefolge der erfolgreichen Domestizierung des Kamels auch die Araber, sich in verstärktem Maße politisch zu organisieren.

Der Gebrauch der Keilschrift und der babylonischen Sprache geriet in den Jahrhunderten der Krise in Westsyrien, Palästina und Anatolien weitgehend in Vergessenheit. Man bediente sich dort nun neuer Sprachen und Schriftsysteme, wobei die leicht zu erlernende, auf 22 Zeichen beschränkte aramäische Konsonantenschrift eine Schlüsselrolle spielte. Eine weitere wichtige Innovation der Krisenzeit war die zunehmende Nutzung von Eisen für die Herstellung von Waffen und Geräten; sie hat dem neuen Zeitalter seinen modernen Namen, »Eisenzeit«, beschert.

Mesopotamien blieb von allen diesen Entwicklungen nicht unberührt. Auf die politischen Konsequenzen der Einwanderung neuer ethnischer Gruppen, besonders der Aramäer und der mit diesen verwandten Kaldäer, haben wir bereits hingewiesen. Eisen sollte bald auch in Assyrien und Babylonien eine wesentliche Rolle spielen, sowohl im Kriegswesen als auch in der Landwirtschaft, in der es unter anderem für Pflugscharen verwendet wurde – mit der willkommenen Folge, dass beträchtliche Ertragssteigerungen erzielt werden konnten. Auch die aramäische Sprache und Schrift, von den aramäischen Migranten ostwärts getragen, fand im Laufe der Zeit in Mesopotamien zunehmend Verwendung. Sowohl in der Staatsverwaltung als auch in der kulturellen Sphäre blieb jedoch die traditionelle Keilschrift bis auf weiteres das dominante Schriftsystem.

Nach und nach erholten sich Assyrien und Babylonien von den Rückschlägen, die sie seit 1200 v. Chr. erlitten hatten, und schließlich ging von Mesopotamien eine weitere Expansionsbewegung aus, die diesmal welthistorisch bahnbrechende Folgen haben sollte. Sie brachte die ersten veritablen Imperien hervor, und mit ihnen politische und administrative Strukturen, die bis in die Neuzeit hinein die politische Landschaft des Vorderen Orients prägen sollten.

Die wichtigsten Etappen dieser Entwicklung sollen im folgenden knapp skizziert werden. Die Quellenlage ist dabei erneut recht uneinheitlich. Über die Zeit bis ca. 745 v. Chr., in der Assyrien zunächst seine zuvor verlorengegangenen Besitzungen zurückeroberte, ehe es einer weiteren Schwächephase anheimfiel, unterrichten uns neben einigen Datenlisten fast nur die assyrischen Königsinschriften, die das politische Geschehen und besonders die Kriegszüge der assyrischen Monarchen freilich sehr ausführlich schildern. Für die mit Tiglatpileser III. (744–727 v. Chr.) einsetzende imperiale Phase der assyrischen Herrschaft verfügen wir dagegen über eine gewaltige Quellenfülle. Neben die Königsinschriften und Datenlisten treten nun Briefe, Verträge, Orakelanfragen und Verwaltungsurkunden aus staatlichen Archiven, babylonische Chroniken und außermesopotamische Texte wie die Hebräische Bibel.

Die politische Geschichte des babylonischen Reiches, welches das Erbe Assyriens antrat, ist weniger gut dokumentiert. Die durchaus zahlreich überlieferten babylonischen Herrscherinschriften beschränken sich zumeist auf die Schilderung königlicher Tempelbauaktivitäten, und historisch relevante Briefe stehen kaum noch zur Verfügung. Doch nicht zuletzt dank einer Reihe sehr zuverlässiger babylonischer Chroniken sind uns die wichtigsten Ereignisse auch dieser Epoche zumindest in Grundzügen bekannt. Zehntausende Dokumente aus babylonischen Privat- und Tempelarchiven werfen zudem ein helles Licht auf die wirtschaftlichen Verhältnisse der Zeit.

Das neuassyrische Reich

Assyrien gelang es rascher als Babylonien, aus dem dunklen Zeitalter, das im elften Jahrhundert begonnen hatte, wieder in das historische Licht zu treten. Entscheidend hierfür war die größere politische Stabilität, die im assyrischen Kernland herrschte. Babylonien erlebte nach dem Untergang der Zweiten Dynastie von Isin, deren letzter König im Jahre 1024 v. Chr. starb, eine Phase massiver innerer Zersplitterung. Die fortan in Babylon regierenden Könige entstammten zahlreichen verschiedenen Dynastien, von denen keine sich dauerhaft an der Macht zu halten vermochte und die insbesondere im Süden kaum Autorität besaßen. Dort mussten sich die traditionsreichen alten Städte, etwa Nippur oder Uruk, mit aramäischen Halbnomaden und den politisch gut organisierten Kaldäern auseinandersetzen, eine politische Gemengelage, die für Jahrhunderte jeden Versuch einer dauerhaften ›Reichseinigung‹ unmöglich machte.

Die Situation in Assyrien war weniger verzweifelt, doch bis in das späte zehnte Jahrhundert hinein sah sich auch dieser Staat durch den Aramäersturm erheblich geschwächt und auf sein Kerngebiet beschränkt. Das Ziel, die mittelassyrischen Glanzzeiten wiederherzustellen und die massiven territorialen Verluste, die seit dem elften Jahrhundert zu verzeichnen waren, rückgängig zu machen, ließen die assyrischen Herrscher jedoch zu keinem Zeitpunkt aus dem Auge. Dies ist unter anderem daran zu ersehen, dass von den zwanzig Königen, die zwischen 1056 und 722 v. Chr. Assyrien regierten, neunzehn bei ihrer Thronbesteigung den Namen eines ihrer mittelassyrischen Vorgänger annahmen.

Die assyrische ›Reconquista‹, die Wiedergewinnung der mittelassyrischen Besitzungen des Reiches, begann während der Zeit der Könige Aschur-dan II. (934–912 v. Chr.), Adadnarari II. (911–891 v. Chr.) und Tukulti-Ninurta II. (890–884 v. Chr.). Unter Aschur-dan II. gingen die Assyrer erstmals wieder in die Offensive. Assyrische Truppen attackierten Katmuchu und andere Kleinstaaten, die sich im Westen des assyrischen Kerngebiets, in der Region zwischen Tigris und Habur, gebildet hatten.

Adad-narari II. gelang es zu Beginn seiner Amtszeit, das bis dahin unter babylonischer Herrschaft stehende osttigridische Arrapcha zu erobern. Die Babylonier erkannten vertraglich an, dass die Stadt mitsamt ihrem umfangreichen Hinterland hinfort zu Assyrien gehören sollte. Arrapcha wurde unter späteren Königen zum Sprungbrett für die weitere Ausdehnung der assyrischen Reichsgrenzen nach Süden und Osten. Auch im Norden und Westen unternahm Adad-narari ausgedehnte Feldzüge, die zunächst vor allem der Gewinnung von Beute und Tribut dienten. Ausführlich beschrieben wird in den königlichen Annalen ein 894 v. Chr. unternommener Zug von der Quelle des Habur bis zu seiner Mündung in den Euphrat und dann weiter euphratabwärts. Neun Jahre später zog Adad-nararis Nachfolger Tukulti-Ninurta II. erneut diese Route entlang, diesmal jedoch in umgekehrter Richtung. Da die aramäischen Fürstentümer am Habur und am mittleren Euphrat klein und untereinander uneinig waren, stießen beide Könige auf ihren Razzien auf wenig Widerstand und konnten zwischenzeitlich wiederholt ihrer Jagdleidenschaft frönen.

Die Regierung König Assurnasirpals II. (883–859 v. Chr.) markiert eine neue Phase in der Geschichte des neuassyrischen Staates. Zahlreiche in alle Richtungen erfolgende Feldzüge, über die uns höchst detaillierte königliche Inschriften unterrichten, stärkten die assyrische Vorherrschaft über Obermesopotamien. Als besonders hartnäckige Gegner erwiesen sich dabei mehrere Aramäerstaaten im Euphratbogen, die von (legendären) Ahnherren inspirierte Namen wie Bit Adini (»Haus des Adinu«) oder Bit Bachiani (»Haus des Bachianu«) trugen. Einige dieser Staaten scheinen erst als Reaktion auf das assyrische Wiedererstarken unter Assurnasirpals Vorgängern entstanden zu sein.

Die militärischen Erfolge, die Assyrien im neunten Jahrhundert zum mächtigsten Staat des Vorderen Orients machten, verdankten sich seiner überaus schlagkräftigen Armee, in der in zunehmendem Maße auch nichtassyrische Soldaten dienten. Die assyrische Infanterie der Zeit bestand vornehmlich aus Bogenschützen und Lanzenträgern. Die in der Bronzezeit so wichtigen Streitwagen spielten eine immer geringere, die Reiterei dagegen eine zunehmend bedeutende Rolle. Vor feindlichen Attacken sicherten sich die assyrischen Truppen, indem sie auf ihrem Vormarsch nach dem immer gleichen Muster gestaltete befestigte Feldlager errichteten. Schwimmschläuche und Flöße dienten ihnen zur Überwindung von Flussläufen; mitunter kamen auch Pontonbrücken zum Einsatz.

Bei der Eroberung neuer Gebiete verfolgten die Assyrer eine ebenso perfide wie wirkungsvolle Strategie. Zunächst verlegten sich die assyrischen Militäreinheiten darauf, das Hinterland befestigter Städte zu plündern. Sie nahmen davon erst Abstand, wenn die Herrscher der fraglichen Städte sich bereit fanden, der assyrischen Krone regelmäßige Tributleistungen zugehen zu lassen. Letzteres trug zur allmählichen Verarmung der Städte bei und zerstörte das Zusammengehörigkeitsgefühl ihrer Bewohner. Kam es infolge dieser Umstände in einer Stadt zu wiederholten Aufständen, machten sich die assyrischen Truppen daran, sie zu belagern, um ihre Bewohner auszuhungern und ihre völlige Unterwerfung zu erwirken. Im Falle anhaltenden Widerstandes stürmten sie die Stadt, wozu sie Mauerbrecher einsetzten, die auf fahrbaren Sturmtürmen über gewaltige Rampenanlagen an die Mauern herangebracht wurden.[36]

36 Ausgrabungen haben gezeigt, dass die Truppen des assyrischen Königs Sanherib bei der Belagerung von Lachisch im Jahre 701 v. Chr. ca. 25 000 Tonnen Erde und Holz herbeischafften, um einen 70–75 Meter breiten und 50–60 Meter langen Wall zu bauen, dessen Höhe an der Krone der Rampe 22–25 Meter betrug. Versuchten die Verteidiger, solche Rampen mit Hilfe von Naphta in Brand zu setzen, liefen sie Gefahr, bei einem Wechsel der Windrichtung ihre eigene Stadt in Flammen aufgehen zu lassen.

Zu allen Zeiten haben Armeen im Krieg brutale Gewalt ausgeübt, um Widerstandsnester zu zerschlagen und potentielle Unruhestifter abzuschrecken. Doch selten ist diese Gewalt offener gefeiert worden als in den Inschriften der neuassyrischen Könige, namentlich in denen Assurnasirpals II. In einer von ihnen heißt es mit Bezug auf die Bevölkerung der von Assurnasirpal eroberten Stadt Tela:

> Ich nahm viele ihrer Männer lebendig gefangen. Einigen schnitt ich die Arme und Hände ab, anderen die Nasen, Ohren und Extremitäten(?). Ich zerstörte das Augenlicht vieler Männer. [...] Ich hing ihre Köpfe rings um die Stadt herum an Bäume. Ich übergab ihre Knaben und Mädchen den Flammen. Ich zerstörte und verheerte die Stadt, verbrannte und vertilgte sie.[37]

Viele der assyrischen Orthostatenreliefs, die seit der Zeit Assurnasirpals II. die Wände der assyrischen Paläste schmückten, zeigen Grausamkeiten vergleichbarer Art im Bilde. Wiederholt wird das Schinden und Pfählen von Feinden dargestellt, und auch wie assyrische Beamte die abgeschlagenen Gliedmaßen hingeschlachteter Feinde inspizieren und ihre Zahl auf Tontafeln oder Papyrusrollen dokumentieren, ist auf den Reliefs zu sehen. Hier verbindet sich die merkantil-kapitalistisch geprägte Buchhaltermentalität des älteren Assyrien mit der militaristisch-imperialistischen Gewaltideologie der neuassyrischen Zeit. Ein besonders charakteristisches Zeugnis der assyrischen Freude an der Vernichtung des Gegners stellt ein bronzenes Kohlebecken aus dem »Zeughaus-Palast« von Assurnasirpals Nachfolger Salmanassar III. in Kalchu dar. Die vier Seiten des

37 A. K. Grayson, *Assyrian Rulers of the Early First Millennium BC I*, Toronto 1991, S. 201–202.

Fahrbares Kohlebecken in Form einer Stadt aus dem Zeughauspalast Salmanassars III. in Kalchu (9. Jh. v. Chr.)

Beckens weisen die Form einer mit Türmen bewehrten Stadtmauer auf, so dass der König, wenn im Winter im Inneren des Beckens ein lustiges warmes Feuer prasselte, auf das Abbild einer von seinen Truppen in Brand gesetzten Stadt blickte.

Assurnasirpal nutzte die gewaltigen Reichtümer, die ihm in Gestalt von Beute, Tribut und Steuern aus den neu eroberten Gebieten zuflossen, um ein gewiss nicht unumstrittenes Großprojekt zu realisieren: die Verlegung der königlichen Residenz von Assur nach Kalchu. Der König mag sich zu diesem Schritt entschlossen haben, weil Kalchu im Zentrum des von Assur, Ninive und Arbela gebildeten assyrischen Städtedreiecks lag, was ihm eine bessere Kontrolle des assyrischen Kernlandes ermöglichte. Daneben könnte eine Rolle gespielt haben, dass er die Macht der selbstbewussten traditionellen Eliten in der alten Hauptstadt Assur brechen wollte – wichtige Ämter wurden in der Folgezeit immer öfter an Eunuchen vergeben, die ihre Stellung allein dem König verdankten. Assur blieb das religiöse Zentrum Assyriens und die Grablege seiner Könige, doch seine politische Bedeutung war fortan eher gering. Kalchu dagegen wurde von Assurnasirpal zu einer Großstadt von 380 Hektar Grundfläche ausgebaut. Als der König dort 864 v. Chr. seine neue Residenz, den sogenannten Nordwestpalast, einweihte, bewirtete er aus diesem Anlass, wenn man seinen Inschriften Glauben schenken darf, nicht weniger als 69 574 Gäste, unter ihnen 16 000 Bewohner der Stadt und 5000 Gesandte aus kürzlich eroberten Landstrichen, denen er über zehn Tage hinweg 10 000 Tauben, 10 000 Schläuche Wein, 10 000 Humpen Bier und zahlreiche andere Speisen und Getränke servieren ließ.

Unter Assurnasirpals Sohn und Nachfolger Salmanassar III. (858–824 v. Chr.) nahm die assyrische Expansionspolitik zunächst ihren Fortgang. Mit der Eroberung der am Euphrat gelegenen Stadt Til Barsip, einer Festung Bit Adinis, die der assyrische König in Kar-Salmanu-aschared, d. h. »Salmanassar-Hafen«, umtaufen ließ, gelang es Salmanassar, die assyrische Herrschaft über die Dschesira weiter zu konsolidieren. Beträchtliche Teile des zwischen dem Habur und dem Euphrat-Bogen gelegenen Gebiets wurden zu einer großen Grenzprovinz zusammengefasst, mit Til Barsip als Hauptstadt, und dem assyrischen »Feldmarschall« (*turtanu*) unterstellt. Die Dschesira entwickelte sich in der Folgezeit zu einem wichtigen Zentrum des Getreide-, Wein- und Obstanbaus.

Immer öfter drang die assyrische Armee nun über den Euphrat weiter nach Westen vor. 853 v. Chr. stellten sich ihr bei Qarqar am Orontes die Truppen einer Koalition syrischer und palästinischer Fürsten in den Weg, der Salmanassars Inschriften zufolge unter anderem Hadad-ezer von Damaskus, Irchulenu von Hama, Ahab von Israel sowie der Araber Gindibu angehörten. Mit den beiden letztgenannten treten uns erstmals inschriftlich bezeugte israelitische und arabische Herrscher entgegen. Auch wenn der israelitische König Jehu Salmanassar 841 v. Chr. Tribut brachte, scheint die Schlacht von Qarqar nicht mit einem klaren assyrischen Sieg geendet zu haben – die antiassyrischen Koalitionäre vermochten ihre Unabhängigkeit zunächst weitgehend zu wahren.

Salmanassar griff auch in die Belange Babyloniens ein. Er schloss einen Beistandspakt mit dem babylonischen König Nabu-aplu-iddina, dessen Bestimmungen er nachkam, als er 851 v. Chr. den legitimen Nachfolger seines Vertragspartners, Marduk-zakir-schumi, im Kampf gegen einen rebellischen Bruder unterstützte.

Schon unter Assurnasirpal II. war es zu Scharmützeln zwischen assyrischen Truppen und Soldaten des in Anatolien gelegenen Staates Urartu gekommen. Diese setzten sich unter Salmanassar III. fort und nahmen an Heftigkeit zu. Urartu, dessen Zentrum die Stadt Tuschpa am Van-See bildete, war in der zweiten Hälfte des neunten Jahrhunderts unter König Sarduri I. zu einem mächtigen Land herangewachsen. Seine wichtigsten Institutionen – die monarchische Herrschaftsform, die Verehrung eines dem Gott Aschur vergleichbaren Staatsgottes, des in der Stadt Musasir ansässigen Haldi, sowie der Gebrauch der assyrischen Schrift und Sprache in den frühen urartäischen Königsinschriften – waren von assyrischen Modellen inspiriert. Urartus straffe politische Organisation und seine naturräumliche Lage – das Land war durch mehrere Bergketten von Assyrien getrennt – machten es zu einem gefährlichen Gegner für die assyrischen Könige.

Als es 830 v. Chr. zwischen Assyrien und Urartu erneut zu Feindseligkeiten kam, stand den Inschriften Salmanassars zufolge – ebenso wie bei mehreren assyrischen Militäraktionen der folgenden Jahre – nicht mehr der König an der Spitze der Truppen, sondern der assyrische Feldmarschall Dajjan-Aschur.

Da explizite Hinweise auf die Aktivitäten assyrischer Großwürdenträger in früheren Königsinschriften nirgends zu finden sind – sämtliche Triumphe werden darin vielmehr dem König zugeschrieben –, darf man annehmen, dass Dajjan-Aschur in den letzten Jahren der Herrschaft des nun vermutlich greisen Salmanassar III. immer mehr zum eigentlichen Machthaber Assyriens aufgestiegen war. Damit kündigt sich ein Phänomen an, das die innere Ordnung des assyrischen Staates bis Mitte des achten Jahrhunderts v. Chr. nachhaltig in Mitleidenschaft ziehen sollte: der schleichende Machtverlust der Krone und der Aufstieg der assyrischen Magnaten, bei denen es sich oftmals um Eunuchen gehandelt zu haben scheint.

Greifbare Gestalt nahm die Krise erstmals in den Jahren 826–820 v. Chr. an, in denen ein Sohn Salmanassars namens Aschur-da"in-aplu einen Bürgerkrieg anzettelte, um sich den assyrischen Thron zu sichern. Vermutlich war Aschur-da"in-aplu einst Kronprinz gewesen, doch Salmanassar hatte sich, vielleicht unter dem Einfluss Dajjan-Aschurs, später dazu entschlossen, einen jüngeren Sohn, Schamschi-Adad, zu seinem Nachfolger zu ernennen. Obwohl er sich der Unterstützung zahlreicher assyrischer Städte und Provinzen erfreute, unter ihnen Assur und Ninive, vermochte sich Aschur-da"in-aplu gegen seinen Bruder nicht durchzusetzen. Nicht zuletzt dank des Beistandes des babylonischen Herrschers Marduk-zakir-schumi fiel das Königtum am Ende Schamschi-Adad (V.) zu, der 824 v. Chr., vermutlich noch minderjährig, in Kalchu den Thron bestieg und von 820 bis 811 v. Chr. unangefochten das Herrscheramt bekleidete.

Sowohl im Osten wie auch im Westen führten die Spannungen im assyrischen Kernland zu vorübergehenden Gebietsverlusten, die Schamschi-Adad seit 815 v. Chr. durch Angriffe gegen Babylonien zu kompensieren suchte. Dankbarkeit für die ihm von dort während der Auseinandersetzung mit Aschur-da"in-aplu zuteil gewordene Unterstützung kannte er nicht. Bis zu seinem Tod 811 v. Chr. gelang es Schamschi-Adad, beträchtliche Teile des Diyala-Gebiets und sogar die an der Grenze zu Elam gelegene Stadt Der zu annektieren, was zu einer empfindlichen Schwächung von Assyriens südlichem Nachbarn führte. 811 v. Chr. zogen assyrische Truppen, die zuvor weit nach Südbabylonien vorgedrungen waren, vorübergehend in Babylon ein, dessen Thron anschließend für mehrere Jahre vakant blieb. Während der folgenden Jahrzehnte herrschte Chaos in Babylonien. In Nippur gefundene Briefe aus dieser Zeit zeichnen das Bild eines desintegrierten, von marodierenden Banden unsicher gemachten Landes.

Als Adad-narari III. 811 v. Chr. den assyrischen Thron bestieg, scheint er wie einst sein Vater Schamschi-Adad noch minderjährig und nicht wirklich regierungsfähig gewesen zu sein. Die tatsächliche Macht lag offenbar zunächst in den Händen des Feldmarschalls Nergal-ila'i, vor allem aber von Adadnararis Mutter Sammu-ramat. Eine Steleninschrift aus dem Jahr 805 v. Chr. führt sowohl Adad-narari als auch Sammu-ramat als Garanten des Grenzverlaufs zwischen den südostanatolischen Staaten Gurgum und Kummuch an, was als ein deutlicher Hinweis auf Sammu-ramats Einfluss verstanden werden darf. Dass sich eine Frau, wenn auch nicht de iure, zur Herrscherin über Assyrien aufschwingen konnte, wurde von den Zeitgenossen offenbar als so bemerkenswert erachtet, dass sich um Sammu-ramat bald ein ganzer Kreis von Legenden zu ranken begann. Viele von ihnen hat der griechische Geschichtsschreiber Ktesias überliefert, in dessen Werk Sammu-ramat unter dem Namen Semiramis erscheint. Offenbar greift auch das biblische Buch Jona Elemente der Semiramis-Sage auf (s. S. 258–260).

Sammu-ramat scheint um 798 v. Chr. verstorben zu sein, doch Adad-nararis Macht blieb auch weiterhin beschränkt. Erheblichen Einfluss übte nun der Eunuch Nergal-(oder: Palil-)-eresch aus, der eine Zeitlang das gesamte an Euphrat und Habur gelegene assyrische Staatsgebiet kontrollierte. Trotz der unklaren Herrschaftsverhältnisse im Innern konnte Assyrien unter Adad-narari eine Reihe militärischer Erfolge feiern. Besonders im westiranischen Raum, in den er nicht weniger als 13 Feldzüge unternahm, wurden neue Territorien erschlossen.

Um 787 v. Chr. ernannte Adad-narari einen gewissen Schamschi-ilu, dessen Familienhintergrund unbekannt ist, zum Feldmarschall. Schamschi-ilu bekleidete sein Amt gut vierzig Jahre lang und wurde in dieser Zeit zum faktischen Herrscher Assyriens. Es scheint, als hätten Salmanassar IV. (782–773 v. Chr.), Aschur-dan III. (772–755) und Aschur-narari V. (754–745), die Adad-narari III. auf dem assyrischen Thron nachfolgten, lediglich nominell das Königsamt ausgeübt. Zwischen 781 und 774 v. Chr. führte Schamschi-ilu, der ganz im Stile eines assyrischen Monarchen im eigenen Namen verfasste Inschriften schaffen ließ, Krieg gegen Urartu, 773 v. Chr. unternahm er einen Feldzug gegen Damaskus.

Waren diese Unternehmungen noch in einem gewissen Maße von Erfolg gekrönt, so verließ Schamschi-ilu in den Folgejahren sein Glück. 765 v. Chr. wurde Assyrien von einer schweren Seuche heimgesucht. Eine Sonnenfinsternis im Jahre 763 v. Chr. bildete den Auftakt für eine gegen Schamschi-ilu gerichtete Revolte assyrischer Aristokraten, die allerdings ergebnislos blieb. 754 v. Chr. unterlag eine assyrische Armee den Truppen des urartäischen Königs Sarduri II.

Wenige Jahre danach verschwand Schamschi-ilu, nunmehr ein alter Mann, von der historischen Bühne. Gegen seine letzte Marionette, König Aschur-narari V., formierte sich schon bald heftiger Widerstand. 746 v. Chr. setzte sich ein offenbar sehr fähiger weiterer Sohn Adad-nararis III. namens Pulu an die Spitze der Insurgenten. Ein Jahr später konnte er sich unter dem Thronnamen Tiglatpileser (assyrisch: Tukulti-apil-Escharra) (III.) als neuer assyrischer König etablieren – und machte sich daran, ein gänzlich neues Kapitel der assyrischen Geschichte einzuleiten.

Zunächst beschnitt Tiglatpileser den Einfluss der assyrischen Großwürdenträger, indem er die riesigen Gebiete, denen einige von ihnen als Gouverneure vorgestanden hatten, in kleinere Provinzen aufteilte. Schamschi-ilu verfiel der *damnatio memoriae* – sein Name wurde aus den von ihm in Til Barsip hinterlassenen Monumentalinschriften getilgt. Die Macht lag von nun an wieder in den Händen des assyrischen Königs.

Kaum hatte Tiglatpileser seine Stellung gesichert, begann er, das assyrische Staatsgebiet durch eine Reihe ambitionierter Feldzüge massiv zu erweitern. Am Ende seiner Herrschaft hatte er das von Assyrien direkt oder indirekt beherrschte Territorium mehr als verdoppelt. 743 v. Chr. bezwangen assyrische Truppen die Armee des urartäischen Königs Sarduri II., der sich nur durch die nächtliche Flucht auf einer Stute der Gefangennahme entziehen konnte. 740 v. Chr. annektierte Tiglatpileser nach dreijähriger Belagerung die bei Aleppo gelegene Stadt Arpad. In den folgenden Jahren unternahm der König ausgedehnte Feldzüge gegen Urartu und den Zagrosraum, wo sich inzwischen Meder und Perser angesiedelt hatten. Zwischen 734 und 732 v. Chr. verlagerte sich das Geschehen erneut nach Westen. Tiglatpileser zog bis nach Gaza an der ägyptischen Grenze und machte sich die gesamte Ostküste des Mittelmeers untertan. Er eroberte Damaskus, bekämpfte die arabische Königin Samsi mitsamt ihren Kameltruppen[38] und annektierte den

38 Im achten und frühen siebten Jahrhundert v. Chr. wurden die nördlich der Nefud-Wüste lebenden Araberstämme von einer Reihe von Königinnen regiert. Es ist möglich, dass die Erinnerung an diese Herrscherinnen die biblische Geschichte von der Königin von Saba beeinflusste.

nördlichen Teil des Königreichs Israel. Juda, Ammon, Moab und Edom wurden zu assyrischen Vasallenstaaten.

Im Jahre 729 v. Chr. krönte Tiglatpileser sein Eroberungswerk mit einem Sieg über den babylonischen König Nabu-mukinzeri und der Besteigung des babylonischen Throns. Trotz aller seiner Probleme hatte Babylon seinen Status als wichtigstes kulturelles und religiöses Zentrum Mesopotamiens niemals ganz eingebüßt, und die Herrschaft über die Stadt verschaffte Tiglatpileser erhebliches zusätzliches Prestige. Daneben profitierten die Assyrer von dem allmählichen Wirtschaftsaufschwung, den Babylon im achten Jahrhundert erlebte. Dieser verdankte sich nicht zuletzt dem Umstand, dass der westliche Arm des Euphrat, der sich im dritten und zweiten Jahrtausend seinen Weg durch Zentralmesopotamien noch weiter östlich gebahnt hatte, nun durch Babylon floss. Der langsame Wiederaufstieg Babylons hatte sich bereits unter seinem König Nabunasir (747–734 v. Chr.) angekündigt, dessen Regierung späteren Generationen als der Beginn einer neuen Ära galt.

Als Tiglatpileser im zehnten Monat des Jahres 727 v. Chr. starb, hatte er das vielleicht erste wirkliche Imperium der Weltgeschichte geschaffen. War die assyrische Herrschaft außerhalb des assyrischen Kernlandes vor seiner Thronbesteigung noch eher netzwerkartig organisiert gewesen, mit assyrisch kontrollierten Stützpunkten in einem Ozean nur lose regierter Gebiete, so dehnte sie sich nun in alle Richtungen immer mehr in der Art eines Ölfleckes aus. Das assyrische Reich am Ende von Tiglatpilesers Regierung zeichnete sich aus durch seine gewaltige Größe, eine starke Zentralmacht, eine stabile, von effizienten Provinzverwaltungen getragene politische Organisation, ethnolinguistische Vielfalt und ein osmotisches Ungleichgewicht zwischen Zentrum und Peripherie – womit es zahlreiche Qualitäten besaß, die nach landläufiger Auffassung ein Imperium konstituieren.

Tiglatpilesers Sohn und Nachfolger Ululaju, der den Thronnamen Salmanassar (V.) annahm, regierte nur kurz (726–722 v. Chr.). Während seiner eher mäßig dokumentierten Regentschaft scheint Assyrien das kleinasiatische Sam'al und Que in Kilikien annektiert zu haben. 722 v. Chr. eroberte eine assyrische Armee Samaria, die Hauptstadt des Königreichs Israel. Dies geschah wohl noch während der Regierungszeit Salmanassars, obwohl dessen Nachfolger, Sargon II. (721–705 v. Chr.), die Bezwingung der Stadt in einigen seiner Inschriften für sich selbst in Anspruch nimmt. Sargon (assyrisch: Scharru-ukin), ein weiterer Sohn Tiglatpilesers, scheint den assyrischen Thron im Jahre 722 auf irreguläre Weise bestiegen zu haben, weshalb er sich zu Beginn seiner Herrschaft mit erheblichem Widerstand konfrontiert sah. Erst 720 v. Chr. hatte der neue König seine Macht vollständig konsolidiert. Er machte eine Reihe politischer Maßnahmen seines Vorgängers rückgängig und ließ 6300 assyrische »Sünder«, offenbar innenpolitische Gegner, in die syrische Stadt Hama deportieren.

Die Thronwirren zu Beginn von Sargons Regierung führten dazu, dass es 721 v. Chr. in Babylonien und im syro-palästinischen Raum zu Aufständen gegen die assyrische Vorherrschaft kam. Die syrische Erhebung, die ihr Zentrum in Hama hatte, konnten die Assyrer 720 v. Chr. niederschlagen. Dabei wurde auch Samaria, das an dem Aufstand teilgenommen hatte, neuerlich in Mitleidenschaft gezogen. Sargon ließ zahlreiche Bewohner der Stadt deportieren, unter anderem nach Guzana im Habur-Gebiet, in das assyrische Kernland und nach Medien im Osten. Dieser Exodus, der auch in der Bibel beschrieben wird (2 Kön 17,6), liegt dem Motiv von den »zehn verlorenen Stämmen« Israels zugrunde, das seit dem Mittelalter zu allerhand phantastischen Spekulationen über die Identität der Stämme mit späteren Völkern geführt hat. In den folgenden Jahren ersetzte Sargon die deportierten Israeliten in Samaria durch Menschen aus anderen Teilen des assyrischen Reiches, vor allem Araber.

Anders als den Aufstand im Westen konnte Sargon die Rebellion in Babylon nicht sogleich unterdrücken. Dort hatte kurz nach seinem Regierungsantritt ein aus Bit-Jakin am Persischen Golf stammender Kaldäer namens Marduk-aplu-iddina (II.), der in der Bibel den Namen Medorach-baladan trägt, die Macht an sich gerissen. Zwar besiegte Sargon 720 v. Chr. bei Der Marduk-aplu-iddinas wichtigsten Verbündeten, den Elamerkönig Humban-nikasch I., doch musste er sich anschließend zunächst anderen Kriegsschauplätzen im Osten und Westen zuwenden. Hier gelang den assyrischen Truppen eine Reihe bedeutender Erfolge. Besondere Hervorhebung verdient die Einnahme von Karkemisch im Jahre 717 v. Chr., im Zuge derer die Assyrer eine solch gewaltige Menge an Silber erbeuteten, dass dieses in der Folgezeit in Assyrien Bronze als Hauptzahlungsmittel ablöste.

Zwischen 716 und 713 v. Chr. konzentrierten sich die assyrischen Militäraktionen auf Gebiete im Westiran und in Anatolien. 714 v. Chr. zog das assyrische Heer um den Urmia-See herum bis nach Tuschpa, die am Van-See gelegene Hauptstadt Urartus, um anschließend das urartäische Kultzentrum Musasir zu plündern. Sargon hatte gute Gründe, dieses logistisch höchst anspruchsvolle Unternehmen in einem langen literarischen Brief an den Gott Aschur zu feiern. Auch mit Mita von Muschku, der mit dem aus klassischen Quellen bekannten Midas von Phrygien zu identifizieren sein könnte, musste sich Sargon auseinandersetzen.

Über diese und andere politische und militärische Begebenheiten der Zeit unterrichten uns nicht nur die umfangreichen Inschriften Sargons, sondern auch etwa 1200 in Kalchu und Ninive gefundene Keilschriftbriefe, die der Korrespondenz des Königs mit seinen Provinzgouverneuren, Offizieren und politischen Agenten entstammen. Die Briefe zeigen, dass sich Assyriens Macht nicht nur seiner militärischen Stärke und dem administrativen Geschick seiner Beamten verdankte, sondern auch einem klug über das ganze Reich verteilten Netzwerk von Informanten, die den König und seine engsten Berater beständig mit den neuesten Nachrichten über feindliche Truppenbewegungen, das Verhalten verbündeter Fürsten und die Verhältnisse in den assyrischen Provinzen versorgten. Gut ausgebaute und mit zahlreichen Poststationen versehene Straßen ermöglichten die prompte Übermittlung von Informationen, während der Rückgriff auf unterschiedliche Quellen realistische Lageeinschätzungen förderte.

711 v. Chr. schuf Sargon zwei neue assyrische Provinzen, Marqasu in Anatolien am Zusammenfluss von Euphrat und Marat Su und Aschdod am Mittelmeer. Anschließend wandte er seine Aufmerksamkeit erneut Babylonien zu. 710 v. Chr. gelang es ihm, Marduk-aplu-iddina aus Babylon zu vertreiben und selbst den babylonischen Thron zu besteigen. Die babylonische Kultur und Religion, der er in Babylon begegnete, begeisterten Sargon so sehr, dass er, ein überaus ungewöhnliches Verhalten, drei Jahre lang in Babylon residierte, wo ihm politische Delegationen aus fernen Weltgegenden, darunter Dilmun (Bahrein) und Jadnana (Zypern), ihre Reverenz erwiesen. Die politischen Alltagsgeschäfte in Assyrien besorgte derweilen Sargons Kronprinz Sanherib (assyrisch: Sin-ahhe-eriba), der mit seinem Vater von Kalchu aus in beständigem Briefkontakt stand.

717 v. Chr. hatte Sargon auf dem Gebiet des nördlich von Ninive gelegenen Dorfes Maganubba mit dem Bau einer neuen Hauptstadt begonnen, die er Dur-Scharrukin, d. h. »Sargonsburg«, nannte. Die Arbeiten wurden von riesigen Arbeiterkontingenten aus den Provinzen und tausenden von Deportierten vorangetrieben. 706 v. Chr. bezog der assyrische Königshof die

neue Stadt. Doch Sargon sollte dort nur ein kurzer Aufenthalt beschieden sein. 705 v. Chr. wurde er auf einem Feldzug in das anatolische Tabal von den Truppen eines gewissen Gurdi von Kulumma getötet. Sein Leichnam fiel dem Feind in die Hände und konnte nicht nach Assyrien zurückgeschafft werden.

Während der biblische Prophet Jesaja auf Sargons Tod mit triumphierender Häme reagierte, löste das unerwartete Ableben des Königs in Assyrien Trauer und Entsetzen aus. Nabuzuqup-kenu, ein enger Berater der Krone und einer der bedeutendsten assyrischen Gelehrten der Zeit, kopierte, offenbar als Reaktion auf die Ereignisse, die zwölfte Tafel des Gilgamesch-Epos, deren letzte Zeilen das triste Todesgeschick im Felde gefallener und unbegraben gebliebener Soldaten beschreibt. Die Befürchtung, Sargons unbehauster Totengeist werde die neue Residenzstadt Dur-Scharrukin heimsuchen und möglicherweise ins Verderben stürzen, war ohne Frage ein wichtiger Grund, warum Sargons Sohn und Nachfolger Sanherib (704–681 v. Chr.) den königlichen Hof erneut verlegte, diesmal in die alte Metropole Ninive, die der neue Herrscher in den Folgejahren zur größten Stadt der damaligen Welt ausbaute. In der nördlich von Ninive gelegenen Stadt Tarbisu renovierte Sanherib den Tempel des Kriegs- und Unterweltsgottes Nergal, ein weiterer Versuch, Sargons düsteres Ende zu bewältigen.

Auch außenpolitisch sah sich Sanherib zu Beginn seiner Regierung mit großen Herausforderungen konfrontiert. Sowohl in Babylonien als auch in der Levante war es im Gefolge von Sargons Tod zu Aufständen gegen die assyrische Herrschaft gekommen. In Babylonien hatte erneut der alte assyrische Erzfeind Marduk-aplu-iddina die Macht an sich gerissen. Sanherib vermochte ihn 704/703 v. Chr. ein weiteres Mal in die Flucht zu schlagen. Anschließend bestieg er, anders als sein Vater, den babylonischen Thron jedoch nicht etwa selbst, sondern setzte einen Babylonier namens Bel-ibni, der am assyrischen Hof erzogen worden war, in Babylon als Marionettenkönig ein.

Wenig später machte sich Sanherib daran, die Aufrührer in der Levante zu bekämpfen. Der Feldzug, den er zu diesem Behufe im Jahre 701 v. Chr unternahm, hat einige Berühmtheit erlangt, weil er nicht nur in Sanheribs Inschriften, sondern auch in der Bibel geschildert wird, unter anderem in 2 Kön 18 und 19. Die Quellen weichen im einzelnen beträchtlich voneinander ab, lassen aber keinen Zweifel daran, dass Sanherib seine Kriegsziele im wesentlichen erreichte. Der König gliederte zahlreiche phönizische und philistäische Städte sowie die transjordanischen Staaten Moab und Edom erneut dem assyrischen Herrschaftsbereich ein, bezwang in einer Feldschlacht bei Eltheke eine ägyptisch-kuschitische Streitmacht, die Aufständischen in der Stadt Ekron zu Hilfe geeilt war, und verheerte weite Teile von Juda, dessen König Hiskia sich der antiassyrischen Koalition angeschlossen hatte. Viele Bewohner Judas wurden deportiert. Nachdem Hiskia den Assyrern reichen Tribut gezahlt hatte, verzichtete Sanherib jedoch darauf, die judäische Hauptstadt Jerusalem zu stürmen, was von späteren biblischen Autoren, in Verkennung der historischen Realitäten, zu einem judäischen Triumph und einem Gottesgericht über die Assyrer umgedeutet wurde.

Die Lage in Babylonien, wo Marduk-aplu-iddina noch immer für Unruhe sorgte, blieb derweil angespannt. 700 v. Chr. nötigten assyrische Invasionstruppen den unverwüstlichen Kaldäer ein weiteres Mal zur Flucht, diesmal nach Elam, und sorgten dafür, dass Sanheribs ältester Sohn, Aschur-nadin-schumi, den babylonischen Thron bestieg. Doch auch dieses Arrangement erwies sich als nicht tragfähig. 694 v. Chr. lieferten die Babylonier den ungeliebten König an die Elamer aus, die ihn vermutlich töten ließen.

Sanherib war nun endgültig mit seiner Geduld am Ende –

und sann darauf, für den Verrat an seinem Erstgeborenen grausame Rache zu nehmen. Nachdem er 691 v. Chr. in der Nähe des heutigen Samarra zunächst eine vereinigte Streitmacht von Babyloniern, Elamern, Kaldäern, Aramäern und Persern bezwungen und anschließend die arabische Königin Te'elchunu bis in den Wadi Sirhan in Nordarabien verfolgt und schließlich gefangengenommen hatte, hielt ihn nichts mehr von einer Belagerung Babylons ab. Am 1. Kislimu (IX) des Jahres 689 v. Chr. eroberten assyrische Truppen die Stadt und begannen ein gewaltiges Zerstörungswerk, das selbst die Tempel nicht verschonte. Babylon sollte nicht nur als politisches, sondern auch als geistiges Zentrum Mesopotamiens für alle Zeiten ausgelöscht werden.

Das religiös-kulturelle Vakuum, das er durch die Ausführung seines ›Morgenthau-Plans‹ herbeigeführt hatte, versuchte Sanherib zu füllen, indem er die alte assyrische Kultmetropole Assur in eine Art Ersatz-Babylon verwandelte. Der König gestaltete die Tempel und Prozessionsstraßen Assurs nach dem Vorbild Babylons um und ließ eine neue Version des babylonischen Weltschöpfungsepos (*Enuma elisch*) schaffen, in welcher der assyrische Gott Aschur – und nicht mehr der babylonische Marduk – als heroischer Götterkönig und Bezwinger des urweltlichen Chaos firmierte. Ein von Sanheribs ›Chefideologen‹ abgefasster polemischer Kultkommentar deutete das alte babylonische *Akitu*-Fest, das eigentlich die Erhöhung Marduks zelebrierte, in eine Feier der Gefangennahme und Erniedrigung des babylonischen Gottes um, womit sich eine neue Form der religiösen Polemik etablierte, wie sie später auch in der Hebräischen Bibel ausgiebig gepflegt werden sollte.

Sanheribs Bemühungen, der unheilschwangeren Sphäre seines Vaters Sargon zu entkommen, erwiesen sich am Ende als fruchtlos. 681 v. Chr. wurde der König in einem Schrein des Gottes Nusku in Ninive von einem seiner eigenen Söhne, Urdu-Mullissi, getötet. Dieser war lange Zeit Sanheribs Kronprinz gewesen, ehe er seinen Platz zugunsten eines jüngeren Sanherib-Sohnes, Asarhaddon, hatte räumen müssen, dessen Mutter Naqia am assyrischen Hof eine zunehmend einflussreiche Rolle spielte. Hatte Urdu-Mullissi gehofft, durch die Ermordung seines Vaters doch noch assyrischer König zu werden, so sah er sich bald eines Besseren belehrt. Asarhaddon (assyrisch: Aschur-ahu-iddina), der im Westen des assyrischen Reiches Schutz vor den Intrigen am königlichen Hofe gesucht hatte, zog, von prophetischen Orakeln ermuntert, mit einer loyalen Streitmacht zurück nach Ninive, jagte den Königsmörder mitsamt seinen Spießgesellen davon und bestieg zwei Monate nach Sanheribs Ende den assyrischen Thron.

Für Asarhaddon (680–669 v. Chr.) stellten sich der Schlachtentod seines Großvaters Sargon und die Ermordung seines Vaters Sanherib als Akte göttlicher Vergeltung für polar entgegengesetzte religiöse Verfehlungen dar. Der erstgenannte hatte die babylonischen Götter zu sehr verehrt, der letztgenannte hatte sie herabgesetzt und verhöhnt. Folgerichtig entschied sich der neue König, eine Art *balance of power* zwischen den babylonischen und den assyrischen Göttern zu etablieren. Babylon wurde mitsamt dem Marduk-Tempel langsam wieder aufgebaut, zugleich aber trug Asarhaddon Sorge dafür, dass auch der Aschur-Kult großzügig gefördert wurde. In den Boden des Aschur-Tempels wurde eine Inschrift eingelassen, welche die religiösen Irrtümer Sargons und Sanheribs zur Sprache brachte. Auf ihr pflegte sich Asarhaddon in periodischen Abständen vor der Gottheit niederzuwerfen – ein bemerkenswerter Versuch, die Vergangenheit zu exorzieren.

Obwohl Asarhaddon, der offenbar stark von seiner Mutter Naqia abhängig war, an allerlei physischen und psychischen Krankheiten litt, über die er mit seinen Ärzten und Beratern ausgiebig korrespondierte, gelangen ihm im Laufe seiner Regierung eine Reihe eindrucksvoller militärischer Siege. Der König nahm die abtrünnige phönizische Hafenstadt Sidon ein und zog mit seinen Truppen bis weit in den Iran und nach Ostarabien. Vor allem aber eroberte er, nach einem ersten, vergeblichen Versuch drei Jahre zuvor, 671 v. Chr. das schwer bezwingbare und überaus wohlhabende Ägypten, wozu er, ein logistisch komplexes Unterfangen, die Sinai-Wüste durqueren musste.

Dieser Erfolg, so sollte man meinen, hätte Asarhaddon innenpolitisch eigentlich unangreifbar machen sollen. Tatsächlich aber waren um 671 v. Chr. mehrere hohe assyrische Würdenträger in Verschwörungen verstrickt, die auf nichts weniger als seinen Sturz abzielten. Wir erfahren hiervon aus zahlreichen in Ninive gefundenen Briefen, die den König über die gegen ihn gesponnenen Intrigen unterrichteten. Viele der Briefe stammen von Spionen und Lockspitzeln, V-Leuten *avant la lettre*, die im Auftrag Asarhaddons konspirative Gruppen unterwandert hatten. Dieses Netzwerk von »Augen und Ohren des Königs« bildete das innerstaatliche Pendant zu den Agenten der assyrischen Außenspionage, die uns in den Briefen der Zeit Sargons II. entgegentreten. In einigen Fällen schreckten die Schreiber nicht davor zurück, Mitglieder ihrer eigenen Familie zu denunzieren. 670 v. Chr. ließ Asarhaddon zahlreiche Würdenträger, die der Illoyalität verdächtigt wurden, hinrichten, eine politische Säuberungsaktion, die sogar in der Babylonischen Chronik verzeichnet ist.

Asarhaddon starb 669 v. Chr. auf einem weiteren Feldzug nach Ägypten. Wie von ihm geplant, folgte ihm, als eigentlicher Machthaber, auf dem assyrischen Königsthron sein Sohn Assurbanipal (assyrisch: Aschur-bani-apli) nach, während ein anderer seiner Söhne, Schamasch-schumu-ukin, das eher zeremoniell konzipierte Amt eines Königs von Babylon antrat. Assurbanipal (668–631 v. Chr.) war der letzte »große« König Assy-

Brief eines Informanten an den assyrischen König, vermutlich Asarhaddon, eine Verschwörung von Würdenträgern in der Stadt Assur betreffend (ca. 671 v. Chr.)

riens. Unter seiner Herrschaft versetzten die Assyrer die Völker des Vorderen Orients noch einmal in Angst und Schrecken. 667 und 664 v. Chr. zogen assyrische Truppen nach Ägypten, bezwangen mit Taharka und Tanutamun die letzten Könige der aus Nubien stammenden sogenannten 25. Dynastie und eroberten und plünderten die alte ägyptische Hauptstadt Theben. Zwischen 653 und 647 v. Chr. besiegten die Assyrer nach wechselvollen Kämpfen das Land Elam und verheerten die elamische Kapitale Susa. Und auch gegen Babylon, dessen König Schamasch-schumu-ukin sich 652 v. Chr. von seinem Bruder losgesagt hatte, um gemeinsame Sache mit den Elamern zu machen, vermochte sich Assurbanipal schließlich durchzusetzen, allerdings erst nach einem blutigen vierjährigen Krieg, den auch eine Vermittlungsmission der Schwester der beiden Herrscher, Scherua-etirat, nicht hatte beenden können. Schamasch-schumu-ukin starb den Flammentod in seinem Palast, und Babylon fiel einer neuerlichen Zerstörung anheim. In den Folgejahren wurde es von einem gewissen Kandalanu, einer weiteren assyrischen Marionette, regiert.

Auffällig ist, dass Assurbanipal kaum je persönlich zu Felde zog, stattdessen aber, wann immer ihm seine Truppen gefangene Gegner nach Ninive brachten, diese in sorgfältig einstudierten Choreographien vor großem Publikum brutal zu foltern pflegte. Die von Ktesias und Diodor überlieferte klassische Legende von Sardanapal(os), dem verweichlichten, aber grausamen letzten Herrscher Assyriens, mag hierin eine ihrer Wurzeln haben.

Assurbanipals wahre Leidenschaft war nicht der Krieg, sondern die Welt der Gelehrsamkeit. In einer autobiographischen Inschrift rühmt sich der König, schon in seiner Jugend rätselhafte sumerische Texte und schwierige Leberschaukommentare studiert zu haben, und als er schließlich den assyrischen Thron bestieg, nutzte er die ihm nunmehr zur Verfügung ste-

Assurbanipal und seine Gattin in einer Gartenlaube. Man beachte das in einem der Bäume hängende abgeschlagene Haupt des elamischen Königs Teumman. Orthostatenrelief aus dem Nordpalast in Ninive (Mitte 7. Jh. v. Chr.)

henden Ressourcen, um durch Ankauf und Requirierung von Tontafeln, vor allem aus Babylonien, in Ninive eine gewaltige Sammlung von Texten zu begründen, die man mit einigem Recht als die erste Universalbibliothek der Weltgeschichte betrachten kann. Noch Jahrhunderte später studierten und kopierten babylonische Gelehrte Teile des Schriftverkehrs, den ihre Ahnen in dieser Angelegenheit mit Assurbanipal geführt hatten. Sie waren stolz darauf, dass einst der mächtigste Mann der Welt begierig auf ihr Wissen zurückgegriffen hatte.

Assyrien erreichte unter Assurbanipal die größte Ausdehnung, die es je besessen hatte. Doch zugleich zeigten sich erste Risse im Rumpf des Riesenreiches. Kurz nach 656 v. Chr. vertrieb Psammetich I. von Sais, einst ein Vasall Assurbanipals, die assyrischen Truppen aus Unterägypten und begründete die 26. ägyptische Dynastie. Dabei erfreute er sich der Unterstützung des Lyderkönigs Guggu, eines weiteren ungetreuen assyrischen Vasallen, dem als Gyges von Lydien und Gog von Magog sowohl in der griechischen Überlieferung als auch in der Bibel ein bemerkenswertes Nachleben beschieden war. Auch die zahlreichen Feldzüge gegen verschiedene Araberstämme, die assyrische Truppen während Assurbanipals Regierungszeit unternahmen, erbrachten keine wirklich nachhaltigen Erfolge – stattdessen vergeudeten sie wertvolle Ressourcen. Und der Bruderkrieg gegen Babylon fachte den tödlichen Hass, den die Babylonier gegen ihre nördlichen Nachbarn empfanden, nur noch weiter an.

Als Assurbanipal 631 v. Chr. starb, hätte sich dennoch kaum jemand vorstellen können, dass das assyrische Reich innerhalb der nächsten zwanzig Jahre vollständig kollabieren sollte. Den Boden für den Untergang Assyriens bereiteten erst die Thronwirren, die auf Assurbanipals Tod folgten. Assyrischer König wurde 631 zunächst Assurbanipals minderjähriger Sohn Aschur-etel-ilani, der jedoch eine bloße Marionette des mächtigen Eunuchen Sin-schumu-lischir gewesen zu sein scheint. Letzterer bestieg 627 v. Chr. unter ungeklärten Umständen selbst den assyrischen Thron, den bis dahin nie ein Eunuch innegehabt hatte, womit sich die Legitimationskrise, mit der die assyrische Krone zu kämpfen hatte, gefährlich verstärkte. Auch nachdem ein anderer Sohn Assurbanipals, Sin-scharru-ischkun, wenige Monate später Sin-schumu-lischir entmachtet und selbst die Herrschaft in Ninive angetreten hatte, beruhigte sich die Lage nicht. Im Westen sorgte ein anderer assyrischer Thronprätendent, ein gewisser Itti-ili, für Unruhe, und in Babylon etablierte sich 626 v. Chr. ein Mann namens Nabopolassar (babylonisch: Nabu-aplu-usur) als neuer König. Dieser »Sohn eines Niemand«, wie er sich selbst bescheiden in seinen eigenen Inschriften nannte, war vermutlich der Spross einer in der Stadt Uruk beheimateten Familie, deren Mitglieder dort mehrere Jahrzehnte lang im assyrischen Namen wichtige regionale Ämter bekleidet hatten. Nun nutzte Nabopolassar die Gelegenheit, sich von seinen assyrischen Oberherren loszusagen und selbst die Herrschaft über Babylonien anzutreten.

In den folgenden Jahren fanden in Babylonien ebenso brutale wie wechselvolle Kämpfe zwischen den Truppen Sin-scharru-ischkuns und Nabopolassars statt. Langsam aber stetig gelang es dabei dem letzteren, die verhassten Assyrer immer weiter auf ihr Kerngebiet zurückzuwerfen. Dennoch hätte Nabopolassar den Krieg vielleicht nie für sich entscheiden können, wäre ihm nicht von 615 v. Chr. an Unterstützung vonseiten der im Zagrosraum ansässigen Meder zuteil geworden, die unter ihrem König Kyaxares nach langen Jahren tribaler Zersplitterung erstmals zu einer Einheit zusammengefunden hatten. Die medisch-babylonische Allianz war mächtig genug, Assyrien binnen kurzem zu zerschlagen. 614 v. Chr. wurde Assur erobert, und 612 v. Chr. drangen die alliierten Truppen durch die von Sanherib allzu groß und offen konzipierten Stadttore in Ninive ein, um die Stadt auf das Ausgiebigste zu plündern und brandzuschatzen. Sin-scharru-ischkun wurde getötet, und auch der Versuch eines assyrischen Prinzen namens Aschur-uballit (II.), dem assyrischen Reich mit ägyptischer Unterstützung von Harran aus noch einmal neues Leben einzuhauchen, erfuhr 609 v. Chr. ein unrühmliches Ende.

Der Zusammenbruch Assyriens, dessen Herrscher es versäumt hatten, ihre Untertanen in den eroberten Gebieten durch die Propagierung eines allgemein verbindlichen Reichsgedankens aktiv für die assyrische Sache zu gewinnen, war nahezu vollkommen und betraf nicht nur den assyrischen Staat, sondern auch die assyrische Kultur. Von wenigen Ausnahmen abgesehen schrieb nach 609 v. Chr. niemand mehr Tontafeln in assyrischer Sprache und Schrift, und die meisten assyrischen Metropolen sanken auf den Status von unbedeutenden Weilern herab. Als die griechischen Truppen des Xenophon 401 v. Chr. an Ninive vorbeizogen, wussten sie nicht einmal mehr den Namen der Stadt. Nur in der alten Kultstadt Assur, in der Assyrien seinen Anfang genommen hatte, konnten sich zentrale Elemente der assyrischen Zivilisation behaupten, und noch im dritten Jahrhundert n. Chr. verehrte man dort, wie aramäische Inschriften bezeugen, die alten Gottheiten Aschur und Scherua. So erging es Assyrien ähnlich wie dem Fischer und seiner Frau im gleichnamigen Grimmschen Märchen.

Wirtschaft, Kultur und Religion in neuassyrischer Zeit
In der Phase seiner größten Ausdehnung war das neuassyrische Reich in etwa siebzig Provinzen unterteilt. Den alten Provinzen im assyrischen Kernland, die in der Regel eher klein, dafür aber landwirtschaftlich sehr produktiv waren, standen größere Außenprovinzen gegenüber, die im Zuge der Expansion Assyriens begründet worden waren. Wie schon in mittelassyrischer Zeit hatten die Provinzgouverneure der Krone Steuern und Abgaben zu entrichten, Militäreinheiten zu unterhalten und Arbeitskontingente zu entsenden. Letztere wurden, zusammen mit Deportierten, unter anderem beim Bau der großen assyrischen Residenzstädte eingesetzt – weshalb einer der Abschnitte der unter Sanherib errichteten Stadtmauer von Ninive den Namen »Arbeitspensum (der Provinz von) Mat-Barhalzi« trug. Einige der im Westen gelegenen Provinzen fungierten vor allem als Handelszentren. Die von Sargon II. eingerichtete Provinz Aschdod diente den Assyrern als Basis für intensive kommerzielle Kontakte mit Ägypten, während die von Asarhaddon geschaffene Provinz Sidon es ihnen ermöglichte, am Güteraustausch im Mittelmeer teilzuhaben.

In den Kernprovinzen unternahmen die assyrischen Monarchen beträchtliche Anstrengungen, durch die Errichtung hydraulischer Großbauten die landwirtschaftliche Produktivität zu erhöhen. Der unter Sanherib entstandene, etwa 40 Kilometer nordöstlich von Ninive gelegene Aquädukt von Jerwan, dessen Zweck es war, für das Umland von Ninive bestimmtes Bewässerungswasser über einen Wadi zu leiten, stellt ein besonders eindrucksvolles Beispiel solcher Bemühungen dar. Der Aquädukt war 280 Meter lang, 22 Meter breit, enthielt mehr als zwei Millionen Kalksteinblöcke und war mit einer sieben Meter tiefen, sorgfältig gepflasterten Kanalsohle versehen.

Ein Spezifikum des neuassyrischen Wirtschaftssystems war die gewaltige Menge an Beute und Tribut, die im Zuge der beständig geführten Kriege in das assyrische Kernland gelangte und dort eine Art ›tributäre Produktionsweise‹ etablierte. Ein Großteil dieser durch Raub und Erpressung akkumulierten Reichtümer fand Eingang in die Schatzhäuser des Königs, seiner Familie und der Tempel, doch auch einige der assyrischen Großwürdenträger und königlichen Vertrauten häuften mit Hilfe der ihnen aus Beute und Tribut zufließenden Güter und Gelder gewaltige Vermögen auf; sie besaßen neben ihren riesigen, bis zu 5400 Quadratmetern großen Häusern in verschiedenen Regionen des Reiches nicht selten ganze Dörfer. Einfache Soldaten erhielten ebenfalls einen Anteil der Kriegsbeute, was ihre Bereitschaft gefördert haben dürfte, sich todesmutig in die Schlacht zu stürzen. So ist etwa der Fall einer elamischen Frau und ihrer Tochter bekannt, die nach der Einnahme von Susa 647 v. Chr. einer zehn Personen umfassenden Militäreinheit aus Assur als Sklavinnen zufielen. Zurück in ihrer Heimatstadt, verkauften die Soldaten die Frauen, da sie sich diese, anders als das Silber des Kaufpreises, nicht teilen konnten.[39]

Auch in Kunst und Wissenschaft erwies sich der beständige Zustrom von Personen und Gütern aus den neu eroberten Gebieten für die Assyrer als große Bereicherung. Ausländische Handwerker und Gelehrte trugen ebenso wie aus dem Westen importierte kunsthandwerkliche Techniken und aus Babylo-

39 Siehe K. Radner, »Economy, Society, and Daily Life in the Neo-Assyrian Period«, in: E. Frahm (Hrsg.), *A Companion to Assyria*, Malden/Oxford (in Vorbereitung).

nien eingeführte Texte zur Schaffung einer vielfältigen kosmopolitischen Kultur bei, als deren Zentren die assyrischen Königsstädte fungierten. Die assyrischen Monarchen scheinen großen Gefallen daran gefunden zu haben, ihre Residenzen in regelrechte Mikrokosmen ihres riesigen Reiches zu verwandeln. In ihren Palästen hielten sich zahlreiche Gäste und politische Geiseln aus fremden Ländern auf, und in den Gärten und Parks, welche die Paläste umgaben, erfreuten sich die Herrscher an exotischen Pflanzen und Tieren, deren natürliches Habitat mitunter tausende von Kilometern entfernt lag.

Für die neuassyrische Kunst besonders charakteristisch sind die – ursprünglich möglicherweise von neo-hethitischen Vorbildern inspirierten – Orthostatenreliefs, welche die Wände der assyrischen Königspaläste in Kalchu, Dur-Scharrukin und Ninive schmückten. Sie zeigen Kriegsszenen, aber auch religiöse Motive, und erfuhren im Laufe der Zeit immer wieder beträchtliche stilistische Veränderungen. So wurde etwa die ›Froschperspektive‹, die den assyrischen Reliefstil unter Sargon II. charakterisiert, von den assyrischen Künstlern, die den Palast von Sargons Sohn Sanherib in Ninive ausstatteten, durch eine Art Vogelperspektive ersetzt, was komplexere Bildkompositionen ermöglichte. Sanheribs »Palast ohnegleichen« war mit einer Grundfläche von ca. 40 000 Quadratmetern eines der größten Gebäude der Antike; allein sein Thronsaal maß 13 × 56 Meter.

Wie bereits ausgeführt, war die intellektuelle Kultur Assyriens stark von babylonischen Vorbildern geprägt. Besonders deutlich zeigt sich dies an Assurbanipals berühmter Bibliothek. Sie enthielt tausende von Tafeln in babylonischer (und sumerischer) Sprache, darunter Mythen, Epen, Sprichworte, weisheitliche Dialoge, Burlesken und humoristische Texte, Chroniken, literarische Briefe, Omentraktate, exorzistische und medizinische Abhandlungen, Kultrituale, Litaneien, Wörterbücher,

Zeichenlisten und Kommentare. Assurbanipal stand darüber hinaus mit zahlreichen babylonischen, aber auch mit assyrischen Gelehrten seiner Zeit in einem regen Briefverkehr. Auch in der Bildkunst präsentierte sich der König als veritabler Intellektueller: Assurbanipal ist der einzige assyrische Herrscher, der auf Reliefs mit einem Schreibgriffel im Gürtel dargestellt wird.

Im Laufe der neuassyrischen Zeit war das Aramäische immer mehr zur Lingua franca des Vorderen Orients geworden. Obwohl das kulturelle Prestige dieser neuen Sprache vergleichsweise gering war, entstand nach und nach auch eine aramäischsprachige Literatur. Aramäische literarische Papyri sind bislang zwar nur aus Ägypten – und aus sehr viel späteren Zeiten – bekannt, doch einige der fraglichen Texte dürften, ihrer Thematik nach zu urteilen, ursprünglich aus Mesopotamien stammen. Dies gilt besonders für die später in viele andere Sprachen übersetzte Geschichte vom weisen Achiqar, einem Gelehrten am Hofe Sanheribs und Asarhaddons, und eine aramäische Erzählung über den Bruderkrieg zwischen Assurbanipal und Schamasch-schumu-ukin.

Die assyrische Religion hatte ihren Mittelpunkt trotz aller Anlehnung an babylonische Vorbilder auch während der neuassyrischen Zeit weiterhin in der Stadt Assur, dem Kultzentrum des Gottes Aschur. Obwohl alle Provinzen des Reiches gehalten waren, regelmäßig Opfergaben nach Assur zu schicken, blieb der Gedanke einer religiösen Missionierung den Assyrern fremd. Abgesehen von politischen Loyalitätseiden, die im Namen assyrischer Götter zu schwören und mit Untertänigkeitsbekundungen vor einem Emblem Aschurs verbunden waren, erwarteten die assyrischen Könige von ihren Vasallen keinerlei besondere Hinwendung zur assyrischen Götterwelt.

Das neubabylonische Reich und die Anfänge der persischen Herrschaft

Nach dem Untergang Ninives trat das von Nabopolassar (625–605 v. Chr.) begründete neubabylonische Reich das Erbe Assyriens an. Damit begann in Babylonien ein Zeitalter zunehmender wirtschaftlicher Prosperität, das trotz einer Reihe gewaltsamer Regierungswechsel auch politisch ein relativ hohes Maß an Stabilität aufwies. Da es in ökonomischer und kultureller Hinsicht und ebenso mit Blick auf die Rolle der lokalen Eliten auch in den ersten Jahrzehnten der 539 v. Chr. beginnenden Perserherrschaft in Babylonien nicht zu dramatischen Veränderungen kam, kann man die Zeit von Nabopolassar bis hin zu den Anfängen der Herrschaft des Xerxes (485–465 v. Chr.) als »das lange sechste Jahrhundert« (M. Jursa) bezeichnen und mit einigem Recht in einem gemeinsamen Unterkapitel behandeln.

Während der ersten Jahre, die dem Zusammenbruch Assyriens folgten, konsolidierten die Babylonier ihre neuerrungene Macht. Dabei kam ihnen zugute, dass die Meder sich damit zufrieden gaben, in der östlichen und nördlichen Peripherie Mesopotamiens zu verbleiben – ein regelrechtes medisches »Reich«, wie es in griechischen Quellen beschrieben wird, hat vermutlich nie existiert. Zwischen 608 und 606 v. Chr. bekämpften babylonische Truppen letzte verbliebene Widerstandsnester in der urartäischen Grenzregion und in Kommagene. Angeführt wurden sie dabei von dem babylonischen Kronprinzen Nebukadnezar (II.) (babylonisch: Nabu-kudurru-usur), der zuvor mehrere Jahre lang als Vorsteher des Eanna-Tempels in Uruk amtiert hatte; nun übernahm er von seinem alternden Vater Nabopolassar den Oberbefehl über die Armee. Nebukadnezar war es auch, der 605 v. Chr. eine ägyptische Garnison aus Karkemisch verjagte und wenig später bei Hama den Ägyptern eine weitere Niederlage zufügte. Letztere hatten die chaotische Lage im zusammenbrechenden assyrischen Reich dazu genutzt, ihre Herrschaft kurzfristig bis an den Euphrat auszudehnen, unter Vertreibung der ebenfalls nach Syrien vorgedrungenen Reiterhorden der Skythen.

Völlig gesichert hatte sich Nebukadnezar, der im September des Jahres 605 v. Chr. seinem Vater auf den babylonischen Thron nachfolgte, die Kontrolle über den Westen damit jedoch noch nicht. Verschiedene Kleinstaaten in der Levante, darunter auch Juda, leisteten in der Hoffnung auf ägyptische Unterstützung den Babyloniern auch weiterhin Widerstand. Juda sollte für diese Unbotmäßigkeit bitter büßen. 597 v. Chr. eroberten babylonische Truppen die judäische Hauptstadt Jerusalem, plünderten sie ausgiebig und verschleppten den judäischen König Jojachin, nachdem dieser lediglich drei Monate und zehn Tage lang regiert hatte, zusammen mit seiner Familie und zahlreichen hohen Würdenträgern, Handwerkern und Kriegsmännern ins Exil nach Babylon. Keilschriftliche Rationenlisten aus dem Palast Nebukadnezars zeugen davon, dass Jojachin und die Seinen tatsächlich, wie in der Bibel vermeldet (2 Kön 24), in die babylonische Hauptstadt gebracht wurden.

Nebukadnezar setzte Jojachins Onkel Mattanja, dem er den Thronnamen Zedekia verlieh, als Vasallenkönig in Jerusalem ein, doch dieser rebellierte nach einer Weile ebenfalls und wurde daraufhin, nach der erneuten Einnahme Jerusalems durch babylonische Truppen im Jahre 587 v. Chr., in Nebukadnezars syrisches Hauptquartier in Ribla gebracht. Dort ließ der babylonische König die Söhne Zedekias im Beisein ihres Vaters erschlagen und nahm dem letzteren das Augenlicht, ehe er ihn nach Babylon verschleppte. Juda erhielt den Status einer babylonischen Provinz, Jerusalem und sein Tempel fielen der Zerstörung anheim, und abermals mussten zahlreiche Bewohner des Landes den Weg ins Exil antreten. Viele von ihnen wurden in Zentralbabylonien angesiedelt, unter anderem in einem neugegründeten Ort namens Al-Jahudu (»Stadt der Judäer«), aus dem mehrere Dutzend größtenteils noch unpublizierte Rechtsurkunden stammen, die zahlreiche Personen mit judäischen Namen aufführen. Hier werden die Anfänge jener judäo-babylonischen Gemeinschaft greifbar, die mehr als ein Jahrtausend später das gewaltige, für die Identität des Judentums so grundlegende Werk des Babylonischen Talmud schaffen sollte.

Nachdem Nebukadnezar 573 v. Chr. auch die langjährige Belagerung der phönizischen Hafenstadt Tyros erfolgreich hatte abschließen können, befand sich die gesamte Levante in babylonischer Hand. Nicht völlig klar ist, in welchem Maße die Babylonier die komplexen administrativen Strukturen, die das assyrische Reich im Westen geschaffen hatte, aufrechterhielten. Mehrere Forscher haben vermutet, Babylonien habe lediglich einige wichtige Städte wie Karkemisch, Arpad und Harran direkt kontrolliert und sich ansonsten darauf beschränkt, regelmäßige Feldzüge nach Syrien und Palästina zu führen, um dort Beute zu machen und Tribut einzusammeln. Da sich die neubabylonischen Könige zumindest in einigen Gebieten des Westlandes, unter anderem am Habur und in der Umgebung von Tyros, nachweislich um die Ansiedlung neuer Bevölkerungsgruppen bemühten, spricht aber vieles dafür, dass ihre Herrschaftsausübung doch um einiges direkter war. Unstrittig ist, dass Nebukadnezar die oberste Beamtenschaft an seinem eigenen Hof nach assyrischem Vorbild organisierte. Auch beim Ausbau der Paläste, Tempel und Mauern von Babylon, den Nebukadnezar mit großer Intensität vorantrieb, orientierte er sich teilweise an assyrischen Modellen.

Nach dreiundvierzigjähriger Herrschaft starb Nebukadnezar 562 v. Chr. Über die kurze Regierungszeit seines Sohnes und Nachfolgers Amil-Marduk (561–560 v. Chr.) ist wenig bekannt, doch soll er der Bibel zufolge (die ihn Evil-Merodach nennt) den judäischen König Jojachin aus dem Gefängnis befreit und in Babylon mit allerhand Privilegien bedacht haben. Licht auf diese Episode könnte eine kürzlich veröffentlichte Keilschrifttafel aus Babylon werfen. Sie enthält ein Gebet an Marduk, in dem ein gewisser Nabu-schumu-ukin, ein »Sohn Nebukadnezars«, dem Gott Dank dafür abstattet, dass er ihn aus nicht näher spezifizierter Gefangenschaft errettet habe. Der britische Assyriologe Irving Finkel hat vermutet, bei dem Beter habe es sich um niemand anderen als Amil-Marduk gehandelt, der sich seinen neuen, »Mann des Marduk« bedeutenden Königsnamen zugelegt habe, um dem Gott, dem er seine Befreiung zuschrieb, seine Reverenz zu erweisen. Damit könnte sich bestätigen, was eine spätere jüdische Überlieferung zu berichten weiß: dass Nebukadnezar seinen Sohn und schließlichen Nachfolger zusammen mit dem Judäer Jojachin eine Weile lang eingekerkert habe. Dass Amil-Marduk, wie in dem jüdischen Text weiter überliefert wird, aus Angst vor einer Wiederkehr Nebukadnezars befohlen habe, den Leichnam seines Vaters aus seinem Grab zu entfernen, ihn in dreihundert Stücke zu zerhacken und diese dreihundert Geiern zum Verzehr vorzusetzen, gehört dagegen gewiss in das Reich der Sage.

Amil-Marduk fiel nach dem Zeugnis des Berossos 560 v. Chr. einer Palastrevolution zum Opfer, die der einflussreiche Militär und Großwürdenträger Neriglissar (babylonisch: Nergalscharru-usur), ein Schwiegersohn Nebukadnezars, gegen ihn initiiert hatte. Doch auch Neriglissar, der unter anderem Militäroperationen in Kilikien durchführte, war nur eine kurze Regierungszeit beschieden; er starb 556 v. Chr. Sein minderjähriger Sohn und Nachfolger Labaschi-Marduk wurde nach wenigen Monaten im Amt von einer anderen Gruppe von Höflingen ermordet, und ein neuer Herrscher, Nabonid, der Sohn des ansonsten unbekannten Nabu-balassu-iqbi und der aus Harran stammenden Adda-Guppi, bestieg den babylonischen Thron.

Nabonid, ebenso wie seine Mutter ein begeisterter Anhänger

des Mondgottes Sin – der in Harran besondere Verehrung genoss –, war der letzte unabhängige babylonische König und eine der merkwürdigsten Gestalten der altorientalischen Geschichte. Mindestens 50, vermutlich sogar 60 Jahre alt, als er König wurde, interessierte er sich stark für die Vergangenheit und zeigte eine ausgeprägte ›Altgier‹. Wann immer er einen Tempel erneuerte, ließ er nach dem Abriss des Vorgängerbaus seine ›Hofarchäologen‹ nach den frühesten Fundamenten und darin verborgenen Inschriften suchen, um sich bei der Neugestaltung von Architektur, Verwaltung und Kult des Gotteshauses an den ältestmöglichen Vorbildern orientieren zu können. Der für das neubabylonische Reich charakteristische Hang zu Archaismen nahm hier seine extremsten Formen an.

552 v. Chr. begab sich Nabonid mit einem babylonischen Heeresverband in den Hedschas nach Nordwestarabien, wo er unter anderem die Städte Jathrib und Dedan eroberte. Erstere sollte später, unter dem Namen Medina, als Zufluchtsort des islamischen Propheten Mohammed Berühmtheit erlangen. Auch die Oasenstadt Tema, ein Zentrum des arabischen Mondkultes, nahm Nabonid ein. Der Hedschas besaß große strategische Bedeutung für den zunehmend einträglichen Fernhandel mit Gewürzen, und so waren alle diese Aktionen wohlmotiviert. Höchst seltsam aber war, was Nabonid nach der Eroberung von Tema tat: Statt nach Babylon zurückzukehren, blieb er zehn Jahre lang in der arabischen Wüstenstadt, wohnte in einem Palast, in dem er Delegationen aus fernen Ländern empfing, und überließ, obwohl er formal auch weiterhin als König amtierte, die Regierungsgeschäfte in Babylon seinem Sohn Bel-scharru-usur, dem biblischen Belsazar.

Die Gründe für dieses selbstauferlegte Exil sind unklar. Nabonid behauptet in einer Inschrift, der Mondgott Sin habe die Bewohner Babylons wegen ihrer Sünden mit Hunger und Krankheit geschlagen und ihn selbst aus Babylon fortgeschickt

– womit er seine tatsächlichen Beweggründe eher verschleiert. Spannungen mit den in Babylon tonangebenden religiösen Eliten, die Nabonids Bevorzugung des Mondgottes als Bedrohung des babylonischen Marduk-Kultes betrachteten, mögen aber tatsächlich eine Rolle gespielt haben. Spätere jüdische Texte kehren Nabonids Argumentation um, indem sie behaupten, in Wirklichkeit sei der Herrscher selbst krank gewesen und deswegen aus Babylon fortgezogen. Das sogenannte *Gebet Nabonids*, ein aramäischer Text aus Qumran, weiß zu berichten, Nabonid habe unter einem lepraartigen Ausschlag gelitten, einem Leiden, das eng mit seinem Lieblingsgott Sin assoziiert war. Und das biblische Danielbuch schildert, wie der babylonische König Nebukadnezar, dem Wahnsinn anheimgefallen, sieben Jahre lang wie ein Tier in der Steppe gehaust habe – eine Episode, die gewiss ursprünglich auf Nabonids Aufenthalt in Tema bezogen war. Tatsächlich ist in der *Nabonid-Chronik* davon die Rede, der König sei im Jahre seines Feldzuges nach Arabien vorübergehend krank gewesen.

Nabonids im eigentlichen Wortsinn exzentrisches Verhalten erwies sich als wenig hilfreich für die Auseinandersetzung mit einem neuen Feind, der ihm, tausend Kilometer von Tema entfernt, im Osten erwuchs: den Persern. Erstmals erwähnt in assyrischen Quellen des neunten Jahrhunderts v. Chr., hatte sich dieses indoeuropäische Volk im sechsten Jahrhundert im Süd- und Südwestiran niedergelassen und sich dort gewisse Elemente der elamischen Kultur zu eigen gemacht. Unter König Kyros II. besiegten die Perser 550 v. Chr. den Mederherrscher Astyages und bemächtigten sich des iranischen Hochlandes sowie großer Teile des Zagros-Raumes. Wenig später drang Kyros weit nach Anatolien vor, bezwang die Lyder und begründete ein gewaltiges, vom Iran bis nach Westkleinasien reichendes Reich, welches das neubabylonische Imperium von zwei Seiten umschloss.

Nabonid war, vermutlich nicht zuletzt wegen dieser beunruhigenden neuen Lage, 543 v. Chr. nach Babylon zurückgekehrt. Als sich Anfang des Jahres 539 v. Chr. ein persischer Angriff gegen sein Land abzeichnete, reagierte er, indem er die Statuen wichtiger Gottheiten aus Uruk und anderen Städten nach Babylon evakuieren ließ. Den Gang der Dinge aufhalten konnte er mit solchen Maßnahmen jedoch nicht. Im Spätsommer zog ein persisches Heer den Diyala abwärts nach Mesopotamien, besetzte nach harten Gefechten die Region um Sippar und zog schließlich am 12. Oktober 539 kampflos in Babylon ein. Zwei Wochen später betrat Kyros die Stadt höchstselbst und verleibte Babylonien seinem binnen kürzester Zeit geschaffenen Riesenreich ein. Nabonid, nun annähernd 80 Jahre alt, wurde, so scheint es, nicht getötet, sondern ins Exil nach Karmanien im Osten des Perserreichs verschleppt.

Aus heutiger Sicht stellt sich die Eroberung Babyloniens durch Kyros als ein entscheidender historischer Wendepunkt dar. Für die Babylonier aber, die das Geschehen miterlebten, bestand für eine solche Sichtweise zunächst durchaus kein Anlass. Die babylonische Priesterschaft hoffte auf Kontinuität und umschmeichelte den neuen Herrscher. Ein von babylonischen Gelehrten der Zeit verfasstes Strophengedicht präsentiert Kyros' Vorgänger Nabonid als einen im wahrsten Sinne des Wortes mondsüchtigen Tyrannen, der sich an der traditionellen Marduk-Religion vergangen habe, während Kyros in einer berühmten, in babylonischer Sprache abgefassten Zylinderinschrift als Wiederhersteller der traditionellen Kulte gefeiert wird – eine Rolle, die ihm auch die Hebräische Bibel zuschreibt, wenn sie berichtet, die Judäer wären nach seinem Amtsantritt aus der babylonischen Gefangenschaft entlassen worden und hätten den Tempel in Jerusalem wieder aufbauen dürfen.

Tatsächlich machte Kyros Babylon neben dem persischen Pasargadai und dem elamischen Susa zu einer der drei Hauptstädte seines Reiches, ließ wichtige babylonische Institutionen unangetastet und nahm den Titel eines »Königs von Babylon(ien) und der (übrigen) Länder« an. Das neubabylonische Reich blieb ungeteilt und firmierte für mehrere Jahrzehnte unter dem Namen »Babylonien und Transpotamien« (babylonisch: *Babilu u Ebir nari*)[40] als größte und wichtigste Provinz des persischen Reiches. Allerdings wurde diese Provinz in der Folgezeit von persischen und nicht mehr von babylonischen Gouverneuren regiert, und die persischen Könige zeigten, anders als die amurritischen und kassitischen Herrscher der alt- und mittelbabylonischen Zeit, wenig Neigung, sich die babylonische Kultur, Sprache und Götterwelt zu eigen zu machen. Die babylonische Zivilisation hatte ihre Fähigkeit, fremde Eroberer in ihren Bann zu ziehen, offenbar teilweise eingebüßt.

Kyros' Sohn und Nachfolger Kambyses (529–522 v. Chr.) gelang es 525 v. Chr., mit Hilfe einer neugeschaffenen persischen Flotte Ägypten zu erobern und unter seine Kontrolle zu zwingen. Damit beherrschten die Perser neben Mesopotamien auch die zweite große Hochkultur des vorklassischen Altertums. Das in ca. 30 Satrapien, wie die Perser ihre Provinzen nannten, eingeteilte persische Imperium reichte nun von den Ausläufern des Hindukusch im Osten bis an den Nil im Westen, womit es alle früheren Staaten an Fläche um ein Beträchtliches übertraf.

Als die Babylonier gewahr wurden, dass sie in dem neuen Riesenreich Gefahr liefen, ihre angestammte zentrale Stellung einzubüßen, sannen einige von ihnen auf Rebellion. Die Gelegenheit hierfür schien gekommen, als nach dem Tod des kinderlosen Kambyses im Jahre 522 v. Chr. am persischen Hof Thronfolgestreitigkeiten ausbrachen. Auch wenn manches De-

40 »Transpotamien« bedeutet »(Land) jenseits des Flusses«, d. h. westlich des Euphrats.

tail unklar bleibt, scheint es, als habe zunächst ein Bruder des Kambyses namens Bardiya die Herrschaft angetreten. Wenige Monate später wurde er jedoch von dem persischen Aristokraten Darius (I.) aus dem Hause der Achämeniden gestürzt. Darius rechtfertigte seine Machtergreifung mit dem Argument, der angebliche Bardiya sei in Wirklichkeit ein hochstaplerischer »Magier« namens Gaumata gewesen, und war mit dieser Propagandalüge so erfolgreich, dass sogar der griechische Schriftsteller Herodot sie sich in seinen *Historien* zu eigen machte. Dennoch wurde Darius' Herrschaft anfänglich in vielen Teilen des Reiches nicht anerkannt, und auch in Babylonien kam es zu nationalistisch motiviertem Widerstand. Zunächst etablierte sich ein gewisser Nidinti-Bel, der behauptete, ein Sohn Nabonids zu sein, als babylonischer König und nahm den Thronnamen Nebukadnezar (III.) an. Doch im Dezember 522 wurde er von Darius' Truppen geschlagen und exekutiert. Einem weiteren babylonischen Thronprätendenten, der einen aramäischen Familienhintergrund aufwies und sich ebenfalls Nebukadnezar (IV.) nannte, erging es nicht besser – er wurde im November des folgenden Jahres gepfählt.

Nach der Niederschlagung der babylonischen Aufstandsbewegung sah Darius (521–486 v. Chr.) offenbar davon ab, Babylonien schwer zu bestrafen. Doch seine massive Bautätigkeit im persischen Kernland, in Susa und später in der neuen Residenzstadt Persepolis und in anderen Städten, zeugt davon, dass sich das Gravitationszentrum des persischen Reiches nun endgültig weiter nach Osten verschob. Babylonien spielte politisch eine immer geringere Rolle. Die unter Darius abgefassten Wirtschaftstexte, die zu Zehntausenden in Persepolis gefunden wurden, sind bezeichnenderweise, mit einer einzigen Ausnahme, nicht auf Babylonisch, sondern auf Elamisch sowie im Falle einiger hundert Tafeln auf Aramäisch abgefasst.

Um auch kulturell mit den alten Mächten des Vorderen Orients konkurrieren zu können, beauftragte Darius seine Gelehrten, eine eigene altpersische Variante der Keilschrift zu schaffen. Sie fand unter anderem bei der Abfassung der berühmten, für die Entzifferung der Keilschrift grundlegenden Felsinschrift Anwendung, die Darius bei Bisitun in der Nähe von Kermanschah anbringen ließ. Die Bisitun-Inschrift, in welcher der König seine Thronbesteigung rechtfertigt, ist in drei Sprachen und Schriften verfasst, Altpersisch, Elamisch und Babylonisch, worin sich die Bedeutung der städtischen Zentren Persepolis, Susa und Babylon spiegelt – gänzlich aus dem Gesichtskreis der persischen Krone verschwunden war die letztgenannte Stadt mitsamt ihrer alten Kultur also noch nicht.

Da die altpersische Keilschrift erst unter Darius geschaffen wurde, muss es sich bei den Inschriften, die in ihr im Namen des Reichsgründers Kyros verfasst sind, um Fälschungen handeln. In Auftrag gegeben haben dürfte diese niemand anders als Darius selbst, vermutlich in der Absicht, die Genealogie des Kyros zu manipulieren und ihn zu einem direkten Nachfahren des Achaimenes zu machen. Damit etablierte Darius ein engeres Verwandtschaftsverhältnis zwischen sich und seinem großen Vorgänger, als es tatsächlich bestand.

Eine einsprachig-babylonische Version der Bisitun-Inschrift kam auch in Babylon zutage – offenbar sollte sie den Einwohnern der Stadt die unheilvollen Konsequenzen fortgesetzten politischen Ungehorsams vor Augen führen. Während der langen Regierungszeit des Darius zeigte diese Warnung Wirkung; die Lage in Babylonien blieb ruhig. Als aber Darius' Sohn Xerxes (485–465 v. Chr.) den persischen Thron bestieg, fanden sich erneut einige Babylonier, die ihr Heil in Aufstand und Revolte suchten. 484 v. Chr. bemühten sich zunächst ein gewisser Schamasch-eriba und dann ein Mann namens Bel-schimanni, die Herrschaft an sich zu reißen.

Xerxes schlug die Revolten, die von den Tempeln und der

städtischen Elite Nordbabyloniens unterstützt wurden, mit größerer Härte nieder, als dies sein Vorgänger Darius knapp 40 Jahre zuvor getan hatte. Auch wenn die Angaben Herodots über die von Xerxes besonders in Babylon angerichteten Zerstörungen teilweise übertrieben sein mögen, so ist doch klar, dass die Unterdrückungsmaßnahmen des Königs tatsächlich eine Zäsur für Babylonien bedeuteten. Man kann zeigen, dass das Archiv des Ebabbar-Tempels in Sippar sowie zahlreiche private Archive nordbabylonischer Provenienz genau in dieser Zeit abbrechen – ein deutliches Zeichen, dass Xerxes in Babylonien einschneidende Eingriffe vornahm. Sie erzielten den gewünschten Effekt: Niemals mehr sollten die alten babylonischen Eliten, deren Mitglieder nun aus vielen politisch bedeutsamen Ämtern entfernt und durch Perser und Angehörige anderer Ethnien ersetzt wurden, fortan in der Lage sein, für ihre politische Unabhängigkeit zu kämpfen.

Babylonien ist von nun an, obschon nach wie vor wichtig, ›Provinz‹ – seine Historie kann nicht mehr verstanden werden, ohne die des Perser- und später des Seleukiden- und Partherreiches in toto in den Blick zu nehmen. Dies ist der Grund, warum wir die babylonische Ereignisgeschichte der folgenden Jahrhunderte nur noch skizzenhaft darstellen wollen. In ökonomischer und kultureller Hinsicht markiert das Jahr 484 v. Chr. für Babylonien jedoch keinen endgültigen Bruch – hier gibt es vielmehr, wie in Kapitel XI ausgeführt, einige auffällige Kontinuitäten.

Wirtschaft, Kultur und Religion in der neubabylonischen und der frühen Perserzeit

Im neunten Jahrhundert v. Chr. brach im gesamten Nahen Osten nach einer längeren Trockenperiode erneut ein relativ niederschlagsreiches Zeitalter an. Eine systematische Auswertung archäologischer Surveys zeigt, dass dies auch in Babylonien zu einer Ausweitung der landwirtschaftlichen Tätigkeit und einer sich verstärkenden Siedlungstätigkeit führte. Die unsichere politische Lage während der Assyrerzeit setzte diesem Aufschwung zunächst jedoch Grenzen, und die Zerstörungen, die der große babylonisch-assyrische Krieg der Jahre 626–612 v. Chr. mit sich brachte, trafen nicht nur Zentralassyrien, sondern auch Babylonien, wo Städte wie Nippur und Uruk enorm unter den beständigen wechselseitigen Eroberungen gelitten haben müssen.

Mit der Konsolidierung des neubabylonischen Reiches gegen Ende des siebten Jahrhunderts aber setzte innerhalb erstaunlich kurzer Zeit eine bemerkenswerte Wirtschaftsblüte ein, die periodischen Krisen zum Trotz einen langfristigen Trend begründete. Hiervon zeugt nicht zuletzt die Fülle der vor allem in Babylon, Borsippa, Nippur, Sippar und Uruk ausgegrabenen Wirtschaftsurkunden, die sowohl aus Tempel- wie auch aus Privatarchiven stammen. Nach neueren Schätzungen datieren ca. 50 000 entsprechende Texte in das »lange sechste Jahrhundert«, wobei allein die beiden Unterarchive des Ebabbar-Tempels zu Sippar insgesamt etwa 35 000 Texte umfassen.

Babylonien verzeichnete in der neubabylonisch-achämenidischen Periode besonders in den Städten ein erhebliches Bevölkerungswachstum – gegenüber dem Beginn des ersten Jahrtausends verdreifachte sich die Einwohnerzahl des Landes. Gleichzeitig steigerte sich die Pro-Kopf-Produktivität so sehr, dass sie das demographische Wachstum mehr als ausglich. Da auch die Preise, von einem stärkeren Anstieg zwischen 530 und 500 v. Chr. abgesehen, relativ stabil blieben, dürften sich die meisten Bewohner des Zweistromlandes in dieser Zeit steigender Einkommen und einer zunehmend höheren Lebensqualität erfreut haben, ein Trend, der in vormodernen Gesellschaften sonst eher selten zu beobachten ist.

Die Voraussetzungen für diese Entwicklung schufen die babylonischen Könige, indem sie Sorge dafür trugen, dass die regionalen Kanalsysteme des Landes zu einem überregionalen Netz von Wasserwegen verbunden wurden, wodurch wesentlich höhere agrarische Erträge erzielt werden konnten als vorher. Tempel waren nun stärker als früher in die Geldwirtschaft einbezogen und damit in der Lage, ihr Agrarland effektiver zu nutzen. Bei der Intensivierung der Landwirtschaft spielten daneben die besonders ertragreichen Dattelgärten im Besitz von Privatleuten eine wichtige Rolle. Unternehmer machten sich die gesteigerte städtische Nachfrage zunutze, indem sie große landwirtschaftliche Flächen aufkauften und eine Art Monopol auf bestimmte Agrarprodukte erwarben. Angehörige der Egibi-Familie aus Babylon zum Beispiel spezialisierten sich auf den Anbau und Vertrieb von Knoblauchzwiebeln, die sie en gros nach Babylon verkauften. Dies war ein lukratives Geschäft – als das Oberhaupt der Familie, Itti-Marduk-balatu, 508 v. Chr. starb, hinterließ er seinen Nachkommen 66 Minen (mehr als 30 Kilogramm) Silber, 16 Häuser, über 100 Sklaven sowie Land, Nutztiere und andere bewegliche Güter.

Auch die reiche Beute, die Nabopolassar bei der Eroberung Assyriens gemacht hatte, sowie Beute und Tribut aus anderen Gegenden trugen dazu bei, den Wohlstand Babyloniens zu mehren. Die neubabylonischen Könige investierten ihre Reichtümer in großem Stil in den Bau gewaltiger Paläste, Tempel und Stadtmauern, wovon besonders die Hauptstadt Babylon, aber auch andere babylonische Städte profitierten. Zumindest ein Teil der für die öffentlichen Arbeiten angeheuerten Arbeiter wurde relativ großzügig entlohnt, was dazu beitrug, dass die Kapitalzirkulation innerhalb Babyloniens zunahm.

Als größter Bauherr tat sich in neubabylonischer Zeit Nebukadnezar II. hervor. Um das Dach des Schamasch-Tempels in Sippar zu decken, ließ er, wenn man seinen Inschriften Glauben schenken darf, nicht weniger als 5000 Zedernbalken herbeischaffen, und in der während seiner Herrschaft vollendeten Ziqqurrat des Marduk-Tempels in Babylon, die eine Grundfläche von 90 × 60 Metern aufwies und 90 Meter hoch war, dürften ca. 36 Millionen Ziegel verbaut gewesen sein. Urkunden aus dem Archiv des Eanna-Tempels in Uruk berichten, dass an den Bauarbeiten in Babylon auch Arbeitsteams aus Uruk beteiligt waren, die im Schein von Fackeln sogar bei Nacht ihrer Tätigkeit nachgingen.

Babylon war unter den neubabylonischen Königen der unbestrittene Mittelpunkt des Reiches. Hierher kamen auswärtige Würdenträger, hier waren politische Geiseln einquartiert. Ideologisch untermauert wurde die zentrale Stellung der Stadt durch Texte wie die topographische Serie *Tintir*, welche die Prunknamen Babylons, seiner Tempel, Schreine, Straßen und Mauern auflistet und in phantasiereicher Weise ausdeutet. Auch das babylonische Weltschöpfungsepos *Enuma elisch* vermittelte die zentripetale Botschaft von Babylon als dem Nabel der Welt und propagierte sie in verschiedenen Kontexten. Der Text fungierte als Kultlegende des *Akitu*-Festes, das die Babylonier an den ersten elf Tagen des Jahres zu Ehren ihres Gottes Marduk feierten, und wurde von babylonischen Schreiberschülern bereits im Elementarunterricht in Teilen auswendig gelernt. Man kann vermuten, dass die berühmte biblische Geschichte vom Turmbau zu Babel und der ihm folgenden Zerstreuung des Menschengeschlechts als kritische Abrechnung mit dem babylonischen Zentralismus und als Gegengeschichte zum babylonischen Weltschöpfungsepos konzipiert wurde. In der historischen Wirklichkeit fand Babylons Status als Mittelpunkt der vorderasiatischen Welt, den auch die sogenannte »Babylonische Weltkarte« illustriert, ein Ende, als die Perser in Mesopotamien einfielen und sich das politische Zentrum nach Osten verlagerte.

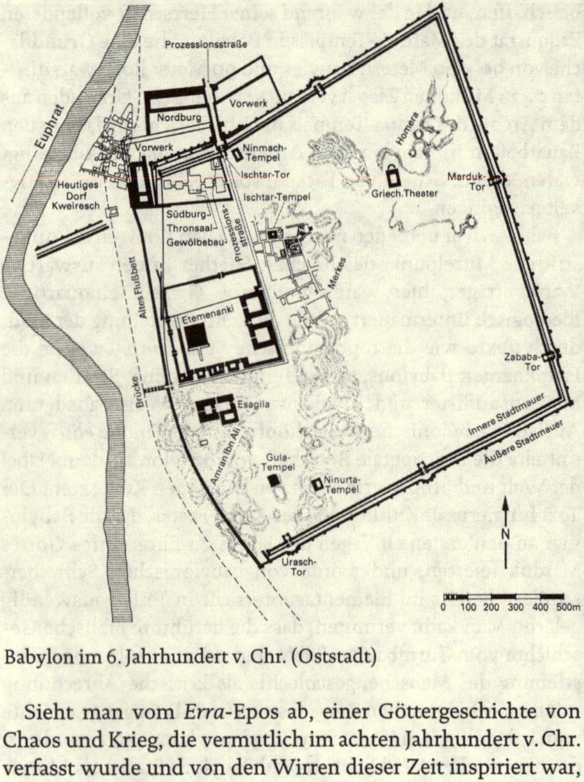

Babylon im 6. Jahrhundert v. Chr. (Oststadt)

Sieht man vom *Erra*-Epos ab, einer Göttergeschichte von Chaos und Krieg, die vermutlich im achten Jahrhundert v. Chr. verfasst wurde und von den Wirren dieser Zeit inspiriert war, so fällt auf, dass seit der Wende zum ersten Jahrtausend v. Chr. kaum noch neue literarische Texte in babylonischer Sprache geschaffen wurden – das geistige Leben dominierten nun Werke, die in den Jahrhunderten zuvor abgefasst worden waren und einen kanonischen Status erlangt hatten. Wichtige Neuerun-

Sogenannte »Babylonische Weltkarte« (nach 850 v. Chr.).
Das Rechteck oberhalb des Kartenzentrums repräsentiert Babylon.
Die Erdscheibe in der Mitte ist von einem Ur-Ozean umgeben, an
den sich auf der anderen Seite mehrere in Dreiecksform dargestellte
unbekannte »Regionen« anschließen.

gen gab es in Babylonien während der ersten Hälfte des ersten Jahrtausends vor allem im Bereich der Geschichtsschreibung und der Astronomie. Seit der Regierungszeit König Nabu-nasirs (747–734 v. Chr.) verfassten babylonische Priestergelehrte historische Chroniken, in denen, geordnet nach Jahren, wichtige politische und religiöse Ereignisse verzeichnet waren. Astronomen legten darüber hinaus sogenannte »astronomische Tagebücher« an, in denen sie festhielten, welche Himmelsphänomene sie Tag für Tag und Monat für Monat beobachtet hatten. Auch Warenpreise, Flusspegelstände und politische Ereignisse wurden verzeichnet, vermutlich in der Hoffnung, sie mit den Himmelsdaten korrelieren und auf diese Weise schließlich Geschichte vorhersagen zu können. Die erhaltenen astronomischen Tagebücher reichen vom achten bis zum ersten Jahrhundert v. Chr. und können als tönerne Zeugnisse des längsten kontinuierlich betriebenen Forschungsprojekts aller Zeiten betrachtet werden.

XI. Niedergang und Ende: Die letzten Jahrhunderte der mesopotamischen Zivilisation

Mochten die traditionellen mesopotamischen Eliten nach ihren erfolglosen Revolten gegen Xerxes auch nie mehr ihre politische Handlungsfähigkeit zurückgewinnen, so blieb doch, wie im folgenden auszuführen sein wird, ihre altehrwürdige Kultur, aller zunehmenden Marginalisierung zum Trotz, noch mehr als 700 Jahre lang lebendig, und auch das babylonische Wirtschaftsleben nahm während dieser Zeit relativ bruchlos seinen Fortgang.

Babylonien unter den späteren Achämeniden

Die Herrschaft der Perser über Mesopotamien dauerte von 539 bis 331 v. Chr. Für das erste halbe Jahrhundert dieser Zeit verfügen wir, wie im vorigen Kapitel dargestellt, über umfangreiche keilschriftliche Quellen. Die Zeit von 484 v. Chr. an ist dagegen sehr viel dürftiger bezeugt. Aus Babylonien selbst sind nicht viel mehr als 2100 Tontafeln bekannt, die Licht auf diese Periode werfen; zumeist handelt es sich dabei um Wirtschaftsurkunden. Auch die historisch oftmals wenig verlässlichen griechischen Quellen helfen nur sehr begrenzt, ein nuancierteres Bild zu zeichnen.

Mesopotamien blieb auch unter Xerxes eine wichtige ökonomische Bastion und fungierte weiter als Kornkammer des persischen Reiches. Doch politisch verlor es nun massiv an Einfluss. Hierzu trug entscheidend bei, dass Xerxes, vermutlich als Reaktion auf die Aufstände des Jahres 484 v. Chr., die Provinz »Babylonien und Transpotamien« in ihre beiden Grundbestandteile aufteilte und dadurch nachhaltig schwächte. Nachdem er in seiner Herrschertitulatur anfangs noch explizit auf Babylonien Bezug genommen hatte, nannte sich Xerxes folgerichtig später nur noch »König (aller) Länder«.

Über die politischen Ereignisse in Babylonien unter den späteren Achämenidenkönigen ist wenig bekannt, da historisch relevante Keilschriftquellen rar sind. Abgesehen von kleineren Scharmützeln, die sich die Könige Darius II. (423–405 v. Chr.) und Artaxerxes II. (404–359 v. Chr.) jeweils zu Beginn ihrer Herrschaft mit konkurrierenden persischen Thronprätendenten lieferten, blieb das babylonische Territorium von Kriegen weitgehend verschont. Die Wirtschaftstexte dieser Zeit, besonders die ca. 750 Tontafeln aus dem sogenannten »Muraschu-Archiv«, das in die zweite Hälfte des fünften Jahrhunderts datiert, bezeugen die Präsenz zahlreicher Kolonisten nichtbabylonischer Herkunft im agrarisch unterentwickelten Hinterland Nippurs. Sie bewirtschafteten dort Land, das die achämenidischen Herrscher, vermutlich sehr zum Unwillen der alten babylonischen Eliten, Mitgliedern ihrer eigenen Familie und hohen Militärs übereignet hatten. Das Management dieser Güter lag in der Hand babylonischer Unternehmer, namentlich Mitgliedern der Muraschu-Familie.

Während die Perser zumindest einige Elemente der babylonischen Kultur, zum Beispiel den Gebrauch glasierter Ziegel zur Fassadengestaltung, aufgriffen und sich zu eigen machten, findet man umgekehrt wenig Hinweise darauf, dass die traditionellen babylonischen Eliten sich in nennenswertem Umfang von den Bräuchen ihrer neuen Herren inspirieren ließen. Man hat sogar im Gegenteil den Eindruck, dass die babylonischen Notabeln, die sich zunehmend wie Fremde im eigenen Land gefühlt haben mögen, immer mehr zu einer Art kultureller Nabelschau neigten. Bezugnahmen auf Ereignisse wie den von Herodot ausführlich beschriebenen Griechenlandfeldzug, den Xerxes 480/79 v. Chr. unternahm, sucht man in Keilschriftquellen vergeblich. Stattdessen kann man beobachten, wie sich babylonische Priester und Gelehrte nun verstärkt einem kontemplativen Studium ihrer eigenen Texttradition widmeten. So sind etwa aus dem Uruk der Zeit um 400 v. Chr. zahlreiche Kommentartafeln überliefert, die kanonische Werke der babylonischen Medizin und Omenkunde einer fast mystisch anmutenden Ausdeutung unterziehen.

Zumindest im Ansatz persisch inspiriert könnte jedoch eine andere Entwicklung gewesen sein, die während der Zeit des Übergangs vom fünften zum vierten Jahrhundert in Uruk ihren Lauf nahm: eine von den Bewohnern der Stadt initiierte religiöse Reform, die darauf abzielte, den Himmelsgott Anu anstelle der bis dahin dominierenden Göttin Ischtar an die Spitze des lokalen Pantheons zu stellen. Möglicherweise erhöhten die führenden Theologen Uruks mit Anu bewusst eine Gottheit, die in einigen Aspekten dem gleichfalls mit dem Firmament assoziierten achämenidischen Götterherrn Ahura-Mazda glich. Auch in Jerusalem stieg in dieser Periode in Gestalt Jahwes eine eng mit dem Himmel verbundene Gottheit zu höchsten Würden auf. Das verstärkte Interesse an Himmelsphänomenen kommt im achämenidenzeitlichen Babylonien auch in den Fortschritten der rechnenden Astronomie und im Aufkommen der frühesten bekannten Horoskope zum Ausdruck.

Alexander der Große und die Herrschaft der Seleukiden

Erst mit der Eroberung des Perserreiches durch Alexander den Großen im späten vierten Jahrhundert fällt wieder etwas helleres Licht auf das politische Geschehen in Mesopotamien. Mehrere babylonische Chroniken und astronomische Tagebücher enthalten präzise Informationen über die Kämpfe, die unter Alexander und seinen Nachfolgern im Vorderen Orient stattfanden, und auch griechische Quellen beginnen jetzt reichlicher zu fließen.

In der Absicht, sich für die Demütigungen zu rächen, die den Griechen seit Anfang des fünften Jahrhunderts von den Persern zugefügt worden waren, aber auch in bewusster Anknüpfung an den Troja-Mythos, hatte der junge makedonische König Alexander im Frühjahr des Jahres 334 v. Chr. asiatischen Boden betreten – und von da an Schlacht um Schlacht gewonnen. Am 1. Oktober 331 v. Chr. brachte er mit nur 40 000 Kämpfern einer 250 000 Mann starken Armee des Perserkönigs Darius III. (335–331 v. Chr.) bei Gaugamela, das in der Nähe von Ninive lag, eine vernichtende Niederlage bei. Sie machte ihn zum Herrn des gewaltigen Reiches, das die Perser geschaffen und mehr als 200 Jahre lang behauptet hatten. Noch auf dem Schlachtfeld rief man Alexander zum König von Asien aus. Wenig später, am 21. Oktober, zog der makedonische Feldherr in Babylon ein, wo ihn die Bevölkerung offenbar begeistert empfing. Alexander brachte dem Gott Marduk reiche Opfer dar und initiierte umfangreiche Rekonstruktionsarbeiten an den Tempeln der Stadt.

Dass er Babylon wirklich zur Hauptstadt seines neuen Weltreiches machen wollte, wie verschiedentlich behauptet, ist zwar umstritten, doch Alexanders Interesse an der altehrwürdigen Metropole ist deutlich genug. Von seinem mythenumrankten Feldzug im Osten zurück, der ihn bis an die Grenzen Indiens geführt hatte, begab er sich erneut in die Stadt, wo er in einem gewaltigen Leichenschauspiel, bei dem tausende Künstler und Sportler mitwirkten, den Tod seines Gefährten Hephaistion betrauerte. Die Feierlichkeiten wirken im Rückblick wie ein Vorspiel zu Alexanders eigenem Tod, der ihn im Alter von nicht einmal 33 Jahren als Folge einer fiebrigen Erkrankung am späten Nachmittag des 11. Juni 323 v. Chr. in seinem Palast in Babylon ereilte, während er in Planungen für einen Feldzug gegen Arabien begriffen war.

Alexanders Asienfeldzug markierte, in den Worten des berühmten Historikers Johann Gustav Droysen, »das Ende einer Weltepoche, den Anfang einer neuen«. Wie die Leistung des makedonischen Eroberers, der einzigen historischen Gestalt, die im kulturellen Gedächtnis sowohl des Orients als auch des Okzidents einen herausragenden Platz einnimmt, insgesamt zu bewerten ist, bleibt strittig. Die einen sehen in Alexander den Befreier, welcher der »orientalischen Despotie« der Perser ein Ende bereitet habe und – nicht zuletzt durch seine zahlreichen Städtegründungen – überall in Asien das Licht der griechischen Kultur habe aufgehen lassen. Die anderen betrachten Alexander als skrupellosen Gewaltmenschen, der gegen ein relativ tolerantes, multikulturelles Staatswesen einen brutalen Angriffskrieg geführt habe. Sein wahres Gesicht habe er gezeigt, als er 330 v. Chr., vermutlich aus einer trunkenen Laune heraus, den Xerxes-Palast in Persepolis niederbrennen ließ.

Die Wahrheit dürfte, wie so oft, in der Mitte liegen. Obwohl Alexander auf seinen Feldzügen ohne Frage gewaltige Zerstörungen anrichtete, war ihm zugleich daran gelegen, bestimmte

Institutionen des Perserreiches zu bewahren. Indem er den Leichnam Darius' III., der 330 auf der Flucht von seinen Untergebenen ermordet worden war, in allen Ehren in der königlichen Grablege in Naqsch-i-Rustam bestatten ließ, stellte er sich in gewisser Weise in die Nachfolge der achämenidischen Herrscher. Darüber hinaus schuf Alexander durch die Förderung von Massenhochzeiten zwischen seinen makedonischen Mannen und einheimischen Frauen das Fundament für eine neue Elite, aus der sich die Funktionsträger seines neu geschaffenen Weltreiches rekrutieren sollten. Alexanders früher Tod bereitete seinen großen Plänen ein abruptes Ende, doch seine Eroberungen bildeten den Ausgangspunkt einer fast 200 Jahre währenden Periode, während derer griechische Monarchen über Mesopotamien herrschten.

Die Lage nach Alexanders Tod war zunächst höchst instabil und chaotisch. Unter dem Vorwand, die Interessen von Alexanders minderjährigem Sohn, Alexander IV., zu vertreten, wetteiferten verschiedene Generäle des großen Makedonen um die Macht. Einer dieser sogenannten Diadochen (»Nachfolger«), Seleukos I., vermochte 311 v. Chr. in Babylon die Herrschaft an sich zu reißen. Seine Machtergreifung stieß jedoch auf den heftigen Widerstand eines anderen Generals, Antigonos, der sich in den Jahren 310 bis 307 v. Chr. in Babylonien heftige Kämpfe mit Seleukos' Truppen lieferte. Die Bevölkerung litt massiv unter kriegsbedingten Plünderungen und exorbitant hohen Steuern.

Seleukos obsiegte schließlich und begründete die nach ihm benannte Dynastie der Seleukiden. Die Könige dieses Herrschergeschlechts regierten ihr gewaltiges, von den Hochebenen des Iran bis nach Anatolien und in die Levante reichendes – und beständig von imperialer Überdehnung bedrohtes – Reich von drei Zentren aus: Antiochia in Syrien firmierte als Kapitale des Westens, das als Sommerresidenz genutzte Ekbatana im Iran hatte dieselbe Funktion im Osten inne, und Seleukia am Tigris, eine etwa 60 Kilometer nordöstlich von Babylon gelegene Neugründung, markierte die Mitte des Reiches. Damit residierten die neuen politischen Entscheidungsträger, anders als die Achämenidenkönige, zumindest zeitweise wieder im mesopotamischen Kernland. Doch bezeichnenderweise wählten sie nicht Babylon als ihren Sitz, sondern eine neue, ihrem Wesen nach hellenistische Stadt, ausgestattet mit Gymnasien und einem Theater, in der die alte mesopotamische Kultur in keiner Weise verwurzelt war.

Als sich unter Seleukos die politische Lage in Babylonien zu stabilisieren begann und eine neue Phase relativer Prosperität einsetzte, unternahmen die alten babylonischen Eliten noch einmal den Versuch, ihre neuen Herren von der Überlegenheit ihrer Jahrtausende alten Zivilisation zu überzeugen. Ein babylonischer Priester namens Bel-re'uschunu, der in der griechischen Überlieferung unter dem Namen Berossos bekannt wurde, schrieb in griechischer Sprache ein *Babyloniaka* genanntes »auto-ethnographisches« Buch, in dem er den Seleukiden die babylonische Kulturgeschichte nahezubringen suchte. Er widmete es Seleukos' Sohn Antiochos (I.), der eine Zeitlang als Mitregent seines Vaters fungiert hatte und 281 v. Chr. die alleinige Herrschaft über das Reich antrat. Babylonische Schriftgelehrte untermauerten diese Charmeoffensive, indem sie im Namen des neuen Königs – und unter Nennung seiner Gattin Stratonike, die zugleich seine Stiefmutter war – eine dem Gott Nabu von Borsippa zugeeignete Inschrift verfassten, die mit ihrem archaisierenden Keilschriftduktus in der Tradition traditioneller babylonischer Bau- und Weihinschriften stand. Man hoffte offenbar, die Seleukiden dazu bewegen zu können, ihr Königtum in Einklang mit den herkömmlichen Formen mesopotamischer Herrschaftsideologie auszuüben.

Die seleukidischen Herrscher zollten der babylonischen Kultur in der Tat einen gewissen Respekt. Gelegentlich nahmen sie an den *Akitu*-Feierlichkeiten in Babylon teil, und als Antiochos III. (222–187 v. Chr.) 187 v. Chr. aus dem seleukidisch-römischen Krieg zurückkehrte, gestattete er babylonischen Notabeln, ihn mit dem – damals ca. 400 Jahre alten – Mantel des großen Königs Nebukadnezar II. auszustatten. Doch solche Konzessionen gegenüber altangestammten Traditionen muteten stets ein wenig wie Mummenschanz an. Alles in allem blieb die kulturelle Kluft zwischen der neuen griechischen Elite, die ihre ›Westbindung‹ niemals wirklich aufgab, und den babylonischen Stadtbewohnern beträchtlich. Dem Unwillen der Herrscher, sich ihren Untertanen anzugleichen, entsprach aufseiten der letzteren eine starke Neigung zum Festhalten an den eigenen Traditionen. Zwar trugen einige zur Oberschicht gehörige Babylonier nun sowohl babylonische als auch griechische Namen, und das von griechischen Kolonisten in Babylon errichtete Theater wurde zuweilen auch von der lokalen Bevölkerung (die es auf Babylonisch als *bit tamarti*, d. h. »Schauhaus«, bezeichnete) besucht. Doch in den gelehrten Keilschrifttexten, die während der hellenistischen Zeit in Babylon, Uruk und einigen anderen babylonischen Städten abgefasst wurden, findet man nur geringe Spuren griechischen Gedankenguts. Bei den meisten dieser wie seit jeher auf Tontafeln niedergeschriebenen Texte handelt es sich um astronomische Traktate und um Abschriften althergebrachter Werke der Keilschriftliteratur, darunter Epen, Omenkompendien, medizinische und exorzistische Abhandlungen sowie liturgische Kompositionen im sumerischen Emesal-Dialekt. Selbst in den bis in die Spätzeit hinein angefertigten keilschriftlichen Kommentartexten, die das traditionelle babylonische Textkorpus auf vielfältige Weise erläutern, sind die Erklärungen fast immer traditionell – unklare Passagen werden mit Zitaten aus alten sumerisch-babylonischen Wörterbüchern gedeutet und nicht unter Rückgriff auf die Ideen griechischer Philosophen und Gelehrter. In ihrem Bemühen, die Vergangenheit zu konservieren, verfassten die Priester von Babylon und Uruk während der hellenistischen Zeit außerdem eine ganze Reihe umfangreicher Handbücher über die alten Tempelrituale.

Man muss bei alledem allerdings in Rechnung stellen, dass der archäologische Befund uns ein unvollständiges Bild des geistigen Lebens im hellenistischen Babylonien liefert. Während die Tontafeln aus dieser Zeit, die als Träger des traditionellen babylonischen Schrifttums fungierten, dem Zahn der Zeit standgehalten haben, sind Papyrus- und Pergamentrollen mit griechischen oder aramäischen Texten, die auch von Mitgliedern der alten babylonischen Familien konsultiert worden sein könnten, nicht erhalten geblieben. Dass babylonische Gelehrte Texte in griechischer Sprache sogar abfassen konnten, beweisen die bereits erwähnten *Babyloniaka*, deren Autor Berossos für sein Werk sowohl babylonische als auch griechische Quellen, unter anderem die *Persika* des Ktesias, konsultiert hatte.

Im Gegenzug waren griechische Autoren bereit, in gewissen Grenzen babylonische Wissensbestände aufzugreifen und für weiterführende Überlegungen nutzbar zu machen. Besonders interessiert waren sie an der hochentwickelten babylonischen Sternenkunde. Nicht nur verweisen griechische und römische Historiker in ihren Werken auf die astronomischen Schulen von Babylon/Borsippa, Uruk und Hipparenum (Nippur?), der 64/63 v. Chr. geborene griechische Universalgelehrte Strabo nennt sogar die Namen dreier einst dort tätiger berühmter Lehrer: Kidenas, Naburianos und Sudines. Kidenas kann mit Kidinnu und Naburianos mit Nabu-remanni identifiziert werden, zwei babylonischen Astronomen, die vermutlich während der Achämenidenzeit aktiv waren. Sie werden auch in babylonischen Quellen des ersten Jahrhunderts v. Chr. erwähnt.

Das riesige Reich, das Seleukos I. zugefallen war, erwies sich von früh an als vergleichsweise instabil. Immer wieder sahen sich die Seleukidenkönige gezwungen, Aufstände zu bekämpfen, die ihre Herrschaft in Frage stellten, und nicht selten zogen sie dabei den Kürzeren. Schon 304 v. Chr., noch unter Seleukos I., verloren die Seleukiden die Kontrolle über die Gebiete am Indus und im Hindukusch. Im Ostiran und in Anatolien entstanden im Verlauf des dritten Jahrhunderts v. Chr. eine Reihe unabhängiger Königreiche, und in Syrien und Palästina kam es zu beständigen Scharmützeln mit den in Ägypten herrschenden Ptolemäerkönigen. Entscheidend für den langsamen Niedergang der Seleukidendynastie war besonders die Niederlage Antiochos' III. im seleukidisch-römischen Krieg, der von 192 bis 188 v. Chr. dauerte.

Babylonien war von diesen Konflikten nur gelegentlich betroffen, etwa im Verlauf des sogenannten Dritten Syrischen Krieges (246–241 v. Chr.), als der ägyptische Monarch Ptolemäus III. Seleukia und Babylon eroberte, sich jedoch schon bald wieder zurückziehen musste. Auch in die beständigen innerdynastischen Thronfolgekämpfe, die Angehörige der königlichen Familie miteinander austrugen, waren die alten Städte Babyloniens nur am Rande verwickelt. Problematischer war für sie, dass ihnen mit Seleukia am Tigris nun auch innerhalb Mesopotamiens eine neue, hellenistisch und nicht mehr altorientalisch geprägte Stadt Konkurrenz machte, die als Kapitale der Satrapie Babylonien beträchtliche Teile ihrer Einwohnerschaft an sich zog. Babylon, das wichtigste verbliebene Zentrum der altmesopotamischen Zivilisation, sank infolge dieser Umstände nach und nach auf das Niveau einer regional noch immer bedeutenden, aber gegenüber früheren Zeiten deutlich bevölkerungsärmeren Provinzstadt herab.

De iure besaß Babylon unter den Seleukiden den Status einer semiautonomen Tempelstadt, die vom Hohepriester und

Chefadministrator des Esagil-Tempels, dem sogenannten *schatammu*, und einem Kollegium ihm untergeordneter Tempelpriester verwaltet wurde. Die griechischen Bewohner der Stadt hatten vermutlich ihre eigenen Körperschaften. Babylon fungierte als eine der Münzprägestätten des seleukidischen Staates, worin sich die zumindest ökonomisch auch weiterhin nicht unwesentliche Bedeutung der Stadt erweist. Auch Uruk, das zweite Zentrum traditioneller altorientalischer Kultur in der mesopotamischen Spätzeit, blieb unter den Seleukiden mit einer Fläche von ca. 300 Hektar eine Stadt von beachtlicher Größe. Die eindrucksvollen neuen Tempel, die im hellenistischen Uruk für Anu und Ischtar errichtet wurden, zeugen von der nach wie vor erheblichen Gestaltungskraft der religiösen und wirtschaftlichen Eliten der Stadt.

Die Partherzeit

Die letzte Nachblüte der altmesopotamischen Zivilisation fand ein langsames Ende, als in der zweiten Hälfte des zweiten Jahrhunderts v. Chr. die ostiranischen Parther Babylonien eroberten. Der Name der Parther leitet sich von der südöstlich des Kaspischen Meeres gelegenen Provinz Parthyene ab, die bis Mitte des dritten Jahrhunderts v. Chr. unter seleukidischer Kontrolle gestanden hatte, 239 v. Chr. jedoch einem gewissen Arsakes in die Hände fiel, der mit seinen Truppen aus den Steppengebieten südöstlich des Aralsees hervorgebrochen war. Mit Arsakes begann nicht nur die parthische Dynastie, sondern auch die sogenannte parthische Ära, die in den folgenden Jahrhunderten neben der Seleukidenära für Datierungszwecke Verwendung fand; ihr Ausgangspunkt war das Jahr 247 v. Chr.

Die Nachfolger des Arsakes, die sogenannten Arsakiden, dehnten ihre Herrschaft kontinuierlich immer weiter nach Westen aus. 141 v. Chr. überfiel der Partherkönig Mithridates I. (171–138 v. Chr.) Mesopotamien, zog nach siegreich bestandenen Kämpfen wie einstmals Kyros und Alexander im Triumph in Babylon ein, empfing Delegationen aus Assur und Uruk und nahm den auf die Achämeniden zurückgehenden Titel eines »Königs der Könige« an. Die Seleukiden, trotz entsprechender Versuche unfähig, die Parther zurückzuschlagen, beherrschten von nun an nur noch den Westteil ihres Reiches, ehe sie auch diesen 63 v. Chr. an die Römer verloren.

Der Eindruck, dass sich mit der Machtergreifung der Parther ein Vorhang über die Gebiete östlich des Euphrat senkt, ist zum Teil der Quellenlage geschuldet. Die griechischen Historiker, die sich ausführlich zu den aus ihrem eigenen Kulturkreis stammenden Seleukiden äußern, haben mit Blick auf die iranischen Arsakiden erheblich weniger zu sagen, und da auch Inschriften, Keilschrifttafeln und Münzen zumeist nur dürftige Informationen liefern, sind wir über die Geschicke Babyloniens in der Partherzeit – und die Geschichte des Partherreiches im allgemeinen – sehr schlecht unterrichtet. Die von Mithridates I. herbeigeführte Ost-West-Spaltung war jedoch auch ein realpolitisches Phänomen – und zeitigte lang anhaltende Folgen. Die Grenzlinie zwischen den Territorien im Osten und der syrischen Sphäre im Westen blieb bis in die Zeit des Siegeszuges des Islams hinein bestehen.

Mit der Eroberung Babyloniens durch die Parther setzte dort eine Phase beträchtlicher politischer Instabilität ein. Nachdem sich die Bemühungen der Seleukiden, die verlorenen Gebiete ihres Reiches zurückzugewinnen, als vergeblich erwiesen hatten, fiel Babylonien um 128 v. Chr. einem gewissen Hyspaosines, dem König des südmesopotamischen Staates der Charakene, in die Hände. Die Parther machten seiner Herrschaft jedoch relativ rasch wieder ein Ende und rückten unter Mithridates II. (123–88 v. Chr.) im Westen bis nach Dura Europos am mittleren Euphrat vor. Das babylonische Hinterland wurde in diesen Jahren immer unsicherer. Astronomische Tagebücher erwähnen für die Zeit nach 125 v. Chr. wiederholt Razzien arabischer Halbnomaden, die für große Unruhe sorgten und auch die babylonischen Städte nicht verschonten. Dennoch blieb zumindest Babylon bis in die frühe nachchristliche Zeit ökonomisch bedeutsam. Einer Inschrift ist zu entnehmen, dass die Stadt noch im Jahre 24 n. Chr. einer palmyrenischen Handelsniederlassung als Heimstatt diente.

Wichtigste Residenzstadt der Partherkönige war zunächst Seleukia, ehe das am Ostufer des Tigris gegenüber von Seleukia gelegene Ktesiphon diese Rolle übernahm. Der parthische Staat wies einen eher dezentralen, konföderativen Charakter auf. Babylonien wurde größerenteils wie zur achämenidischen Zeit von Satrapen verwaltet, doch in anderen Reichsteilen etablierten sich semiautonome Herrschergeschlechter, die zum Teil beträchtliche Territorien kontrollierten. So entstand etwa auf dem Gebiet des einstigen Assyrien kurz nach der Zeitenwende das zunächst von jüdischen Kleinkönigen regierte Fürstentum von Adiabene mit der Hauptstadt Arbela. Wichtige entlang der Seidenstraße gelegene Städte wie Hatra blühten auf und fungierten als Durchgangsstationen eines sich zunehmend intensivierenden Ost-West-Handels, der schließlich sogar zu diplomatischen Kontakten zwischen dem Partherreich und China führte. Mithridates II. tauschte Gesandte mit dem Han-Kaiser Wu-Ti aus.

Die parthischen Herrscher wussten die Errungenschaften der unter ihren Vorgängern im Orient etablierten griechischen Kultur durchaus zu schätzen. Plutarch zufolge soll etwa Orodes II. (57–38 v. Chr.) gerade einer Probeaufführung von Euripides' Tragödie *Die Bakchen* beigewohnt haben, als man ihm den Kopf seines 53 v. Chr. nach der Schlacht von Carrhae getöteten römischen Widersachers Crassus brachte. Zugleich jedoch knüpften die Parther an königsideologische Vorstellungen der Achämenidenzeit an und folgten, indem sie sich zumindest teilweise die Lehren Zarathustras zu eigen machten, auch in religiöser Hinsicht dem altpersischen Vorbild. Allerdings unternahmen sie allem Anschein nach wenig, die zoroastrische Religion in ihrem Großreich aktiv zu propagieren, und so erscheint das religiöse Leben in den verschiedenen Provinzen des Partherreiches als ein buntes Mosaik autochthoner, griechischer, iranischer, jüdischer und schließlich auch christlicher Elemente.

Der während der Partherzeit erfolgende Niedergang der altmesopotamischen Zivilisation lässt sich am deutlichsten am allmählichen Verschwinden der Keilschrift ablesen. Die letzten uns bekannten datierbaren Keilschrifttafeln aus Borsippa stammen aus dem Jahr 137 v. Chr., während die keilschriftliche Überlieferung in Uruk 108 v. Chr. abbricht. Uruk, Borsippa, Sippar, Nippur und Kutha waren im ersten Jahrhundert v. Chr. durchaus noch nicht gänzlich entvölkert, doch pflegte man die alten Traditionen dort nun offenbar nur noch in sehr rudimentärer Form. Bezeichnenderweise wurden die alten Tempel in Uruk im frühen ersten Jahrhundert v. Chr. aufgegeben und überbaut.

Die einzige Stadt, aus der auch noch aus der Folgezeit Keilschrifttafeln bekannt sind, ist Babylon. Nur dort wurde offenbar ein beträchtlicher Teil der traditionellen babylonischen Religion, Literatur und Gelehrsamkeit weitertradiert. Auch in Babylon sprachen die meisten Bewohner nun vermutlich Aramäisch oder Griechisch, doch im Umkreis des Marduk geweihten Esagil-Tempels gab es eine noch immer relativ einflussreiche babylonischsprachige Gemeinschaft. Ihre Mitglieder feierten auch weiterhin das alte *Akitu*-Fest und einige andere Feste zu Ehren Marduks, darunter ein karnevalesk anmutendes Kultritual, in dessen Verlauf Marduks *ménage à trois* mit den Göttinnen Zarpanitu und Ischtar von Babylon nachgespielt wurde, unter Verwendung einer sexuell zum Teil sehr expliziten Liturgie. Auch traditionelle babylonische Disziplinen wie die Lehre von den magischen Qualitäten bestimmter Steine standen offenbar nach wie vor hoch im Kurs. Zachalias, ein Gelehrter aus Babylon, soll Plinius zufolge ein Buch über dieses Thema geschrieben und es König Mithridates VI. von Pontos (134–63 v. Chr.) gewidmet haben. Tatsächlich wissen wir, dass Mitglieder der in Babylon ansässigen Egibi-Familie noch im zweiten Jahrhundert v. Chr. Keilschrifttraktate über magische Steine kopierten.

Der jüngste in Babylon gefundene datierte Keilschrifttext nichtastronomischen Inhalts, ein Gebet an Marduk, stammt aus dem Jahr 35 v. Chr. Alle eindeutig datierbaren späteren Texte sind astronomischer Natur; der letzte, ein astronomischer Almanach, wurde 75 n. Chr. niedergeschrieben. Es dürfte sich bei dem Almanach jedoch kaum um den jüngsten jemals abgefassten babylonischen Text handeln – eine kleine Schar babylonischer Priestergelehrter könnte sich durchaus auch noch nach diesem Zeitpunkt der Keilschrift bedient haben. Möglicherweise schrieb man nunmehr jedoch auf Pergament oder Papyrus und nur noch in Ausnahmefällen auf Ton. Beachtung verdient in diesem Zusammenhang eine kleine Gruppe in Babylon gefundener Tontafeln, die kurze Passagen aus babylonischen und sumerischen religiösen Texten sowohl in Keilschrift als auch in griechischer Schrift wiedergeben. Einige dieser sogenannten Graeco-Babyloniaca sind anhand ihrer Zeichenformen in das zweite Jahrhundert n. Chr. datiert worden, was umstritten bleibt, mit dem Gesamtbefund aber durchaus vereinbar erscheint.

Als der römische Kaiser Trajan auf seinem Feldzug gegen die Parther 116 n. Chr. Babylon besuchte, soll er dort dem römischen Historiker Cassius Dio zufolge zahlreiche Ruinen vorgefunden haben. Völlig verödet war Babylon offenbar jedoch nicht, denn Cassius Dio vermeldet auch, dass Trajan während

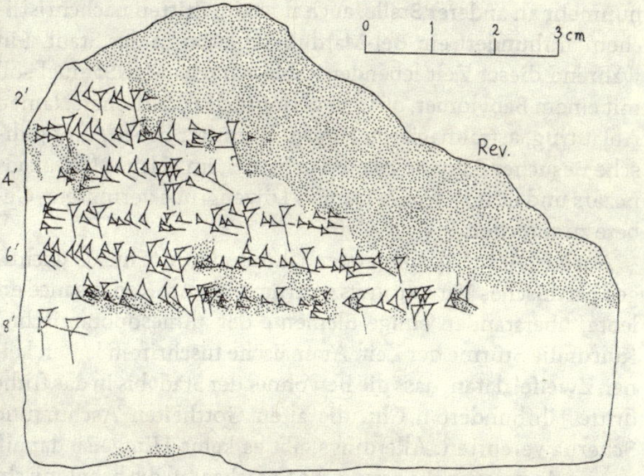

Rückseite der jüngsten datierbaren Keilschrifttafel, eines astronomischen Almanachs aus dem Jahr 74/75 n. Chr., Autographie. Die letzten überlieferten Keile, die in Zeile 8 das Wortzeichen BAR und das Zahlzeichen 1 formen, stehen für den ersten Tag des Monats Nisannu.

seines Aufenthaltes in der Stadt das Sterbezimmer Alexanders des Großen besichtigt und dem großen Eroberer Opfer dargebracht habe. Hierzu passt, dass der griechische Romanautor Iamblichos behauptet, er sei von einem Gelehrten, den die Soldaten Trajans in Babylon gefangengenommen hätten, in die babylonische Sprache und Literatur eingeführt worden – ein Hinweis darauf, dass damals noch kundige Repräsentanten der altmesopotamischen Tradition in der Stadt lebten.

Die archäologische Evidenz zeugt davon, dass der alte Marduk-Tempel in Babylon vor dem Ende der parthischen Zeit abgerissen wurde und einem Wohnquartier Platz machen musste. Doch dem jüdischen Talmud zufolge gab es, möglicherweise nunmehr an anderer Stelle, auch noch im dritten nachchristlichen Jahrhundert ein Bel-Marduk-Sanktuar in der Stadt. Ein während dieser Zeit lebender Rabbi namens Mar Samuel soll mit einem Babylonier, der den vermutlich akkadischen Namen Ablat trug, astralmagische Fragen diskutiert haben, und jüdische Besucher Babylons waren gehalten, im »Haus« Nebukadnezars und dort, wo man Daniels Löwengrube vermutete, Gebete zu sprechen.

Auch in Assur, das im ersten Jahrhundert n. Chr. als wichtiges parthisches Verwaltungszentrum eine Art Renaissance erlebte, überstanden einige Elemente der altmesopotamischen Kultur die Stürme der Zeit. Aramäische Inschriften lassen keinen Zweifel daran, dass die Bewohner der Stadt bis in das frühe dritte Jahrhundert n. Chr. die alten Gottheiten Aschur und Scherua verehrten. Allerdings gibt es keine Hinweise darauf, dass in Assur auch die assyrische Sprache und die babylonisch-assyrische Schriftkultur weiter gepflegt wurden.

In Babylon fand die Keilschriftkultur ihren endgültigen Untergang vermutlich in den ersten Jahrzehnten nach dem Herrschaftsantritt der Sassaniden. Diese neue, ebenso wie die der Parther iranisch geprägte Dynastie war von König Ardaschir I. (224–241 n. Chr.) begründet worden, der 224 n. Chr. den letzten Arsakidenherrscher, Artabanos IV., besiegt und getötet hatte und sich zwei Jahre später in Ktesiphon zum »König der Könige von Iran« hatte krönen lassen. Die Erschütterungen, die dieser abermalige Dynastienwechsel in Mesopotamien auslöste, scheinen der alten Priestergemeinschaft des Marduk-Tempels den endgültigen Todesstoß versetzt zu haben, auch wenn wir die genauen Hintergründe ihres Verschwindens nicht rekonstruieren können.

In mehreren Städten Syriens, namentlich in Palmyra, wurden auch weiterhin, nun jedoch in syroaramäischer Sprache, einstmals aus Babylon importierte Gottheiten angebetet. Im nordsyrischen Edessa sollen noch um 500 n. Chr. zu Ehren von Bel und Nabu am Jahresanfang alte heidnische Mythen rezitiert worden sein, bei denen es sich um Adaptionen des babylonischen Weltschöpfungsepos *Enuma elisch* gehandelt haben dürfte. Doch unter dem Druck des Juden- und Christentums, des Zoroastrismus und schließlich des Islam sollten auch diese letzten Regungen babylonisch geprägter Religiosität schließlich an ein Ende kommen. Lediglich als Dämonen waren alte mesopotamische Gottheiten wie Bel, Nabu, Mullissu oder Sin auch noch im siebten Jahrhundert n. Chr. in Beschwörungen der judäo-christlichen Religionsgemeinschaft der im Südirak beheimateten Mandäer anzutreffen.

Unter der Herrschaft der islamischen Abbasiden wurde das Zweistromland von 750 n. Chr. an noch einmal zum Zentrum eines gewaltigen, von Transoxanien bis nach Nordafrika reichenden Imperiums, das unter dem aus den Geschichten aus Tausendundeiner Nacht bekannten Kalifen Harun al-Raschid (786–809 n. Chr.) zu höchster Blüte gelangte. In wirtschaftlicher Hinsicht dürfte das Leben zwischen Euphrat und Tigris während dieser Zeit nicht sehr anders verlaufen sein als 1000 oder 1500 Jahre zuvor. Nach wie vor betrieben die Bauern des Südirak eine intensive Dattel- und Getreidewirtschaft, die auf hochelaborierten künstlichen Bewässerungsverfahren beruhte. Die alten mesopotamischen Städte aber, ob Babylon, Uruk oder Assur, waren nun allesamt untergegangen oder auf das Niveau bescheidener Dörfer hinabgesunken. Neue Metropolen wie Basra, Kufa und Bagdad waren an ihre Stelle getreten. Die Keilschriftsprachen Sumerisch, Babylonisch und Assyrisch waren keinem Menschen mehr geläufig. Selbst das Syroaramäische, das noch am ehesten eine Brücke in die Zeit des alten Mesopotamien schlug, wurde zunehmend vom Arabischen verdrängt. Und niemand mehr pflegte die babylonisch-assyrische Literatur und Religion.

Epilog

Babel und Bibel: Das Erbe des alten Mesopotamien[41]

Im schwarzen Walfisch zu Askalon,
Da bracht' der Kellner Schar
In Keilschrift auf sechs Ziegelstein'
Dem Gast die Rechnung dar.
(deutsches Studentenlied, Text: J. V. von Scheffel)

Mochten die letzten aktiven Träger der altmesopotamischen Zivilisation auch während der Spätantike von der Bühne der Geschichte verschwunden sein, so wirkte das altorientalische Erbe dennoch auch in der Folgezeit indirekt weiter. Dies geschah zum einen durch die fortdauernde Existenz von Institutionen und Wissenskomplexen, die ihre Ursprünge in Mesopotamien hatten, zum anderen durch die Überlieferung von Geschichten, die entweder vom alten Zweistromland handelten oder aber nachhaltig von der Begegnung mit der babylonisch-assyrischen Zivilisation geprägt waren.

Viele Grundbausteine höherer Kultur wie etwa Stadt und Staat, Schrift und Literatur, Mathematik, Wissenschaft, Recht und Musik sind erstmals im alten Mesopotamien und in Ägypten bezeugt. Es wäre sicherlich verfehlt, anzunehmen, dass die Herausbildung analoger Phänomene im antiken Mittelmeerraum, dem Ursprungsgebiet der westlichen Zivilisation, durchweg in direkter Abhängigkeit von altorientalischen Modellen erfolgte. Man darf aber durchaus vermuten, dass Grie-

41 Dieses abschließende Kapitel beruht in stärkerem Maße als das Vorausgegangene auf Ideen des Verfassers. Nicht alle dieser Ideen erfreuen sich allgemeiner Zustimmung.

chen und Römer ihre politischen und kulturellen Institutionen zumindest teilweise in Anlehnung an das Vorbild der großen vorantiken Zivilisationen entwickelten, wobei die Kontakte mit diesen oftmals nicht direkt, sondern über kulturelle ›Zwischenhändler‹ wie die Phönizier erfolgt sein dürften.

In einigen Bereichen lässt sich der mesopotamische Einfluss besonders gut nachweisen. Dies gilt zum Beispiel für die Sternenkunde, die bis in die Neuzeit hinein von erheblicher praktischer Bedeutung für das Gebiet der Zeitmessung und Navigation war, in Gestalt der Astrologie zugleich aber auch eine wichtige religiös-magische Komponente besaß. Die modernen Namen zahlreicher Planeten, Sterne und Himmelskonstellationen gehen über den Umweg griechischer und lateinischer Übersetzungen auf babylonische Vorbilder zurück. So verdanken etwa Jupiter und Venus ihre Bezeichnungen den babylonischen Gottheiten Marduk und Ischtar, und auch die zodiakalen Sternbilder (Löwe, Stier, Wassermann, Skorpion, etc.) haben ihren Ursprung im alten Mesopotamien. Mitunter waren die alten Namen dabei seltsamen Transformationsprozessen unterworfen. Das babylonische Sternbild »Leiharbeiter« zum Beispiel wurde ursprünglich mit der logographischen Zeichengruppe ^{lú}HUN.GÁ geschrieben. In spätbabylonischer Zeit aber ersetzte man das Determinativ LÚ, das Berufsbezeichnungen markiert, durch das gleichlautende Zeichen LU und verwendete dieses als eine Art Abkürzung für den Namen der Konstellation. Da das LU-Zeichen auch UDU gelesen werden kann, was auf Sumerisch »Schaf« bedeutet, wurde aus dem Leiharbeiter schließlich ein Widder (Aries), und solchermaßen umgeformt fand das Sternbild Eingang in die abendländische Astrologie.

Auch die rechnende Astronomie der Antike griff auf babylonische Vorbilder zurück. Die große astronomische Abhandlung des alexandrinischen Gelehrten Claudius Ptolemäus (2. Jahrhundert n. Chr.), deren Einsichten bis in die frühe Neuzeit hinein das abendländische (und morgenländische) Weltbild beherrschten, ist in vielfältiger Weise den Beobachtungen und mathematischen Modellen spätbabylonischer Astronomen verpflichtet.

Weniger offensichtlich ist die Bedeutung des altorientalischen Erbes für die griechische und römische Religion und Literatur. Auch hier gibt es jedoch, etwa mit Blick auf Hesiods Darstellung der Entstehung der Götter, Parallelen, die so ausgeprägt sind, dass man sie wohl nur als Folge eines direkten oder indirekten Kulturkontaktes erklären kann. Bemerkenswerterweise war selbst der letzte Vorsteher der 529 n. Chr. von Justinian geschlossenen platonischen Akademie in Athen, der neoplatonische Philosoph Damaskios, noch in der Lage, in seinem Werk *Über die ersten Prinzipien* einen sehr akkuraten Abriss der im babylonischen Weltschöpfungsepos *Enuma elisch* beschriebenen Entstehung der mesopotamischen Götterwelt zu geben. Dabei berief er sich auf Ausführungen des Aristoteles-Schülers Eudemos.

Überaus bedeutend war der Einfluss, den die assyrisch-babylonische Zivilisation auf die Autoren der Hebräischen Bibel ausübte. Da dieses Ursprungswerk der judäo-christlichen Tradition die abendländische Welt wie wohl kein zweites Buch geprägt und auch auf die Herausbildung des Islam entscheidend eingewirkt hat, wollen wir unsere Darstellung mit einigen Überlegungen zum mesopotamischen Hintergrund der Bibel abschließen. Dabei werden wir unser Augenmerk nicht nur auf die Parallelen, sondern auch auf die Unterschiede richten, deren Analyse besonders aufschlussreiche Einsichten in die Eigenheiten der Bibel und die Absichten ihrer Verfasser ermöglicht. Dies lässt sich gut anhand der vielleicht bekanntesten biblischen Geschichte zeigen, die auf mesopotamische Vorbilder zurückgeht, der Erzählung von Noah und der Sintflut in Gen 6–9.

Die Entsprechungen zwischen der Noah-Erzählung und der mesopotamischen Sintflutlegende, deren Held je nach Überlieferungsstrang den Namen Ziusudra, Atramhasis oder Utanapischti führt, sind offenkundig. In beiden Fällen beschließt ein oberster Gott, die Menschheit durch eine große Flut zu vernichten, doch ein einzelner Mann vermag sich zusammen mit seiner Familie und zahlreichen Tieren auf eine »Arche« zu retten und so die Katastrophe zu überleben. Als die Wasser schließlich wieder zurückgehen, kommt die Arche auf einem Bergrücken zu liegen, worauf der Sintflutheld Opfer darbringt und die Zusicherung erhält, dass hinfort nie mehr auf göttliche Weisung eine Flut über die Menschheit kommen soll.

Auch in vielen Details stimmen die beiden Erzähltraditionen überein. So senden sowohl Noah als auch Utanapischti, nachdem sich die Elemente beruhigt haben, von ihren Archen eine Reihe von Vögeln aus, welche die Lage erkunden sollen. Bei Noah sind es zunächst ein Rabe und dann drei Tauben, bei Utanapischti nacheinander eine Taube, eine Schwalbe und ein Rabe, wobei der jeweils letztgenannte Vogel auf Land stößt und nicht mehr zu der Arche zurückkehrt. In der mesopotamischen Tradition fungiert die Abfolge der Vögel als Herkunftslegende, die erklärt, warum Tauben und Schwalben in der Nähe menschlicher Behausungen zu nisten pflegen, Raben dagegen menschenscheu sind. Der Verfasser der biblischen Erzählung scheint diese Zusammenhänge nicht mehr verstanden zu haben, was ihn veranlasste, die Episode auf eher ungeschickte Weise zu vereinfachen.

Andere Veränderungen, die der biblische Autor vornahm, sind dagegen das Resultat bewusst neuer theologischer Schwerpunktsetzungen. Dies gilt besonders für das von ihm vertretene Gottesbild. In der babylonischen Fluterzählung hat der Götterkönig Enlil die Sintflut zu verantworten, während ein anderer Gott, der Weisheitspatron Ea, dafür sorgt, dass zumindest ein Menschenpaar gerettet wird. In der Bibel sind, der neuen monotheistischen Grundausrichtung entsprechend, Strafe und Errettung stattdessen in der Hand eines einzigen Gottes vereint.

Noch interessanter ist eine weitere Abweichung des biblischen Textes. In der mesopotamischen Tradition ist ein entscheidender Grund für die Sintflut die maßlose Vermehrung des Menschengeschlechts. Die babylonische Sintflutlegende endet damit, dass die Götter durch die Schaffung unfruchtbarer oder zur Ehelosigkeit verpflichteter Frauen und todbringender Dämonen für ein gewisses Maß an Bevölkerungskontrolle sorgen. Ganz anders dagegen die Noah-Erzählung. Für die wiederholt in ihrer Existenz bedrohte judäische Gemeinschaft war eine niedrigere Geburtenrate keineswegs wünschenswert, und so spricht Gott in der Bibel, nachdem die Sintflut zurückgegangen ist, zu Noah und seinen Söhnen die berühmten Worte: »Seid fruchtbar und mehret euch und füllet die Erde.« Damit wird die Botschaft der mesopotamischen Fluterzählung in ihr Gegenteil verkehrt.[42]

Eine andere biblische Geschichte, die von wilden Wassermassen und der Bestrafung sündigen Menschenvolkes handelt, ist die Legende vom Propheten Jona, der von Gott den Auftrag erhält, die gottlos dahinlebenden Bewohner der assyrischen Stadt Ninive zur Umkehr aufzurufen. Doch statt zu gehorchen, flieht Jona von Jaffa aus auf einem Schiff gen Westen. Als ein Sturm das Schiff fast zum Kentern bringt, wird Jona von Bord geworfen und von einem großen Fisch verschluckt, in dessen Bauch er drei Tage lang ausharrt, ehe ihn das Meeresungetüm

42 Nur am Rande sei angemerkt, dass die biblische Losung für unser eigenes, von massiver Überbevölkerung geplagtes Zeitalter wenig hilfreich ist, während die in der mesopotamischen Fluterzählung formulierte Kritik an der übermäßigen Ausbreitung der Menschen ökologisch gesehen erheblich plausibler erscheint.

an Land speit. Jona, solchermaßen errettet, geht nun doch nach Ninive, dessen Bewohner auf seine Ermahnungen hin von ihrem unrechten Treiben ablassen und so der göttlichen Strafe entgehen.

Das Buch Jona gehört zu den jüngsten Texten der Hebräischen Bibel; es dürfte im ausgehenden vierten oder im dritten Jahrhundert v. Chr. entstanden sein. Manches spricht dafür, dass es bewusst die ältere Noah-Erzählung fortschreibt – und zugleich umdeutet. In beiden Geschichten errettet Gott einen einzelnen Menschen aus den Fluten, doch der Gott des Jona-Buches lässt seine Barmherzigkeit, im Unterschied zu jenem der Sintfluterzählung, auch allen anderen Sterblichen zuteil werden, sogar den archetypischen Missetätern in der assyrischen Stadt Ninive.

Die Noah-Geschichte ist aber nicht der einzige Text, auf den der Verfasser des Buches Jona Bezug nimmt. Es kann kaum bezweifelt werden, dass die Jona-Erzählung auch die Legende von der assyrischen Königin Semiramis verarbeitet, die im Alten Orient weit verbreitet gewesen sein dürfte, obwohl wir sie nur aus der griechischen Überlieferung kennen. ›Urbild‹ der Semiramis war Sammu-ramat, die Gemahlin des assyrischen Königs Schamschi-Adad V. (823–811 v. Chr.) und Mutter König Adadnararis III. (810–783 v. Chr.). Wie in Kapitel X ausgeführt, verfügte Sammu-ramat über beträchtliche politische Macht, was die Legendenbildung um sie in Gang gesetzt haben dürfte. In der griechischen Fassung der Semiramis-Erzählung ist Semiramis die Tochter der in Askalon beheimateten Liebesgöttin Derketo (Atargatis) und eines syrischen Jünglings. Nachdem Derketo als Strafe für ihre erotische Verbindung mit einem Sterblichen in eine Art Fischweib verwandelt worden ist und ihren Mutterpflichten nicht mehr nachkommen kann, wird Semiramis an einem einsamen Ort von Tauben versorgt, wächst unter der Obhut eines Hirten zu großer Schönheit heran und heiratet zunächst einen assyrischen Offizier und dann den assyrischen König Ninos, den Begründer von Ninive, nach dessen Tod sie das assyrische Reich von Ninive aus alleine regiert.

Das Buch Jona weist vier auffällige Berührungspunkte mit der Semiramis-Legende auf. Der Name Jona bedeutet auf Hebräisch »Taube«, wozu passt, dass Semiramis als Kind von Tauben genährt und am Ende ihres Lebens selbst in eine Taube verwandelt wird. Der Fisch, in dessen Bauch sich Jona drei Tage lang aufhält, erinnert an das Fischweib Derketo, Semiramis' Mutter. Derketos enge Verbindung mit Askalon ruft ins Gedächtnis, dass Jona im unweit von Askalon gelegenen Jaffa sein Schiff besteigt. Und sowohl Jonas als auch Semiramis' Lebensreise endet in Ninive. All dies zusammen kann nur das Resultat einer bewussten Anknüpfung und nicht bloßer Zufall sein.

Unklar bleibt freilich, warum der Verfasser des Jona-Buches die Legende von der assyrischen Königin auf so seltsame Weise verfremdete. Vielleicht waren seine Absichten humoristischer Natur. Wenn dem so war, so hatte dies auf die spätere Rezeption des Buches, in der sehr viel ernsthaftere Lesarten vorherrschen, allerdings keinen großen Einfluss. In der christlichen Theologie präfiguriert Jonas dreitägiger Aufenthalt im Bauch des Fisches die drei Tage, die Christus vor der Auferstehung in seinem Grab liegt, und im Islam ist Jona ein wichtiger Vorläufer des Propheten Mohammed.

Zwei weitere zentrale Gestalten der Bibel, Mose und Josef, scheinen auf den ersten Blick wenig mit Mesopotamien zu tun zu haben und sehr viel stärker mit Ägypten verbunden zu sein, das einen wichtigen Schauplatz ihres Wirkens bildet. In der Tat ist es möglich, dass ägyptische Vorbilder bei der Ausgestaltung bestimmter Elemente der Mose- und Josefsgeschichte eine Rolle spielten. Die Episode, in der die Gattin des Potiphar Josef zu verführen sucht, könnte zum Beispiel von dem ägyptischen »Zweibrüdermärchen« inspiriert worden sein, das eine ganz ähnliche Thematik behandelt. Bei genauerer Betrachtung lässt sich jedoch wahrscheinlich machen, dass die ›Biographien‹ Moses und Josefs auch auf mesopotamische Motive zurückgreifen.

Ex 2,1–10 berichtet, Mose sei in Ägypten als Kind eines Mannes und einer Frau aus dem Stamme Levi geboren worden. Um ihren Sohn vor den mörderischen Nachstellungen der Ägypter zu bewahren, hätten ihn die beiden in ein mit Pech versiegeltes Kästchen aus Röhricht gelegt und dieses im Schilf am Ufer des Nils abgelegt. Dort habe die Tochter des Pharao das Kästchen gesehen, und als sie einen Knaben darin fand, habe sie sich seiner angenommen und ihm den Namen »Mose« gegeben. Die Geburtslegende des Mose handelt also ebenso wie die Noah-Geschichte von einer Errettung aus dem Wasser – bemerkenswerterweise wird das hebräische Wort für »Arche«, *tevah*, auch zur Bezeichnung des Kästchens verwendet, in dem Mose die Fluten überlebt. Doch wichtiger als dieser innerbiblische Bezug ist für unser Thema, dass Ex 2,1–10 darüber hinaus ein mesopotamisches Pendant hat: die Geburtslegende des Akkad-Königs Sargon (ca. 2343–2314 v. Chr.), die aus Keilschrifttexten des ersten Jahrtausends v. Chr. bekannt ist. Sargon, so die Legende, sei das Kind einer Hohepriesterin gewesen, die eigentlich zur Jungfräulichkeit verpflichtet war und sich daher gezwungen gesehen habe, ihren kleinen Sohn in einem mit Bitumen abgedichteten Röhrichtkästlein im Fluss auszusetzen. Ein Wasserschöpfer namens Aqqi habe das Kästlein gefunden und Sargon aufgezogen, der schließlich mit Hilfe der Göttin Ischtar König geworden sei.

Das Motiv von der Aussetzung und wundersamen Errettung eines Kindes, das später zu großer Macht gelangt, ist im Altertum mehrfach bezeugt. Prominente Beispiele sind Kyros, Ödipus und, wie oben gesehen, Semiramis. Ein völlig sicherer Nachweis, dass die Mose-Episode bewusst an die Geburtslegende Sargons anknüpft, lässt sich daher nicht führen. Die spezifische Natur des Motivs vom Röhrichtkästlein im Fluss spricht aber dafür, dass die Erzählungen tatsächlich voneinander abhängig sind.

Auffällig ist, dass die beiden Geburtslegenden allen formalen Ähnlichkeiten zum Trotz sehr unterschiedliche Absichten verfolgen. Die Sargon-Erzählung zielt darauf ab, einem König, der aus dem Nichts zu großer Macht aufgestiegen war, eine prestigeträchtige, wenn auch nicht unproblematische Herkunft zuzuschreiben. Die Mose-Geschichte dagegen soll offenbar beweisen, dass ihr Protagonist gerade nicht von hoher Geburt war. Obwohl von einer ägyptischen Prinzessin aufgezogen und von ihr mit dem Namen Mose bedacht, sei der große Befreier der Israeliten, so wird hier behauptet, das Kind einfacher Leute aus dem hebräischen Stamme Levi gewesen.

Sollte es sich bei Mose um eine historische Gestalt gehandelt haben, so lässt gerade dieses Insistieren auf seiner bescheidenen Geburt natürlich den Verdacht aufkommen, dass er in Wirklichkeit ein Ägypter mit engen Verbindungen zur Pharaonenfamilie war. Auch der vermutlich ägyptische Charakter des Namens »Mose« legt dies nahe. Es erscheint daher nur folgerichtig, dass eine Reihe von Gelehrten, unter ihnen der Begründer der Psychoanalyse, Sigmund Freud, versucht haben, Mose mit bestimmten Figuren der ägyptischen Geschichte in Verbindung zu bringen. Wie immer man solche Hypothesen im einzelnen beurteilt – wenn die Geburtsgeschichte des Mose tatsächlich von der mesopotamischen Sargon-Legende mitinspiriert worden sein sollte, dann läge hier ein weiteres Beispiel dafür vor, wie die biblischen Autoren mesopotamische Motive nicht einfach nur kopierten, sondern für ihre sehr eigenen Zwecke umgestalteten und adaptierten.

Wann und unter welchen Umständen sie dies taten, bleibt vorerst umstritten. Die Forschung ist sich über die Abfassungszeitpunkte der meisten biblischen Bücher, die zudem mehrfach überarbeitet worden sein dürften, noch immer uneins. Vieles spricht jedoch dafür, dass die Zeit vom siebten bis zum fünften Jahrhundert v. Chr. für die Genese großer Teile der Hebräischen Bibel entscheidend war. Dies ist die Periode, in der zunächst das assyrische Reich und später seine babylonischen und persischen Nachfolgestaaten die Levante kontrollierten und in die das »babylonische Exil« der Judäer fällt. Gelegenheit, assyrisch-babylonische Traditionen kennenzulernen und sich anzueignen, hatten die Israeliten also reichlich.

Im Falle der Erzählung vom Emporkommen des Jakobssohnes Josef in Gen 37 scheint nicht die mesopotamische Literatur, sondern ein Ereignis der mesopotamischen Geschichte als Vorbild fungiert zu haben: der Aufstieg des assyrischen Königs Asarhaddon (680–669 v. Chr.), über den uns vor allem dessen Inschriften informieren und den wir in Kapitel X knapp skizziert haben. Auch wenn sich kein eindeutiger Beweis führen lässt, muten die Parallelen erneut so auffällig an, dass es schwer fällt, sie als bloß zufällig abzutun. Sowohl Asarhaddon als auch Josef werden von ihren jeweiligen Vätern, Sanherib und Jakob, bevorzugt, obwohl sie ältere Brüder haben. Beide halten sich in ihrer Auserwähltheit durch eine Reihe göttlicher Zeichen bestätigt – Leberschau-Omina und Orakel im Falle Asarhaddons, Träume bei Josef. Die älteren Brüder Josefs reagieren auf dessen Herrschaftsansprüche genauso eifersüchtig wie Asarhaddons ältere Brüder nach der Ernennung desselben zum Thronfolger – ja sie fragen Josef sogar: »Willst du etwa unser König werden und über uns herrschen?« Jakob findet Josefs Ansprüche kritikwürdig, »bewahrt aber seine Worte«, so wie Sanherib allen Hetzreden der Brüder zum Trotz Asarhaddon »insgeheim« gewogen bleibt. Sowohl Asarhaddon als auch Josef setzen sich nach einer Reihe von Krisen schließlich gegen ihre Widersacher durch, und beide machen sich gegen Ende ihres Lebens, wenn auch in unterschiedlichen Rollen, Ägypten untertan. Der mögliche Einwand, dass die biblischen Autoren von den Geschehnissen am assyrischen Hof zu Ninive kaum allzu viel gewusst haben können, ist nicht wirklich stichhaltig, da Asarhaddon die Umstände seines Aufstiegs, wie bereits angemerkt, in großer Ausführlichkeit in seinen eigenen Inschriften schildert und auch die Bibel in 2 Kön 19,37 in verkürzter Form auf die Ereignisse eingeht. Es ist also in der Tat vorstellbar, dass der biblische Josef in gewisser Weise eine Art »Asarhaddon redivivus« ist – obschon er daneben natürlich auch noch ganz andere Charakterzüge aufweist.

Die Josefsgeschichte hat wie kaum eine andere biblische Legende die spätere Literatur inspiriert, von der (spät?)antiken Erzählung *Josef und Aseneth* über die 12. Sure des Koran, die sogenannte »Josefs-Sure«, und das Versepos *Yusuf und Zulaicha* aus der Feder des neupersischen Dichters und Mystikers Dschami (1414–1492) bis hin zu Thomas Manns berühmter Roman-Tetralogie *Joseph und seine Brüder*. Dass auch die ›Originalerzählung‹ ältere Motive verarbeitet, bestätigt nur die Worte, mit denen Mann das »Vorspiel« zu seinem großen Werk einleitet: »Tief ist der Brunnen der Vergangenheit. Sollte man ihn nicht unergründlich nennen?«

Die Gestalt des assyrischen Königs dürfte die Bibel aber noch in einer theologisch sehr viel einschneidenderen Weise geprägt haben: durch ihren Einfluss auf das biblische Gottesbild. Die assyrischen Eroberungen des achten Jahrhunderts v. Chr. waren für die Bewohner Israels und Judas ein enormer Schock, der ihr politisches Selbstverständnis erschütterte und die Frage aufwarf, was ihre eigenen Herrscher gegen die gewaltigen Großkönige vom Tigris und deren riesige Armeen ausrichten konnten. Doch führende Religionsgelehrte Israels und Judas fanden, so scheint es, einen Weg, solche Ohnmachtsgefühle zu kompensieren. Sie projizierten die Macht des assyrischen Königs auf ihren Gott, auf Jahwe, der damit zum eigentlichen Weltenlenker wurde, zu einem »König der Völker«, wie es in Psalm 47 heißt, der auf einem »heiligen Thron« saß. Wenn der Ursprung solcher Bilder tatsächlich, wie man vermuten kann, in der gleichermaßen absoluten wie imperialen Herrschaftsauffassung der spätassyrischen Monarchen zu suchen ist, dann muss der monokratische Charakter des assyrischen Königtums eine wichtige Inspirationsquelle des biblischen Monotheismus gewesen sein.

Dass dies keine völlig an den Haaren herbeigezogene Annahme ist, zeigt eine historisch-kritische Analyse des 5. Buches Mose. Große Teile dieser auch als Deuteronomium bekannten biblischen Schrift haben die Form eines zwischen Gott und dem Volk Israel abgeschlossenen Vertrages, in dem sich die Israeliten verpflichten, Jahwes Ausschließlichkeit zu respektieren und die Zentralisation seines Kultes in Jerusalem zu fördern. Eine lange Liste von Flüchen soll sie davon abhalten, den Vertrag zu verletzen. Sowohl inhaltlich als auch formal weist das Deuteronomium damit auffällige Übereinstimmungen mit den Loyalitätseiden auf, die assyrische Könige des siebten Jahrhunderts v. Chr. ihren Untertanen und Vasallen auferlegten. Wir kennen diese Eide vor allem aus den in Kalchu, Assur und Tell Tayinat am Orontes gefundenen Verträgen, mit denen niemand anders als König Asarhaddon seine Bevölkerung und von ihm abhängige Bundesgenossen zu Gehorsam und Treue anzuhalten suchte. Sowohl die Gebote als auch die Fluchformeln dieser Verträge ähneln einzelnen Passagen des Deuteronomiums zum Teil bis ins Detail – doch mit dem entscheidenden Unterschied, dass das letztere Loyalität gegenüber Gott und nicht gegenüber dem assyrischen König einfordert.

Die Annahme eines Bezugs zwischen dem Deuteronomium und den assyrischen Verträgen ist auch aus historischer Sicht plausibel. Die Judäer waren vom letzten Viertel des achten

Jahrhunderts an bis in die zweite Hälfte des siebten Jahrhunderts v. Chr. assyrische Vasallen und mussten als solche aller Wahrscheinlichkeit nach ebenso wie andere Vasallen die standardisierten assyrischen Loyalitätseide schwören. Auch dürften Keilschrifttafeln mit diesen Eiden – bzw. aramäische oder hebräische Übersetzungen derselben – in Jerusalem zugänglich gewesen sein. Zugleich deutet vieles darauf hin, dass die Abfassung einer Urversion des Deuteronomiums in die Periode der judäischen Abhängigkeit von Assyrien oder in die Zeit kurz danach fällt. Dies wird vor allem durch einen Bericht in 2 Kön 22 nahegelegt, demzufolge unter dem judäischen Königs Josia (640–609 v. Chr.) bei Rekonstruktionsarbeiten im Tempel zu Jerusalem ein altes Gesetzesbuch entdeckt worden sei. Man hat schon lange gemutmaßt, dass es sich bei dem fraglichen Buch um die Urfassung des Deuteronomiums gehandelt habe und diese Fassung in Wirklichkeit eine zeitgenössische Neuschöpfung und kein altehrwürdiges Werk gewesen sei. Sollte dies zutreffen, dann spräche auch chronologisch nichts gegen die Vermutung, dass der Autor des Ur-Deuteronomiums die assyrischen Loyalitätseide als eine Art ›Blaupause‹ für sein Werk nutzte.

Die welthistorisch so bedeutsame, im Deuteronomium ausformulierte Rechtsfigur der vorbehaltlosen Verehrung des einen Gottes scheint ihre Wurzeln also tatsächlich in der Treueverpflichtung der Untertanen gegenüber dem allmächtigen assyrischen König zu haben. Das Deuteronomium erweist sich in seiner Abkehr von diesem irdischen Despoten als ein Dokument der politischen Befreiung – in dem freilich zugleich *in nuce* das Konzept einer religiösen Diktatur enthalten ist.

Während das Judentum ganz auf Jahwe fokussiert ist, begegnen uns im Christentum komplexere Vorstellungen von der Manifestation des Göttlichen. Christen verehren die zur Dreieinigkeit verbundene Gruppe von göttlichem Vater, Sohn und Heiligem Geist, der sie als Gegenfigur den Teufel zugesellen. Keine der drei letztgenannten Gestalten hat im alten Mesopotamien direkte Vorläufer. Und doch lassen sich auch hier, wenn auch nur sehr mittelbar, Verbindungen mit der Welt des Alten Orients herstellen, die wir abschließend knapp skizzieren wollen.

Gottessöhne erfreuten sich auch in Mesopotamien großer Verehrung. Sowohl Ninurta, der kriegerische Sohn des Enlil, als auch Nabu, der Sohn Marduks, wurden im ersten Jahrtausend v. Chr. von Assyrern und Babyloniern als Retter der Schwachen gepriesen und um Hilfe angerufen. Da es dabei um göttliche Unterstützung im Diesseits und nicht um ein wie auch immer geartetes ewiges Leben ging, sind Vergleiche mit dem Gottessohn Jesus freilich nur bedingt produktiv. Auch die sündentheologischen Implikationen des Wirkens Jesu haben keine Entsprechung in Mesopotamien.

Mit Blick auf den Tod und die Auferstehung Jesu ist jedoch wiederholt auf gewisse Parallelen mit dem mesopotamischen Gott Tammuz verwiesen worden, dem jungen Geliebten der Fruchtbarkeitsgöttin Ischtar, der mesopotamischen Mythen zufolge in die Unterwelt hinabsteigen musste, damit die dort gefangengehaltene Ischtar Leben und Freiheit zurückerhalte. Nur für kurze Zeitspannen war es Tammuz hinfort vergönnt, aus dem Reich des Todes in die Welt der Lebenden zurückzukehren. Babylonisch-assyrische Kultrituale stellten den Mythos an bestimmten Festtagen nach.

Tammuz wird auch in der Hebräischen Bibel erwähnt. In der Jerusalem-Vision des Ezekiel (Ez 8,14) ist von Frauen die Rede, die den toten Gott in einem Tempeltor beweinen. Außerdem befand sich, wenn man einem Brief des Kirchenvaters Hieronymus (347–420) an Paulinus von Nola Glauben schenken darf, in Bethlehem, dem angeblichen Geburtsort Jesu, ein dem

Tammuz gewidmeter heiliger Hain. Der Tammuz-Mythos war also auch in Palästina bekannt, weshalb die Möglichkeit, dass er die Geschichte vom Leiden und von der Auferstehung Jesu beeinflusst hat, nicht von vornherein ausgeschlossen werden kann.

Befördert wird die Annahme einer solchen Beeinflussung durch einen Passus im Johannes-Evangelium (20,11–18), der schildert, wie Maria Magdalena weinend am Grab des Gekreuzigten steht, das sich in einem Garten befindet, und plötzlich, als sie sich umwendet, den auferstandenen Jesus vor sich sieht. Die Szene weist auffällige Anklänge an den Tammuz-Mythos und die zugehörigen Riten auf. Jesus hat die Rolle des (von Frauen geliebten und beweinten) mesopotamischen Gottes inne, Maria Magdalena die der klagenden Adorantin, und der Garten ruft den von Hieromymus beschriebenen heiligen Hain ins Gedächtnis. Trotz dieser Übereinstimmungen, die durchaus auf bewusste Anleihen zurückgehen könnten, zielt das Johannes-Evangelium jedoch nicht auf eine Imitation paganer Vorstellungen, sondern auf deren Überbietung ab. Jesus weist Maria Magdalena zurück (das »noli me tangere«-Motiv), womit auf seinen unmittelbar bevorstehenden endgültigen Abschied von der Welt und seine Himmelfahrt verwiesen wird, Konzepte, die keinerlei Entsprechungen im Tammuz-Kult haben.

Zwar firmiert der Heilige Geist nur im Christentum als eine der drei Hypostasen bzw. Personifizierungen Gottes, doch sowohl im Judentum als auch in der griechischen Philosophie hat die christliche Geisteslehre, die »Pneumatologie«, gewisse Vorläufer. Was die Hebräische Bibel anbetrifft, so ist dabei besonders der Begriff des »Gottesatems« oder »Gotteswindes« (hebräisch *ruah elohim*) von Bedeutung. Er bezeichnet in der Tora an mehreren Stellen eine Art lebensspendende Kraft, weshalb *ruah elohim* oft auch mit »Geist Gottes« übersetzt wird. Einer der wichtigsten, auch in der christlichen Pneumatologie vielfach diskutierten Verweise auf den »Gottesatem« findet sich in den berühmten ersten beiden Versen der Bibel, in Genesis 1. Dort heißt es:

> Am Anfang (*reschit*), (als) Gott Himmel (*schamayim*) und Erde schuf, / war die Erde wüst und leer, und Finsternis lag auf der Tiefe/dem Ozean (*tehom*), und der Atem/Wind/Geist Gottes (*ruah elohim*) schwebte über den Wassern (*mayim*).

Dieser Eingangspassus des biblischen Schöpfungsberichtes erinnert an den Beginn eines älteren mesopotamischen Textes, des babylonischen Weltschöpfungsepos *Enuma elisch*:

> Als droben die Himmel (*schamamu*) noch nicht benannt (d. h. geschaffen) waren
> (Und) drunten die Erde noch keinen Namen hatte,
> (Als) der uranfängliche (*reschtu*) Apsû (das personifizierte Süßwasser), ihr Erzeuger,
> (Und) Mummu-Tiamat (der personifizierte Salzwasserozean), die sie alle gebar,
> Ihre Wasser (*mu*) vermischten …

Sowohl im biblischen als auch im babylonischen Schöpfungsbericht finden sich in den ersten Zeilen Verweise auf Himmel und Erde, den vorschöpferischen Zustand der Welt, den Urozean und das Wasser, was die Annahme nahelegt, dass eine literarische Abhängigkeit zwischen den beiden Texten besteht. Genesis 1 wird von vielen Gelehrten in die Periode des babylonischen Exils oder in die Zeit kurz danach datiert, so dass es auch aus historischer Sicht durchaus denkbar erscheint, dass der biblische Autor den babylonischen Text kannte und – vor allem durch eine Ausmerzung alles Mythischen – für seine eigenen Zwecke adaptierte.

Wenn dem so war, so fragt man sich, ob sich nicht auch für den über den Wassern schwebenden »Geist Gottes« des biblischen Textes ein Vorbild im *Enuma elisch* finden lässt. Den Schlüssel zur Beantwortung dieser Frage bildet der Begriff *mummu*, der in Zeile 4 des babylonischen Textes mit der Urgöttin Tiamat verbunden ist. *Mummu* bezeichnete im Mesopotamien des ersten Jahrtausends v. Chr. eine kreative Kraft, die in mancherlei Hinsicht an den hebräischen »Geist Gottes« erinnert. Die Erwähnung des letzteren in Gen 1,2 könnte also tatsächlich von babylonischen Vorstellungen inspiriert gewesen sein, die damit, freilich nur sehr mittelbar, auch auf das christliche Konzept vom Heiligen Geist eingewirkt hätten.

Noch um einiges indirekter ist der Weg, der von einer Episode der mesopotamischen Geschichte zum Teufel und den christlichen Vorstellungen von seiner Macht führt. Am Anfang steht das tragische Ende des assyrischen Königs Sargon II., der, wie in Kapitel X ausgeführt, 705 v. Chr. auf einem Feldzug in das anatolische Tabal gefallen war und nicht hatte begraben werden können. Während dieses Ereignis in Assyrien für allgemeines Entsetzen sorgte, wurde es von den Gegnern der Assyrer mit triumphierender Häme aufgenommen. In einem Spottlied auf den Sturz des Weltenherrschers, das im 14. Kapitel des biblischen Buches Jesaja überliefert ist, heißt es:

> Ist das der Mann, der … die Königreiche beben machte …? Alle Könige der Völker ruhen in Ehren, ein jeder in seinem Haus, doch du bist hingeworfen (fern) von deinem Grab …, bedeckt mit Erschlagenen.

Obwohl diese Verse von späteren Redaktoren der Bibel auf einen »König von Babel« bezogen wurden, spricht wegen des

Hinweises auf das fehlende Grab vieles dafür, dass sie ursprünglich auf Sargon II. gemünzt waren. Das Spottlied verunglimpft den gefallenen König in einer überaus bilderreichen Sprache. In Vers 12 wird über ihn gesagt:

> Wie bist du vom Himmel gefallen, Leuchtender(?), Sohn der Morgenröte [hebräisch: *helel ben schahar*]. (Wie) wurdest du zur Erde gefällt, Krieger über den Völkern.

Diese Passage hat die antiken Bibelinterpreten von früh an ebenso fasziniert wie vor Probleme gestellt. Das hebräische *helel* ist nur hier bezeugt und daher rätselhaft. Die Septuaginta, die griechische Übersetzung der Hebräischen Bibel, gibt es mit dem griechischen Wort *heosphoros* wieder, das wörtlich »Bringer des Morgenrots« bedeutet und auf den Morgenstern verweisen kann. Was aber sollte damit ausgesagt werden, dass der Morgenstern vom Himmel gefallen war? Der frühchristliche Theologe Origenes (ca. 185–254 n. Chr.) glaubte, die Stelle allegorisch erklären zu können. Ausgehend von einem Passus im Lukasevangelium (10,18), in dem Jesus sagt: »Ich sah Satan vom Himmel fallen wie einen Blitz«, schloss Origenes, auch der Himmelssturz in Jesaja 14 müsse sich auf Satan beziehen.

Diese Deutung sollte den christlichen Glauben nachhaltig beeinflussen. Satan war bis dahin lediglich eine Art Provokateur und Versucher gewesen. Doch nun, als eine Figur, die aus dem Lichtreich hinabgestürzt war, trat er in ein fast dualistisches Konkurrenzverhältnis zu Gott. Und da dem in der Septuaginta gebrauchten Wort *heosphoros* im Lateinischen das Wort »Lucifer« (wörtlich: »Lichtbringer«) entsprach, wurde Lucifer, nachdem sich Latein als Hauptsprache der westlichen Kirche etabliert hatte, zu einem der prominentesten Namen des Teufels.

Mit dieser seltsamen Metamorphose eines assyrischen Königs, der sich am Ende seines Ganges durch die Irrungen und Wirrungen der Traditionsgeschichte in niemand anderen als den Höllenfürsten verwandelt, wollen wir unsere Ausführungen zum religiösen Erbe des alten Mesopotamien zum Abschluss bringen. Ziel dieser Ausführungen war nicht, die Originalität der biblischen Autoren in Frage zu stellen. Diese haben die von ihnen aufgenommenen mesopotamischen Motive in oftmals höchst einfallsreicher Weise umgeformt und in neue Zusammenhänge eingefügt. Gezeigt werden sollte jedoch, dass es in Dingen des religiösen Denkens keine *creatio ex nihilo*, keine Schöpfung aus dem Nichts, gibt. Die jüdisch-christliche Tradition und mittelbar auch die Tradition des Islam beruhen bis heute auf Voraussetzungen, die im alten Mesopotamien geschaffen wurden.

Zeittafel

Die folgende Übersicht berücksichtigt nicht alle, aber die wichtigsten der in diesem Büchlein erwähnten mesopotamischen Monarchen. Nicht aufgeführt werden unter anderem die Herrscher der Zeit vor 2600 v. Chr., deren genaue chronologische Einordnung schwierig bleibt. Die Angaben beziehen sich, soweit nicht ausdrücklich anders gekennzeichnet, auf die Zeit vor Christi Geburt.

26. Jahrhundert	Mesalim von Kisch
ca. 2500–2350	Erste Dynastie von Lagasch (u. a. Ur-Nansche, Akurgal, Eanatum, Enmetena, Urukagina)
um 2350	Lugalzagesi von Umma und Uruk
ca. 2350–2172	Dynastie von Akkad (Sargon, Manischtusu, Rimusch, Naram-Sin, Scharkalischarri, Dudu, Schudurul)
22. Jahrhundert	Gutäer in Mesopotamien
um 2115	Utu-hegal von Uruk
um 2100	Gudea von Lagasch
ca. 2110–2003	Dritte Dynastie von Ur Ur-Namma 2110–2093 Schulgi 2092–2045 Amar-Sin 2044–2036 Schu-Sin 2035–2027 Ibbi-Sin 2026–2003

ca. 2002–1595 Altbabylonische Zeit

Isin	Larsa
Ischbi-Erra 2019–1987	Naplanum 2026–2006
Schu-ilischu 1986–1977	
Iddin-Dagan 1976–1956	Samium 1977–1943

	Ischme-Dagan 1955–1937	
	Lipit-Eschtar 1936–1926	Zabaya 1942–1934
	Ur-Ninurta 1925–1898	Gungunum 1933–1907
Babylon		
Sumula'el 1880–1845	Erra-imitti 1870–1863	Sumu'el 1894–1866
Sabium 1844–1831	Enlil-bani 1862–1839	
	(Ende der Dynastie 1794)	
		Silli-Adad 1836
Apil-Sin 1830–1813	**Mari**	Warad-Sin 1835–1823
Sin-muballit 1812–1793	Yachdun-Lim 1810–1794	Rim-Sin 1822–1763
	Sumu-Yamam 1793–1792	
Hammurapi 1792–1750	Samsi-Addu/Yasmach-Addu 1791–1775	
	Zimri-Lim 1774–1762	
Samsu-iluna 1749–1712		
Abieschuch 1711–1684		
Ammiditana 1683–1647		
Ammisaduqa 1646–1626		
Samsu-ditana 1625–1595		

ca. 1595–1000 Mittelbabylonische/Mittelassyrische Zeit

Babylonien	
Agum II. Ende 16. Jahrhundert?	
Ulamburiasch Mitte 15. Jahrhundert?	
Kurigalzu I. um 1400	**Assyrien**
Kadaschman-Enlil I. 1375(?)–1361	Aschur-uballit I. 1363–1328
Burna-Buriasch II. 1360–1334	
Karaindasch II. 1334	
Nazi-Bugasch 1334	
Kurigalzu II. 1333–1309	
Nazi-Maruttasch 1308–1283	Adad-narari I. 1305–1274
	Salmanassar I. 1273–1244
Kaschtiliasch IV. 1233–1226	Tukulti-Ninurta I. 1243–1207
Enlil-nadin-schumi 1225	
Adad-schuma-usur 1217–1188	Enlil-kudurri-usur 1196–1192
Enlil-nadin-achi 1158–1156	Aschur-dan (und dessen Regenten,
(Ende der Kassitendynastie)	Ninurta-tukulti-Aschur und
Marduk-kabit-acheschu 1155–1138	Mutakkil-Nusku) 1178–1133

Itti-Marduk-balatu 1137–1130	
Nebukadnezar I. 1123–1102	Tiglatpileser I. 1114–1076
Marduk-nadin-ache 1097–1080	
Adad-apla-iddina 1066–1045	Aschur-bel-kala 1073–1056
(Ende der Zweiten Dynastie von Isin 1024)	

ca. 1000–609 Neubabylonische/Neuassyrische Zeit

Babylonien	**Assyrien**
	Aschur-dan II. 934–912
	Adad-narari II. 911–891
	Tukulti-Ninurta II. 890–884
	Assurnasirpal II. 883–859
Marduk-zakir-schumi vor 851–max. 816	Salmanassar III. 858–824
	Schamschi-Adad V. 823–811
	Adad-narari III. 810–783 (anfänglich Koregentschaft Sammu-ramats)
	Salmanassar IV. 782–773
	Aschur-dan III. 772–755
Nabu-nasir 747–734	Aschur-narari V. 754–745
Nabu-mukin-zeri 731–729	Tiglatpileser III. 744–727
Tiglatpileser III. 728–727	
Salmanassar V. 726–722	Salmanassar V. 726–722
Marduk-aplu-iddina II. 721–710	Sargon II. 721–705
Sargon II. 710–705	
Marduk-aplu-iddina II. 704–703	Sanherib 704–681
Bel-ibni 702–700	
Aschur-nadin-schumi 699–694	
königlose Zeit (Sanherib) 688–681	
Asarhaddon 680–669	Asarhaddon 680–669
Assurbanipal 668	Assurbanipal 668–631
Schamasch-schumu-ukin 667–648	
Kandalanu 647–627	Aschur-etel-ilani 630–627
	Sin-schumu-lischir (627)
Nabopolassar 625–605	Sin-scharru-ischkun 626–612
	Aschur-uballit II. 611–609

625–539 Neubabylonisches Reich

Nabopolassar 625–605
Nebukadnezar II. 604–562
Amil-Marduk 561–560
Neriglissar 559–556
Labaschi-Marduk (556)
Nabonid 555–539

538–331 Mesopotamien unter persischer Herrschaft

Kyros II. 538–530
Kambyses 529–522
Bardiya (522)
Nebukadnezar III. (522)
Nebukadnezar IV. (521)
Darius I. 521–486
Xerxes I. 485–465
(Bel-schimanni und Schamasch-eriba 482)
Darius II. 423–405
Artaxerxes II. 404–359
Darius III. 335–331

331–141 Mesopotamien unter makedonischer und seleukidischer Herrschaft

Alexander (III.) 330–323
Alexander IV. 316–307
Seleukos I. 305–281
Antiochos I. 281–261
Antiochos III. 222–187

141 v. Chr – 224 n. Chr. Mesopotamien unter parthisch-arsakidischer Herrschaft

Mithridates I. 171–138 v. Chr. (Eroberung Mesopotamiens 141 v. Chr.)
Mithridates II. 123–88 v. Chr.
Orodes II. 57–38 v. Chr.
Artabanos IV. ca. 213–224 n. Chr.
(224 n. Chr. Niederlage gegen den Sassaniden Ardaschir I.)

Literaturhinweise

Die folgende, stark selektive Literaturliste verfolgt einen doppelten Zweck. Sie soll zum einen die wichtigsten Sekundärquellen aufführen, auf die der Autor bei der Abfassung des vorliegenden Bandes zurückgegriffen hat. Zum anderen soll sie dem Leser, der sich mit einzelnen Aspekten der altorientalischen Geschichte näher beschäftigen möchte, den Weg zu einigen leichter zugänglichen Studien weisen. Der Schwerpunkt liegt auf jüngeren Werken, über deren Bibliographien die ältere Literatur auf einfache Weise erschlossen werden kann. Die Liste ist thematisch organisiert und folgt im wesentlichen der Gliederung dieses Buches.

Allgemeines

Edzard, D. O.: Geschichte Mesopotamiens. München 2004.

Kuhrt, A.: The Ancient Near East c. 3000–330 BC. 2 Bände. London / New York 1995.

Oppenheim, A. L.: Ancient Mesopotamia. Revised edition. Chicago 1977.

Radner, K. / Robson, E. (Hrsg.): The Oxford Handbook of Cuneiform Culture. Oxford 2011.

Sasson, J. (Hrsg.): Culture and History of the Ancient Near East. 4 Bände. New York 1995.

Van de Mieroop, M.: A History of the Ancient Near East. 2. Aufl. Malden/Oxford 2007.

Das gegenwärtig von M. Streck herausgegebene, bis zum Buchstaben S vorangeschrittene *Reallexikon der Assyriologie und Vorderasiatischen Archäologie* (Berlin 1928–) liefert detaillierte Informationen über die verschiedensten Aspekte der altorientalischen Zivilisation. Die ersten beiden Bände (A–E) sind inzwischen jedoch stark veraltet.

Prolog

Larsen, M. T.: The Conquest of Assyria. Excavations in an Antique Land, 1840–1860. London / New York 1996.

Pallis, S. A.: The Antiquity of Iraq. A Handbook of Assyriology. Kopenhagen 1956.

KAPITEL I

Als Einführung unübertroffen ist M. Roaf, *Weltatlas der alten Kulturen. Mesopotamien: Geschichte, Kunst, Lebensformen* (München 1991). Innerhalb der Reihe *Tübinger Atlas des Vorderen Orients* sind zahlreiche Karten zur Geographie und Geschichte des Alten Orients veröffentlicht worden.

KAPITEL II

Für die jüngste Neuübersetzung der mesopotamischen Chroniken siehe J.-J. Glassner, *Mesopotamian Chronicles* (Atlanta 2004). Editionen und Übersetzungen mesopotamischer Königsinschriften finden sich in den verschiedenen Bänden der Reihen *Royal Inscriptions of Mesopotamia* (Toronto) und *Royal Inscriptions of the Neo-Assyrian Period* (Winona Lake). Die vollständigste Anthologie akkadischer literarischer Texte bietet B. Foster, *Before the Muses: An Anthology of Akkadian Literature* (3. Aufl. Bethesda 2005). Für die sumerische Literatur sei auf das *Electronic Text Corpus of Sumerian Literature* (Hrsg.: J. Black [u. a.]) verwiesen, das unter http://etcsl.orinst.ox.ac.uk/ einsehbar ist. Die von R. Englund initiierte *Cuneiform Digital Library Initiative* (http://cdli.ucla.edu/) erlaubt Zugriff auf eine große Zahl von Keilschrifttexten besonders aus frühen Perioden der mesopotamischen Geschichte.

KAPITEL III

Cooper, J. / Schwartz, G. (Hrsg.): The Study of the Ancient Near East in the 21st Century. Winona Lake 1996.

Holloway, S. W. (Hrsg.): Orientalism, Assyriology and the Bible. Sheffield 2006.

Van de Mieroop, M.: Cuneiform Texts and the Writing of History. London / New York 1999.

Der 2010 erschienene 142. Band der Zeitschrift *Mitteilungen der Deutschen Orient-Gesellschaft* ist Perspektiven der Altorientalistik im 21. Jahrhundert gewidmet.

Kapitel IV
Hutter, M.: Religionen in der Umwelt des Alten Testaments I. Babylonier, Syrer, Perser. Stuttgart 1996.
Moorey, P.: Ancient Mesopotamian Materials and Industries. Oxford 1994.
Orthmann, W.: Der Alte Orient. Propyläen Kunstgeschichte Band 14. Berlin 1975.
Potts, D.: Mesopotamian Civilization. The Material Foundations. Ithaca 1997.
Robson, E.: Mathematics in Ancient Iraq. Princeton 2008.
Röllig, W.: Das Gilgamesch-Epos. Stuttgart 2009.
Van de Mieroop, M.: The Ancient Mesopotamian City. Oxford 1997.
Westbrook, R. (Hrsg.): A History of Ancient Near Eastern Law. 2 Bände. Leiden/Boston 2003.

Kapitel V
Eder, W. / Renger, J. (Hrsg.): Chronologies of the Ancient World. Leiden/Boston 2006.
Pruzsinszky, R.: Mesopotamian Chronology of the 2nd Millennium BC. Wien 2009.

Kapitel VI
Algaze, G.: The Uruk World System. Chicago 1993.
Englund, R.: »Texts from the Late Uruk Period«. In: J. Bauer [u. a.], Späturuk-Zeit und Frühdynastische Zeit. OBO 160/1. Freiburg/Göttingen 1998, S. 13–233.
Rothman, M. S. (Hrsg.): Uruk, Mesopotamia, and Its Neighbors. Santa Fe / Oxford 2001.

Kapitel VII
Bauer, J. / Englund, R. / Krebernik, M.: Späturuk-Zeit und Frühdynastische Zeit. OBO 160/1. Freiburg/Göttingen 1998.
Glassner, J.-J. (Hrsg.): La chute d'Akkadé. L'événement et sa mémoire. Berlin 1986.
Marchesi, G. / Marchetti, N.: Early Dynastic Royal Statuary. Winona Lake 2010.

Postgate, J. N.: Early Mesopotamia. London / New York 1992.
Sallaberger, W. / Westenholz, A.: Akkade-Zeit und Ur-III-Zeit. OBO 160/3. Freiburg/Göttingen 1999.

Kapitel VIII

Charpin, D.: Writing, Law, and Kingship in Old Babylonian Mesopotamia. Chicago 2010.
Charpin, D. / Edzard, D. O. / Stol, M.: Mesopotamien. Die altbabylonische Zeit. OBO 160/4. Freiburg/Göttingen 2004.
Charpin, D. / Ziegler, N.: Mari et le Proche-Orient à l'époque amorrite. Paris 2003.
Veenhof, K. / Eidem, J.: Mesopotamia: The Old Assyrian Period. OBO 160/5. Freiburg/Göttingen 2008.

Kapitel IX

Brinkman, J.: Materials and Studies for Kassite History I. Chicago 1976.
Fuchs, A.: »Das Osttigrisgebiet von Agum II. bis zu Darius I. (ca. 1500 bis 500 v. Chr.)«. In: P. Miglus / S. Mühl (Hrsg.): Between the Cultures. Heidelberg 2011, S. 229–320.
Jakob, S.: Mittelassyrische Verwaltung und Sozialstruktur. Leiden/Boston 2003.
Sassmannshausen, L.: Beiträge zur Verwaltung und Gesellschaft Babyloniens in der Kassitenzeit. Mainz 2001.

Kapitel X

Briant, P.: From Cyrus to Alexander. A History of the Persian Empire. Winona Lake 2002.
Brinkman, J.: A Political History of Post-Kassite Babylonia, 1158–722. Rom 1968.
Frame, G.: Babylonia 689–627 BC. A Political History. Leiden 1992.
Fuchs, A.: Die unglaubliche Geburt des neubabylonischen Reiches. Im Druck.
Joannès, F.: La Mésopotamie au 1er millénaire avant J.-C. Paris 2000.
Jursa, M.: Aspects of the Economic History of Babylonia in the First Millennium BC. Münster 2010.

Radner, K.: Die neuassyrischen Rechtsurkunden als Quelle für Mensch und Umwelt. Helsinki 1997.

Kapitel XI

Boiy, T.: Late Achaemenid and Hellenistic Babylon. Leuven 2004.
Geller, M.: »The Last Wedge«. In: Zeitschrift für Assyriologie 87 (1997), S. 43–95.

Epilog

Dalley, S.: The Legacy of Mesopotamia. Oxford 1998.
Frahm, E.: »Mensch, Land und Volk. Assur im Alten Testament«. In: J. Renger (Hrsg.), Assur. Gott, Stadt und Land. Wiesbaden 2011.
Otto, E.: Das Deuteronomium. Politische Theologie und Rechtsreform in Juda und Assyrien. Berlin / New York 1999.

Abbildungsverzeichnis

211 Brief eines Informanten an den assyrischen König, vermutlich Asarhaddon, eine Verschwörung von Würdenträgern in der Stadt Assur betreffend (ca. 671 v. Chr.). © Yale, Babylonian Collection, New Haven.
213 Assurbanipal und seine Gattin in einer Gartenlaube. Man beachte das in einem der Bäume hängende abgeschlagene Haupt des elamischen Königs Teumman. Orthostatenrelief aus dem Nordpalast in Ninive (Mitte 7. Jh. v. Chr.). British Museum, London.
234 Babylon im 6. Jahrhundert v. Chr. (Oststadt). Aus: Babylon – Mythos und Wahrheit. Bd. 1: Wahrheit. Katalogbuch zur gleichnamigen Ausstellung der Staatlichen Museen zu Berlin, des Musée du Louvre und der Réunion des Musées Nationaux, Paris, und des British Museum, London; Pergamonmuseum, Museumsinsel Berlin, 26. Juni – 5. Oktober 2008. Herausgegeben von Joachim Marzahn und Günther Schauerte in Zusammenarbeit mit Bernd Müller-Neuhof und Katja Sternitzke. München 2008.
235 Sogenannte »Babylonische Weltkarte« (nach 850 v. Chr.). Das Rechteck oberhalb des Kartenzentrums repräsentiert Babylon. Die Erdscheibe in der Mitte ist von einem Ur-Ozean umgeben, an den sich auf der anderen Seite mehrere in Dreiecksform dargestellte unbekannte »Regionen« anschließen. British Museum, London.
251 Rückseite der jüngsten datierbaren Keilschrifttafel, eines astronomischen Almanachs aus dem Jahr 74/75 n. Chr., Autographie. Die letzten überlieferten Keile, die in Zeile 8 das Wortzeichen BAR und das Zahlzeichen 1 formen, stehen für den ersten Tag des Monats Nisannu. Der Originaltext befindet sich im Dropsie College, Philadelphia, Pennsylvania.

Der Verlag Philipp Reclam jun. dankt für die Reproduktionsgenehmigung den Rechteinhabern, die durch den Quellennachweis und einen folgenden Genehmigungs- oder Copyrightvermerk bezeichnet sind. Für einige Abbildungen waren die Inhaber der Rechte nicht festzustellen. Hier ist der Verlag bereit, nach Anforderung rechtmäßige Ansprüche abzugelten.

Register

Seitenverweise auf Landkarten sind kursiv gesetzt. Das Register berücksichtigt nicht die Zeittafel auf S. 273–276.